Néerlandais

Annelies Mertens

lonely planet

guide de conversation

Guide de conversation *Néerlandais 4*
Traduit de l'ouvrage *Dutch phrasebook 1, September 2007*

12 avenue d'Italie, 75627 Paris cedex 13
☎ 01 44 16 05 00
lonelyplanet@placedesediteurs.com
www.lonelyplanet.fr

Dépôt légal
Février 2015
ISBN 978-2-81614-814-5

Illustration de couverture
Éric Giriat

Imprimé par
Laballery, Clamecy, France

En Voyage Éditions | un département **place des éditeurs**

place des éditeurs

Ce guide de conversation *Néerlandais* a été conçu par Annelies Mertens et les éditions Lonely Planet.

Traduction et adaptation en français : Émilie Syssau
Responsable éditorial : Didier Férat
Coordination éditoriale : Cécile Bertolissio
Coordination graphique : Jean-Noël Doan
Adaptation graphique : Alexandre Marchand
Illustrations : Éric Giriat

Un grand merci à Françoise Blondel et à Francesca Ermakoff pour leur précieuse contribution au texte.

La maquette de ce guide a été créée par Yukioshi Kamimura, Clara Monitto, Katie Thuy Bull et Sally Dermody. Christian Deloye les a adaptées pour l'édition française. La couverture pour l'édition française a été réalisée par Annabelle Henry. La carte de répartition de la langue a été créée par Wayne Murphy et adaptée en français par Nicolas Chauveau.

sachez tirer parti de votre guide...

Nous pouvons tous parler une langue étrangère ! Tout est question de confiance en soi. Peu importe si vous n'avez rien gardé de vos cours de langue à l'école. Si vous assimilez aujourd'hui ne serait-ce que les expressions de base reproduites sur la couverture de ce guide, votre voyage en sera métamorphosé. N'hésitez pas, profitez de cette porte ouverte sur les Pays-Bas, lancez-vous dans l'aventure de la communication !

comment se repérer dans ce guide

Ce guide est divisé en sections, matérialisées par des couleurs différentes. Le chapitre **basiques** expose les bases du néerlandais. Il sera votre référence permanente. La partie **pratique** présente les situations de la vie quotidienne. Celle intitulée **en société** vous offre les clés des rapports sociaux : comment engager une conversation, tester son pouvoir de séduction ou exprimer une opinion. Une section entière, **à table**, est consacrée à l'alimentation, avec des rubriques gastronomie, plats végétariens et spécialités locales. La partie **urgences** aborde les problèmes de sécurité en voyage et de santé. Un index détaillé, situé en fin d'ouvrage, répertorie les différentes questions abordées. Il est précédé d'un dictionnaire bilingue.

pour vous exprimer

Chaque phrase et expression de ce guide est présentée en néerlandais, accompagnée de sa transcription phonétique (matérialisée par des phrases de couleur dans la partie droite de chaque page) et de sa traduction en français. Notre système de transcription est expliqué en détail dans le chapitre **prononciation** de la partie **basiques**. Il ne requiert pas d'apprentissage spécifique.

les petits plus

Les encadrés *expressions courantes* vous offrent un aperçu du néerlandais tel qu'il est parlé dans la rue. N'hésitez pas à vous en inspirer. Ceux intitulés *parler local* réunissent des phrases qui reviennent souvent dans une situation spécifique. Pour faciliter votre compréhension, la phonétique est alors employée avant le néerlandais.

en société 103

à table 163

urgences 195

dictionnaires 211

index 251

Régions néerlandophones

Régions francophones

Régions germanophones

Pour de plus amples précisions, lire l'**introduction.**

Un lieu commun veut que le néerlandais soit un "mélange d'anglais et d'allemand". Et de fait, tout comme l'anglais et l'allemand, le néerlandais appartient à la famille des langues germaniques. Il est utilisé dès le 13e siècle en Flandre et dans le Brabant par les écrivains – même si Érasme, né à Rotterdam, et Spinoza, originaire d'Amsterdam, écrivirent en latin.

Les étroites relations marchandes entre la France et les Pays-Bas, d'abord sur les foires textiles au 12e siècle, puis avec l'essor de l'industrie diamantaire au 19e siècle, ont entraîné l'apport de nombreux mots néerlandais en français – principalement dans le domaine de la navigation, les échanges se faisant par voie maritime ; citons à titre d'exemple : amarrer, bâbord, corvette, digue, foc, matelot ou encore tribord.

Le néerlandais ne se cantonne pas à la langue parlée aux Pays-Bas. Dans le nord de la Belgique (les Flandres), la langue est exactement la même, mais elle est considérée comme un dialecte et appelée "flamand" (*Vlaams* vlāms) pour des raisons historiques et culturelles. Officiellement, notamment dans les programmes scolaires, on parle toujours du *Nederlands* né·deur·lants (néerlandais). Des différences de vocabulaire et de prononciation existent entre le flamand et le néerlandais des Pays-Bas. Elles sont signalées dans ce guide de conversation par PB (pour les Pays-Bas) et B (pour la Belgique). Ces pays sont tous deux membres de la *Nederlandse Taalunie*

en bref...

nom de la langue :
néerlandais

nom en néerlandais :
Nederlands né·deur·lants

famille linguistique :
langues germaniques

nombre approximatif de locuteurs : 20 millions

langues proches :
allemand, anglais, frison (dialecte), afrikaans (dérivé)

mots apportés au français :
amarrer, corvette, bière, houblon, mannequin (entre autres)

(Union de la langue néerlandaise), autorité suprême en matière de normalisation linguistique. Ils utilisent les mêmes règles d'orthographe et de grammaire, et se réfèrent aux mêmes dictionnaires. On note également des différences dialectales, surgies au fil de l'histoire ; elles ne concernent cependant que l'expression orale et restent très localisées. Les enfants apprennent à l'école le néerlandais standard, qui s'appuie sur les dialectes du Nord, principalement ceux de la région d'Amsterdam. En vertu des caprices de l'histoire, le néerlandais est également parlé par un petit millier de personnes âgées dans le nord de la France, dans la région de Dunkerque.

Avec plus de 20 millions de locuteurs, le néerlandais bénéficie d'une présence forte sur la scène linguistique mondiale. Les explorateurs et marchands du Siècle d'Or (1584-1702) l'ont exporté dans de nombreuses régions du globe, et ont contribué à en faire la langue officielle sur l'île d'Aruba, dans les Antilles néerlandaises et au Surinam. Le fait le plus marquant de l'expansion linguistique néerlandaise est la naissance de l'afrikaans, aujourd'hui considéré comme une langue à part entière, parlée par quelque 6 millions de personnes en Afrique du Sud.

Certains touristes s'interrogeront sans doute sur la nécessité de s'exprimer en néerlandais alors que tant de Néerlandais et de Flamands semblent parler un excellent anglais. S'ils sont certes des linguistes passionnés, ils apprécieront vos efforts pour parler la langue du crû, gage de votre bonne volonté. Sachez en outre que la langue d'un pays est un moyen d'accéder à sa culture. Muni de ce guide, vous vous ouvrirez les portes d'une expérience absolument *gezellig* Rhœ·*zé*·lĭRh – un mot néerlandais fondamental, imparfaitement traduit par "convivial".

> abréviations utilisées dans ce guide

adj adjectif
adv adverbe
B Belgique
f féminin
fam familier
Ind Indonésien (nourriture)
litt littéral
m masculin
n neutre
PB Pays-Bas
pl pluriel
pol politesse
sg singulier

Le néerlandais résonne de façon très caractéristique aux oreilles de la plupart des étrangers avec ses sons r et Rh gutturaux et sa vaste palette de voyelles.

Abandonnez toute inhibition et parcourez notre guide de prononciation comme si vous lisiez du français : vous n'aurez aucune peine à faire passer votre message. Il est tellement rare que les étrangers fassent l'effort de parler néerlandais que si vous vous y risquez, vous vous ferez des amis en moins de temps qu'il n'en faut pour dire *Nederlands* *né*·deur·lants (néerlandais).

voyelles

Le néerlandais dispose d'une large palette de voyelles (a, e, i, o, u), qui peuvent être brèves ou longues, lorsqu'elles sont redoublées ou en fin de syllabe devant une consonne non redoublée. Cette distinction (dans la transcription, les voyelles longues sont surmontées d'un trait) peut entraîner des significations différentes – ainsi, *maan* mān signifie "lune", mais *man* mann veut dire "homme".

lettres	symbole	équivalent français	exemple néerlandais	prononciation
a	a/ā	sac/pâte	*vak/maken*	vak/ *mā*·keu
aa	ā	pâte	*vaak*	vāk
ai	é	clé	*militair*	mi·li·*tér*
e	è/eu (fin de mot devant r, t, l ou k)/œ	dette/ fleur/ œil	*bed/ het/ geluk*	bèt/ Heut/ Rhœ·*luk*
ee	é (long)/eu (devant n)	fée/fleur	*zee/een*	zé/eun
i	ĭ	entre i et è	*ik*	ĭk

ie	ī	rire	*niet*	nīt
o	o	botte	*bot*	bot
oo	ō	beau	*boot*	bōt
oe	ou	doux	*boer*	bour
u	u/ū	but	*druk/u*	dr*uk*/ū
uu	ū	sûr	*uur*	ūr

diphtongues

Le néerlandais a également recours à de nombreuses diphtongues (2 voyelles successives dont le timbre se modifie en cours d'émission), comme dans *brui* brreuy (manteau).

lettres	symbole	équivalent français	exemple néerl.	pronon-ciation
aai	āy	aïe	*lawaai*	la·vāy
au	ao	chaos	*lauw*	lao
ei	ey	soleil	*reis*	reys
ij	ey/eu (devant k final)	soleil fleur	*mijn* *moeilijk*	meyn *mouy*·leuk
oei	ouy	mouillé	*moeilijk*	*mouy*·leuk
ooi	ōy		*mooi*	mōy
ou	ao	chaos	*koud*	kaot
ui	euy	œil	*buik*	beuyk

consonnes

En néerlandais, on prononce toutes les consonnes, même en fin de mot. Les syllabes se terminant par "n" ne sont pas nasalisées, sauf dans les mots d'origine française.

Le néerlandais présente une particularité dans la prononciation du "g", qui donne lieu à un son très guttural (noté Rh), semblable à la *jota* espagnole. Il est cependant beaucoup plus "doux" dans les Flandres qu'aux Pays-Bas. Le "r" (rr) est très souvent roulé. Il se forme traditionnellement avec la langue vers l'avant, mais nombreux sont ceux à le prononcer aujourd'hui davantage comme le "r" français. On notera en outre les particularités suivantes : le "b" et le "d" se prononcent respectivement p et t en fin de mot ; on n'entend pas le "n" dans les terminaisons en "*-en*" (on entend alors un son "e" ouvert, représenté par la graphie "eu") ; le "t" se prononce s dans le suffixe "*-tie*" ; et le "v" et le "z" respectivement f et s en début de mot, ou après les lettres t, k, f, s, ch, p, g, b et d.

lettres	symbole	équivalent français	exemple néerl.	prononciation
b	b/p	balais/petit	*bed/heb*	bèt/Hèp
ch	Rh (raclé)		*schat*	sRhat
d	d/t	dalle/tuile	*dag/had*	daRh/Hat
dj	ty	petiot	*kindje*	*kin*·tyeu
f	f	fraise	*fiets*	fīts
g	Rh/j (mot étranger)	(raclé)/jeu	*garage*	Rha·*rā*·jeu
h	H (aspiré)	hop !	*hoed*	Hout
j	y	yaourt	*je*	yeu
k	k	képi	*klok*	klok
l	l	lapin	*lied*	līt
m	m	magie	*man*	man
n	n	nuit	*niet*	nīt
ng	ng	ding ! dong !	*haring*	*Hā*·ring
nj	gn	agneau	*oranje*	o·*ra*·gneu
p	p	paix	*pot*	pot
r	r (légère-ment roulé)		*rechts*	rèRhts

s	s	soleil	*slapen*	*slā*·peu
sj	ch	cheval	*alsjeblieft*	al·chœ·*blīft*
t	t	tapis	*tafel*	*tā*·feul
v	f (début de mot)/v	farine/ avoine	*vlucht/ reservering*	fluRht/ ré·zèr·*vé*·ring
w	v	vin	*water*	*vā*·teur
z	z	zéro	*zomer*	*zō*·meur

accentuation

En général, l'accent tonique est porté par la première syllabe d'un mot. Cependant, les exceptions à cette règle sont nombreuses. Fiez-vous à notre guide de prononciation : nous y avons signalé en italique les syllabes accentuées.

lecture et écriture

Le néerlandais s'écrit avec l'alphabet latin, identique à l'alphabet français. Pour vous aider à épeler votre nom, par exemple, voici la prononciation de chaque lettre.

alphabet					
A a	ā	*J j*	yé	*S s*	ès
B b	bé	*K k*	kā	*T t*	té
C c	sé	*L l*	èl	*U u*	u
D d	dé	*M m*	èm	*V v*	vé
E e	é	*N n*	èn	*W w*	oué
F f	èf	*O o*	ō	*X x*	ĭks
G g	Rhé	*P p*	pé	*Y y*	ey/*īp*·sī·lonn
H h	Hā	*Q q*	ku	*Z z*	zèt
I i	ī	*R r*	èr		

Ce chapitre présente les rudiments de la grammaire néerlandaise. Il répertorie par ordre alphabétique les principaux points grammaticaux permettant de construire les phrases. Consultez par exemple la rubrique **démonstratifs** pour en savoir plus à ce sujet ; vous serez parfois guidé vers des rubriques complémentaires. Par ailleurs, une traduction littérale des phrases permet de mettre en évidence la structure de la phrase néerlandaise.

adjectifs et adverbes

L'adjectif néerlandais se place en général devant le nom qu'il décrit. Lorsqu'il est placé après un article défini *de* deu, *het* Heut (le ou la), on lui ajoute la terminaison *-e* (voir également **articles**).

(le) bon ami	*(de) goede vriend* (litt : (le) bon ami)	(deu) Rhou·yeu vrīnt
(le) bon hôtel	*(het) goede hotel* (litt : (le) bon [neutre] hôtel [neutre])	(Heut) Rhou·yeu Hō·tel

Lorsque l'adjectif est précédé de l'article indéfini *een* eun (un), on utilise la désinence *-e* si le nom auquel il se rapporte est masculin ou féminin, ou pas de désinence si le nom est neutre.

un bon hôtel	*een goed hotel* (litt : un bon [neutre] hôtel [neutre])	eun Rhout Hō·tel

L'adjectif peut également être placé après le nom (par exemple lorsqu'il est attribut du sujet avec l'auxiliaire "être"). Dans ce cas, on n'ajoute pas non plus la désinence *-e*.

Le train est plein.	*De trein is vol.* (litt : le train est plein)	deu treyn is fol

En néerlandais, les adverbes sont, dans l'ensemble, identiques aux adjectifs – à la seule différence qu'il n'est pas nécessaire de leur ajouter la terminaison *-e*. Il n'y a pas d'équivalent au suffixe français "-ment". En néerlandais, l'adverbe se place généralement après le verbe qu'il caractérise. Voir également **verbes.**

La musique est forte. (litt : la musique est forte)	*De muziek is luid.*	deu mu·zīk is leuyt
Il parle fort. (litt : il parle fort)	*Hij spreekt luid.*	Hey sprékt leuyt

articles

Pour désigner quelqu'un ou quelque chose, on utilise en néerlandais l'article défini ("le", "la" en français). L'article défini est *de* deu pour les noms communs féminins et masculins, et *het* Heut pour les noms neutres. L'article *de* deu est également utilisé pour les noms pluriels, quel qu'en soit le genre (voir **genre** et **pluriel**).

le train	*de trein*	deu treyn
la maison	*het huis* **n**	Heut Heuys
les trains	*de treinen*	deu *trey*·neun
les maisons	*de huizen* **n pl**	deu *Heuy*·zeun

L'article indéfini ("un", "une" en français) est *een* eun pour tous les genres. L'article indéfini n'ayant pas de pluriel, on utilise le pluriel du nom seul.

un train	*een trein*	eun treyn
une maison	*een huis* **n**	eun Heuys
des trains	*treinen*	*trey*·neun
des maisons	*huizen* **n pl**	*Heuy*·zeun

auxiliaires

Outre "être" et "avoir", le néerlandais utilise des auxiliaires de mode qui nuancent le verbe qu'ils précèdent. Vous entendrez souvent des expressions avec *kunnen* *ku*·neu (pouvoir, être capable de), *moeten* *mou*·teu (devoir), *mogen* *mō*·Rheu (pouvoir, être autorisé à), willen *vi*·leu (vouloir), *zullen* *zu*·leu (devoir, auxiliaire du futur). Leur conjugaison est irrégulière. Voir également les rubriques **être** et **avoir**.

avoir

En néerlandais, le verbe avoir se dit *hebben* *Hè*·beu. Les deux tableaux suivants présentent sa conjugaison au présent et au prétérit (qui correspond en français à l'imparfait, au passé simple ou au passé composé). De même qu'en français, "avoir" est utilisé pour indiquer la possession et pour former le passé composé (voir la rubrique **passé**). Pour les phrases négatives formées avec "avoir", reportez-vous à la rubrique **négations**.

hebben – présent de l'indicatif					
j'	ai	*ik*	*heb*	ĭk	Hèp
tu	as	*jij*	*hebt*	yey	Hèpt
il/elle	a	*hij/ zij/ het*	*heeft*	Hey/ zey/ Heut	Héft
nous	avons	*wij*	*hebben*	vey	*Hè*·beu
vous **pl fam**	avez	*jullie*	*hebben*	*yu*·lī	*Hè*·beu
vous **sg et pl pol**	avez	*u*	*heeft*	ū	Héft
ils/elles	ont	*zij*	*hebben*	zey	*Hè*·beu

hebben – prétérit					
j'	avais	*ik*	*had*	ĭk	Hat
tu	avais	*jij*	*had*	yey	Hat
il/elle	avait	*hij/ zij/ het*	*had*	Hey/ zey/ Heut	Hat
nous	avions	*wij*	*hadden*	vey	*Ha*·deu
vous **pl fam**	aviez	*jullie*	*hadden*	yu·lī	*Ha*·deu
vous **sg et pl pol**	aviez	*u*	*had*	ū	*Hat*
ils/elles	avaient	*zij*	*hadden*	zey	*Ha*·deu

démonstratifs

En néerlandais, le pronom démonstratif ("ce", "cet", "cette") peut se doubler d'une notion de distance ou d'insistance. Il varie en fonction du genre du nom qu'il précède – de la même manière que l'article défini. Le démonstratif pluriel ("ces") est le même pour les deux genres. Voir aussi **articles, genre** et **pluriel**.

démonstratifs			
m et f	cet homme/ cette femme	*deze man/ vrouw*	*dé*·zeu man/frao
n	cette maison	*dit huis*	dit Heuys
pl	ces maisons	*deze huizen*	*dé*·zeu *Heuy*·zeun
m et f	cet homme-là/ cette femme-là	*die man/ vrouw*	dī man/ frao
n	cette maison-là	*dat huis*	dat Heuys
pl	ces maisons-là	*die huizen*	dī *Heuy*·zeun

être

Le verbe *zijn* zeyn (être) est irrégulier. Les tableaux suivants présentent ses conjugaisons au présent et au prétérit :

zijn – présent					
je	suis	*ik*	*ben*	ĭk	bèn
tu	es	*jij*	*bent*	yey	bènt
il/elle	est	*hij/zij/ het*	*is*	Hey/zey/ Heut	is
nous	sommes	*wij*	*zijn*	vey	*zeyn*
vous pl fam	êtes	*jullie*	*zijn*	*yu*·lī	*zeyn*
vous sg et pl pol	êtes	*u*	*bent*	ū	*bènt*
ils/elles	sont	*zij*	*zijn*	zey	*zeyn*

zijn – prétérit					
j'	étais	*ik*	*was*	ĭk	vas
tu	étais	*jij*	*was*	yey	vas
il/elle	était	*hij/zij/ het*	*was*	Hey/zey/ Heut	vas
nous	étions	*wij*	*waren*	vey	*vā*·reu
vous **pl fam**	étiez	*jullie*	*waren*	*yu*·lī	*vā*·reu
vous **sg et pl pol**	étiez	*u*	*was*	ū	vas
ils/ elles	étaient	*zij*	*waren*	zey	*vā*·reu

futur

En néerlandais, le futur se forme à l'aide de l'auxiliaire *zullen* *zu*·leu (aller, devoir) et de l'infinitif du verbe principal. Cette construction est similaire en français à la forme "je vais", suivie de l'infinitif. Les formes de *zullen* sont indiquées dans le tableau page suivante. S'il ne fait aucun doute que vous parlez d'un événement futur ou si vous utilisez une expression de temps, vous pouvez vous contenter d'utiliser le présent.

Je vais visiter Maastricht.
Ik zal Maastricht bezoeken. ĭk zal mās·*triRht* bœ·*zou*·keu
(litt : je vais Maastricht visiter)

Je rentre bientôt.
Ik kom gauw terug. ĭk kom Rhao·*tœ*·rruRh
(litt : je viens vite de-retour)

zullen (aller)					
je	vais	*ik*	*zal*	ĭk	zal
tu	vas	*jij*	*zult/zal* *	yey	zult/zal
il/elle	va	*hij/zij/ het*	*zal*	Hey/zey/ Heut	zal
nous	allons	*wij*	*zullen*	vey	*zu*·leu
vous **pl fam**	allez	*jullie*	*zullen*	*yu*·lī	*zu*·leu
vous **sg et pl pol**	allez	*u*	*zult*	ū	zult
ils/elles	vont	*zij*	*zullen*	zey	*zu*·leu

* Les deux formes sont correctes

genre des noms

En néerlandais, les noms se répartissent en 3 genres : masculin, féminin ou neutre. La distinction est purement grammaticale et n'est pas liée au sens du nom. Il faut apprendre le genre de chaque nom au fur et à mesure, mais vous pouvez le reconnaître à l'article défini avec lequel il est utilisé : *de* deu pour le masculin et le féminin et *het* Heut pour le neutre.

En l'absence de distinction entre masculin et féminin (à l'exception de certaines formes archaïques dans des expressions figées), nous n'indiquons dans ce guide que le genre des noms neutres, à l'aide de la lettre **n**. Certains mots, par exemple les professions, présentent toutefois une forme masculine et une forme féminine. Nous les avons alors signalées par les lettres **m** et **f**. Voir également les rubriques **adjectifs et adverbes**, **articles** et **démonstratifs**.

négation

En néerlandais, les phrases négatives se construisent en insérant le mot *niet* nīt (ne … pas) dans une phrase.

Je comprends.
Ik begrijp het. — ĭk bœ·*Rhreyp* Heut
(litt : je comprends ça)

Je ne comprends pas.
Ik begrijp het niet. ĭk bœ·*Rhreyp* Heut nīt
(litt : je comprends ça [ne pas])

La position de *niet* varie mais il se place souvent à la fin de la phrase ou juste avant la partie de la phrase négative.

Je ne viens pas aujourd'hui.
Ik kom vandaag niet. ĭk kom van·*dāRh* nīt
(litt : je viens aujourd'hui [ne pas])

Je ne viens pas à 4 heures.
Ik kom niet om vier uur. ĭk kom nīt om fīr ūr
(litt : je viens [ne pas] à 4 heures)

Pour construire une expression de type "je n'ai pas de…" ou "il n'y a aucun…", utilisez *geen* Rhén (aucun) au lieu de *niet*.

Je n'ai pas d'argent.
Ik heb geen geld. ĭk Hèp Rhén Rhèlt
(litt : j'ai aucun argent)

ordre des mots

Dans des phrases simples, l'ordre des mots est le même en néerlandais qu'en français : sujet-verbe-complément.

Elle a envoyé un e-mail.
Zij stuurde een email. zey *stūr*·deu eun ī·meyl
(litt : elle a envoyé un e-mail)

Quand la phrase commence par un adverbe de temps, il faut inverser le sujet et le verbe pour que ce dernier conserve la 2e position dans la phrase.

Il a plu hier.
Gisteren heeft het geregend. *Rhis*·teu·reu Héft Heut Rhœ·ré·Rheunt
(litt : hier a il plu)

Voir également **négations** et **questions**.

passé

Au passé, le néerlandais emploie le prétérit (qui correspond en français, en fonction du contexte, à l'imparfait, au passé simple ou au passé composé) et le passé composé. Pour ces deux temps, le néerlandais distingue les verbes "faibles" ou "forts".

Comme le montre le tableau suivant pour le verbe *reizen* *rrey*·zeu (voyager), le prétérit des verbes faibles se forme en ajoutant simplement une terminaison au radical du verbe, sans le changer. La terminaison de la plupart des verbes est *-de(n)* (*-te(n)* si le verbe se termine par *ch*, *f*, *k*, *p*, *s* ou *t*).

***reizen* – prétérit**					
je	voyageais	*ik*	*reis**de***	ĭk	*rreys*·deu
tu	voyageais	*jij*	*reis**de***	yey	*rreys*·deu
il/elle	voyageait	*hij/ zij/ het*	*reis**de***	Hey/ zey/ Heut	*rreys*·deu
nous	voyagions	*wij*	*reis**den***	vey	*rreys*·deu
vous **pl fam**	voyagiez	*jullie*	*reis**den***	*yu*·lī	*rreys*·deu
vous **sg et pl pol**	voyagiez	*u*	*reis**de***	ū	*rreys*·deu
ils/elles	voyageaient	*zij*	*reis**den***	zey	*rreys*·deu

Le passé composé des verbes faibles associe l'auxiliaire avoir conjugué et le participe passé. Celui-ci se forme en faisant précéder le radical du verbe du préfixe *ge-* et en ajoutant *d* à la fin du radical (*t* quand le radical se termine par *ch*, *f*, *k*, *p*, *s* ou *t*).

J'ai voyagé. *Ik heb gereizd.* ĭk Hèp Rhœ·*reyst*
(litt : j'ai voyagé)

Elle a dansé. *Zij heeft gedanst.* zey Héft Rhœ·*danst*
(litt : elle a dansé)

À l'inverse des verbes faibles, le radical des verbes forts subit un changement vocalique au passé. Les désinences du prétérit s'ajoutent au radical des verbes forts, comme le montre le tableau suivant pour le verbe *vragen* *frrā*·Rheu (demander).

vragen – prétérit					
je	demandais	*ik*	*vroeg*	ĭk	frouRh
tu	demandais	*jij*	*vroeg*	yey	frouRh
il/elle	demandait	*hij/zij/ het*	*vroeg*	Hey/ zey/ Heut	frouRh
nous	demandions	*wij*	*vroegen*	vey	*frou*·Rheu
vous **pl fam**	demandiez	*jullie*	*vroegen*	*yu*·lī	*frou*·Rheuh
vous **sg et pl pol**	demandiez	*u*	*vroeg*	ū	frouRh
ils/elles	demandaient	*zij*	*vroegen*	zey	*frou*·Rheu

Le passé composé des verbes forts se forme de la même façon que pour les verbes faibles – à l'exception près que le radical subit un changement vocalique.

Pour des raisons de place, nous ne présentons pas ici les radicaux du passé des verbes forts. Vous les trouverez dans des ouvrages consacrés aux verbes néerlandais.

pluriel

Il existe deux terminaisons principales pour le pluriel des noms. Les plus courantes sont *-en* (*-n* si le nom se termine déjà par un *-e*) et *-s*. La désinence *-s* est surtout utilisée pour les noms se terminant par *-el*, *-er*, *-em* ou *-en* et ceux d'origine étrangère. Par ailleurs, les consonnes finales *s* et *f* deviennent respectivement *z* et *v*, et certains mots d'origine latine suivent la formation latine du pluriel (par exemple *museum* mu·*zé*·yeum devient *musea* mu·*zé*·ya).

Enfin, les mots se terminant par *-heid* -Heyt prennent la désinence *-heden* -*Hé*·deun au pluriel, par exemple *schoonheid* *sRhōn*·Heyt (beauté) devient *schoonheden* *sRhōn*·Hé·deun (beautés). Les mots se terminant par une voyelle longue non redoublée (et non accentuée) prennent un *'s* ·s au pluriel, par exemple *auto* *ao*·tō (voiture) devient *auto's* *ao*·tōs.

	singulier		pluriel	
train(s)	*trein*	treyn	*treinen*	*trey*·neun
hôtel(s)	*hotel*	Hō·*tèl*	*hotels*	Hō·*tèls*
maison(s)	*huis*	Heuys	*huizen*	*Heuy*·zeun
musée(s)	*museum*	mu·*zé*·yeum	*musea*	mu·*zé*·ya

prépositions

Tout comme le français, le néerlandais utilise des prépositions pour préciser où se situent les choses dans le temps ou dans l'espace. Voici les plus courantes :

prépositions					
après	*na*	nā	dans (temps)	*over*	ōveur
avant	*voor*	fōrr	depuis	*sinds*	sins
dans (espace)	*in*	in	jusqu'à	*tot*	tot

présent

Le présent se forme en ajoutant soit *-t*, soit *-en* au radical du verbe, comme le montre le tableau ci-dessous. Certaines modifications du radical du verbe peuvent survenir en raison des règles d'orthographe du néerlandais concernant la longueur des voyelles, mais on vous comprendra même en cas d'imprécision. Voici la conjugaison au présent du verbe *danken* *dan*·keun (remercier).

danken – présent					
je	remercie	*ik*	*dank*	ĭk	dank
tu	remercies	*jij*	*dankt* *	yey	dankt
il/elle	remercie	*hij/zij/het*	*dankt*	Hey/zey/Heut	dankt
nous	remercions	*wij*	*danken*	vey	*dan*·keu
vous **pl fam**	remerciez	*jullie*	*danken*	*yu*·lī	*dan*·keu
vous **sg et pl pol**	remerciez	*u*	*dankt*	ū	dankt
ils/elles	remercient	*zij*	*danken*	zey	*dan*·keu

* Lorsque l'ordre des mots est inversé (par exemple dans une question), la désinence "t" est supprimée à la 2e personne du singulier (*jij* yey).

pronoms personnels

En néerlandais, la forme des pronoms personnels ("je", "tu", etc.) varie selon leur fonction dans la phrase (sujet ou objet) – comme en français, où l'on trouve "je" en pronom sujet, mais "me" en pronom objet (par exemple "je la vois" et "elle me voit").

pronoms sujets					
je	*ik*	ĭk	nous	*wij (we)*	vey (veu)
tu **sg fam**	*je (jij)*	yeu (yey)	vous **pl fam**	*jullie*	*yu*·lī
			vous **sg et pl pol**	*u*	ū
il **m**	*hij*	Hey	ils/elles	*zij (ze)*	zey (zeu)
elle	*ze (zij)*	zeu (zey)			
il **n**	*het*	Heut			

À l'oral, on utilise souvent les formes emphatiques (indiquées entre parenthèses dans le tableau ci-dessus), qui servent à accentuer le sujet.

Elle a visité le musée.
Zij bezocht het museum. zij bœ·*zoRht* Heut mu·*zé*·yeum
(litt : elle [non accentué] a-visité le musée)

Elle a visité le musée, mais pas lui.
Zij bezocht het museum, maar hij niet. zey bœ·*zoRht* Heut mu·*zé*·yeum mārr Hey nīt
(litt : elle [emphatique] a-visité le musée, mais lui non)

Voici les formes des pronoms objets direct :

pronoms objets directs					
me	*me (mij)*	meu (mey)	nous	*ons*	ons
te	*je (jou)*	yeu (yao)	vous **pl fam**	*jullie*	*yu*·lī
le **m**	*hem**	Hèm	vous **sg et pl pol**	*u*	ū
la	*ze (haar)*	zeu (Hār)	les	*hen (ze)*	ze (Hèn)
le **n**	*het**	Heut			

* En néerlandais parlé, vous entendrez vraisemblablement les formes contractées *'m* et *'t* pour *hem* et *het.*

En néerlandais, les pronoms objets indirects sont identiques aux pronoms objets directs, comme le montrent les exemples suivants.

Je l'ai vue.
Ik zag haar. ik zaRh Hār
(litt : j'ai-vu elle)

Je lui ai donné le guide de voyage.
Ik gaf de reisgids aan haar. ik Rhaf deu *reys*·Rhits ān Hār
(litt : j'ai-donné le guide-de-voyage à elle)

Je le lui ai donné.
Ik gaf het haar. ik Rhaf Heut Hār
(litt : j'ai-donné le à elle)

Comme le montre le tableau précédent, le néerlandais utilise le pronom *u* ū pour la forme de politesse, au singulier et au pluriel. Comme en français, on l'emploie quand on rencontre des personnes pour la première fois, face à des personnes en position d'autorité ou que l'on ne connaît pas bien. Notez que *u* se conjugue avec la forme du verbe à la 3e personne du singulier.

pronoms possessifs

En néerlandais, les adjectifs possessifs ("mon", "ton", etc.) s'accordent en genre et en nombre avec le nom qu'il qualifie.

adjectifs possessifs					
mon/mes	*mijn (m'n)*	meyn (meun)	notre/nos	*onze**	*on*·zeu
ton/tes	*je (jouw)*	yeu (yao)	votre/vos **pl fam**	*jullie*	*yu*·lī
			votre/vos **sg et pl pol**	*uw*	ū
son/ses **m**	*zijn (z'n)*	zeyn (zeun)	leur(s)	*hun*	Heun
son/ses **f**	*Haar*	Hār			

**onze* devient *ons* onns devant les noms singuliers neutres. Nous indiquons entre parenthèses les formes non accentuées que vous pourrez entendre.

C'est mon sac à dos.
Dat is mijn rugzak. dat is meyn *rruRh*·zak
(litt : c'est mon sac à dos)

Pour dire "le mien", "le tien", etc., utilisez les formes courantes et neutres consignées dans le tableau suivant, en fonction du genre de l'objet auquel vous vous référez.

pronoms possessifs					
le/la/les mien(ne)(s)	*de/het mijn*	deu/Heut meyn	le/la/les nôtre(s)	*de/het onze*	deu/Heut *on*·zeu
le/la/les tien(ne)(s)	*de/het jouw*	deu/Heut yao	le/la/les vôtre(s) **pl fam**	*die/dat van jullie*	dī/dat van *yu*·lī
			le/la/les vôtre(s) **sg et pl pol**	*de/het uw*	deu/ Heut ū
le/la/les sien(ne)(s) **m et f**	*de/het zijn*	deu/Heut zeyn	le/la/les leur(s) **m pl**	*de/het hune*	deu/Heut *Hu*·ne
			le/la/les leur(s) **f pl**	*de/het haar*	deu/Heut Hār

Vous pouvez également utiliser un pronom démonstratif suivi de la construction "*is/zijn* **sg/pl** (est/sont) + *van* … + pronom objet direct emphatique" (voir les rubriques **démonstratifs** et **pronoms personnels**).

C'est le mien.
Dit/Dat is van mij. dit/dat is fan mey
(litt : c'est de moi)

Ce sac à dos est le mien.
Die rugzak is van mij. dī *ruRh*·zak is fan mey
(litt : ce sac à dos est de moi)

questions

En néerlandais, il est relativement simple de poser une question qui appelle une réponse affirmative ou négative – il suffit d'inverser l'ordre sujet-verbe dans la phrase. Notez que lorsque l'ordre des mots est inversé, on supprime la terminaison *-t* à la 2e personne du singulier (*jij* yey).

Elle a pris une photo.
Zij nam een foto. zey nam eun *fō*·tō
(litt : elle [a pris] une photo)

A-t-elle pris une photo ?
Nam zij een foto? nam zey eun *fō*·tō
(litt : [a pris] elle une photo)

Tout comme en français, il existe des pronoms interrogatifs pour des questions plus spécifiques ; ces pronoms se placent en début de phrase et sont suivis du verbe.

pronoms interrogatifs					
Comment ?	*Hoe?*	Hou	Où ?	*Waar?*	vārr
Quoi ?	*Wat?*	vat	Qui ?	*Wie?*	vī
Quand ?	*Wanneer?*	vā·*nérr*	Pourquoi ?	*Waarom?*	vā·*rrom*

verbes

Les verbes néerlandais présentent la plupart du temps une conjugaison régulière. L'infinitif (c'est-à-dire la forme d'un verbe telle qu'elle apparaît dans le dictionnaire) se termine en général par *-en* ou *-n*. Pour former les différents temps, il suffit de retirer la terminaison de l'infinitif pour obtenir le radical du verbe et y ajouter la série classique de désinences du temps souhaité. Pour plus de détails sur le temps des verbes, voir **passé**, **présent** et **futur**.

diminutifs

Les locuteurs néerlandais aiment et abusent des diminutifs, qui sont devenus une particularité linguistique. Ils les utilisent non seulement pour désigner un objet de petite taille, comme pour *autootje* *ao*·tō·tyeu (petite voiture), mais aussi pour exprimer l'affection, que ce soit entre amants (*schatje* s*Rhat*·yeu, liefje *līf*·yeu, tous deux signifiant "chéri"), envers les enfants (*kindjes* *kin*·tyeus "bambins/ mômes") ou les animaux (*hondje* *Hon*·tyeu "toutou") – ou tout autre chose plaisante ou mignonne. Ils peuvent même l'accoler à votre prénom ! De même, tout événement jugé convivial est affublé d'une désinence qui le transforme en diminutif – un dîner à sept plats avec des amis est un *etentje* *é*·teun·tyeu (repas sympa) accompagné d'un *glaasje wijn* *Rhlās*·yeu veyn (petit verre de vin) plutôt que d'un simple *glas wijn* *Rhlās* veyn.

Les diminutifs peuvent également indiquer la relativité – on préférera attendre une *uurtje* *ūr*·tyeu (60 minutes vite et agréablement passées) plutôt qu'une *uur* ūr (heure).

Et, aussi étrange que cela puisse paraître, un diminutif peut également avoir valeur d'euphémisme – si quelqu'un vous dit que vous avez un *buikje* *beuyk*·yeu (petit ventre), cela n'a rien d'un compliment. Les locuteurs néerlandais sont d'ailleurs maîtres dans l'art d'utiliser des diminutifs pour dire "A" quand ils veulent dire "B" ou en guise de litote, par exemple *een mondje Frans spreken* eun *mon*·tyeu frans *spré*·keu (parler un peu français) veut en fait dire "bien parler français". C'est donc souvent le contexte qui détermine l'impact réel du diminutif – un *nummer* *nu*·meur est un "numéro", mais un *nummertje* *nu*·meur·tyeu désigne une "chanson ou performance brève et humoristique" ou… "faire l'amour".

Différentes règles régissent la terminaison des diminutifs, mais c'est le plus souvent la désinence *-je* ·yeu (également prononcée tyeu), qui marque la présence d'un *verkleinwoordje* feur·*kleyn*·vōr·tyeu (un petit diminutif).

Parlez-vous (français) ?		
	Spreekt u (Frans)? **pol**	sprékt ū (*frans*)
Quelqu'un parle-t-il (français) ?		
	Is er hier iemand die (Frans) spreekt?	is eur Hīr ī·mant dī (*frans*) sprékt
(Me) comprenez-vous ?		
	Begrijpt u (mij)? **pol**	bœ·*Rhreypt* ū (mey)
Je (ne) comprends (pas).		
	Ik begrijp het (niet).	ĭk bœ·*Rhreyp* Heut (nīt)
Je parle (français).		
	Ik spreek (Frans).	ĭk sprék (*frans*)
Je ne parle pas (néerlandais).		
	Ik spreek geen (Nederlands).	ĭk sprék Rhén (*né*·deur·lants)
Je parle un petit peu.		
	Ik spreek het een beetje.	ĭk sprék Heut eun *bé*·tyeu
Que signifie (dag) ?		
	Wat betekent (dag)?	vat bœ·*té*·keunt (daRh)
J'aimerais pratiquer un peu mon (néerlandais).		
	Ik wil graag mijn (Nederlands) wat oefenen.	ĭk vil RhrāRh meyn (*né*·deur·lants) vat *ou*·feu·neu
Parlons (néerlandais).		
	Laat ons (Nederlands) spreken.	lāt ons (*né*·deur·lants) *spré*·keu
Pourriez-vous parler plus lentement ?		
	Kunt u alstublieft wat langzamer spreken? **pol**	kunt ū al·stū·*blīft* vat *lang*·zā·meur *spré*·keu

Pourriez-vous…, s'il vous plaît ?	*Kunt u dat alstublieft …?* **pol**	kunt ū dat al·stū·*blīft* …
répéter	*herhalen*	Hèr·*Hā*·leu
l'écrire	*opschrijven*	*op*·sRhrey·veu

Comment… ? prononcez-vous/ écrivez-vous (*dank u wel*)	*Hoe …? spreek u dit uit/ schrijf u (dank u wel)*	Hou … sprék ū dit euyt/ sRhreyf ū (dank ū vèl)

virelangues

De knappe kapper knipt en kapt knap, maar de knappe knecht van de knappe kapper knipt en kapt nog knapper dan de knappe kapper knipt en kapt.

deu *kna*·peu *ka*·peur knipt èn kapt knap, mār deu *kna*·peu knèRht fan deu *kna*·peu *ka*·peurr knipt èn kapt noRh *kna*·peur dann deu *kna*·peu *ka*·peur knipt èn kapt

(Le beau coiffeur coupe et coiffe très bien mais le bel apprenti du coiffeur coupe et coiffe encore mieux que le beau coiffeur ne coupe et coiffe.)

Frans zei in het Frans tegen Frans dat Frans in het Frans Frans wordt geschreven, nee zei Frans in het Frans tegen Frans, Frans wordt in het Frans niet Frans geschreven, Frans wordt in het Frans François geschreven.

frans zey in Heut frans *té*·Rheun frans dat frans in Heut frans frans vort Rhœ·*sRhrré*·veu né zey frans in Heut frans *té*·Rheun frans frans vort in Heut frans nīt frans Rhœ·*sRhrré*·veu frans vort in Heut frans fran·*soua* Rhœ·*sRhrré*·veu

(Frans dit en français à Frans que Frans s'écrit Frans en français, non, dit Frans en français à Frans, Frans ne s'écrit pas Frans en français, Frans s'écrit François en français.)

Zeven Zwevegemse zotten zwommen zeven zondagen zonder zwembroek, ze zeiden, ze zijn zeker zot zonder zwembroek zwemmen.

zé·veun *zvé*·vœ·Rhèm·seu *zo*·teun *zvo*·meun *zē*·veun *zon*·dā·Rheun *zonn*·deur *zvèm*·brouk zeu *zey*·deun zeu zeyn *zé*·keur zot *zonn*·deur *zvèm*·brouk *zvè*·meu

(Sept fous de Zwevegem nagèrent sept dimanches sans maillot de bain, on disait qu'ils étaient sûrement fous pour nager sans maillot de bains.)

nombres cardinaux

hoofdtelwoorden

0	*nul*	nul
1	*één*	én
2	*twee*	tvé
3	*drie*	drī
4	*vier*	fīr
5	*vijf*	feyf
6	*zes*	zès
7	*zeven*	*zé*·veun
8	*acht*	aRht
9	*negen*	*né*·Rheun
10	*tien*	tīn
11	*elf*	èlf
12	*twaalf*	tvālf
13	*dertien*	*dèr*·tīn
14	*veertien*	*vér*·tīn
15	*vijftien*	*feyf*·tīn
16	*zestien*	*zès*·tīn
17	*zeventien*	*zé*·veun·tīn
18	*achttien*	*aRh*·tīn
19	*negentien*	*né*·Rheun·tīn
20	*twintig*	*tvin*·tĭRh
21	*eenentwintig*	*én*·èn·tvin·tĭRh
22	*tweeëntwintig*	*tvé*·èn·tvin·tĭRh
30	*dertig*	*dèr*·tĭRh
40	*veertig*	*fér*·tĭRh
50	*vijftig*	*feyf*·tĭRh
60	*zestig*	*zès*·tĭRh
70	*zeventig*	*zé*·veun·tĭRh
80	*tachtig*	*taRh*·tĭRh
90	*negentig*	*né*·Rheun·tĭRh

100	*honderd*	*Hon*·deurt
200	*tweehonderd*	*tvé*·Hon·deurt
1000	*duizend*	*deuy*·zeunt
1 000 000	*een miljoen*	eun mil·*youn*

nombres ordinaux

rangtelwoorden

Pour former un nombre ordinal, il suffit d'ajouter *-de* ·deu au nombre cardinal, à l'exception toutefois de *eerste/1ste* (1er) et *derde/3de* (3e), qui sont irréguliers. De même, *achtste/8ste* (8e) et les multiples de 10 utilisent la terminaison *-ste* ·steu au lieu de *-de*, par exemple *twintigste/20ste* (20e) et *honderdste/100ste* (100e). Notez que les nombres ordinaux peuvent être utilisés dans les dates, par exemple *7de/zevende april* (7 avril).

1er	*eerste/1ste*	*ér*·steu
2^e^	*tweede/2de*	*tvé*·deu
3^e^	*derde/3de*	*dèr*·deu
4^e^	*vierde/4de*	*fīr*·deu
5^e^	*vijfde/5de*	*feyf*·deu

nombres décimaux et fractions

breukgetallen & decimalen

un quart	*een kwart*	eun kvart
un tiers	*een derde*	eun *dèr*·deu
une moitié (d'un nombre)	*een half*	eun Half
trois et demi	*drie en half*	drī èn Half
une moitié (d'une chose)	*een helft*	eun Hèlft
une moitié de gâteau	*een helft van de taart*	eun Hèlft fann deu tārt
trois quarts	*drie vierde*	drrī *fīr*·deu
tout	*alle*	*a*·leu
rien	*geen*	Rhén

Comme en français, les nombres décimaux s'écrivent et se lisent avec une virgule.

trois virgule quatorze (3,14)	*drie comma veertien (3,14)*	drī *ko*·ma *fér*·tīn
quatre virgule deux (4,2)	*vier comma twee (4,2)*	fīr *ko*·ma tvé
cinq virgule un (5,1)	*vijf comma één (5,1)*	feyf *ko*·ma én

expressions de la quantité

handige hoeveelheden

Combien (ça coûte) ?	*Hoeveel (kost dat)*	Hou·*vél kost dat*
Donnez m'en…	*Ik wil graag …*	ĭk vil RhrāRh …
(100) grammes	*(honderd) gram*	(*Hon*·deurt) Rhram
une demi-douzaine	*een half dozijn*	eun Half do·*zeyn*
un demi-kilo	*een halve kilo*	eun *Hal*·veu *kī*·lō
un kilo	*een kilo*	eun *kī*·lō
une bouteille	*een fles*	eun flès
un bocal	*een pot* **PB**	eun pot
	een bokaal **B**	eun bō·*kāl*
un paquet	*een pak*	eun pak
un morceau	*een stuk*	eun stuk
(3) morceaux	*(drie) stuks*	(drrī) stuks
une tranche	*een plak/snee* **PB/B**	eun plak/sné
(6) tranches	*(zes) plakken* **PB**	(zès) *pla*·keun
	(zes) sneetjes **B**	(zès) *sné*·tyeus
une boîte de conserve	*een blik*	eun blik
beaucoup	*veel*	fél
(juste) un peu	*een (klein) beetje*	eun (kleyn) *bé*·tyeu
moins	*minder*	*min*·deur
plus	*meer*	mérr
quelques-uns	*enkele*	*èn*·keu·leu

Voir également le chapitre **cuisiner**, p. 177.

le frison

Vous pensiez que la Belgique était la seule à avoir une situation linguistique complexe avec ses 3 langues officielles (le néerlandais, le français et l'allemand) ? Erreur ! Les Pays-Bas ont également une seconde langue en plus du néerlandais : le frison. Appelé *Fries* frīs en néerlandais et *Frysk* frīsk en frison, cette langue bénéficie d'un statut officiel en Frise, une province du nord du pays. En 1997, l'orthographe de l'ancien nom de la province, *Friesland* frīs·lant, est ainsi officiellement devenue *Fryslân* frīs·lan, conformément à son nom dans le dialecte local. On compte quelque 700 000 locuteurs du frison – dont environ 400 000 en Frise, et les autres essentiellement en Allemagne. La langue parlée en Frise est le frison occidental (appelé simplement frison aux Pays-Bas), très proche du frison oriental et du frison septentrional parlés en Allemagne.

Le frison appartient à la famille des langues germaniques occidentales. Il est donc historiquement le plus proche parent de l'anglais (un vieux dicton dit même : "L'anglais est au frison ce que le lait est au fromton"). Il dérive du vieux frison parlé au Moyen Âge le long de la mer du Nord, de la Belgique à l'Allemagne. Au fil des siècles, le vieux frison et le vieil anglais se sont différenciés, au point qu'un locuteur anglophone contemporain aura bien du mal à comprendre le frison – à l'instar des Néerlandais d'ailleurs ! La plupart des Frisons sont au contraire parfaitement à l'aise en néerlandais. Vous entendrez le frison dans la bouche des personnes âgées plutôt que dans celle des jeunes, mais la plupart des autochtones en connaissent les rudiments, par fierté culturelle. En Frise, le frison est utilisé au même titre que le néerlandais, dans les médias, par l'administration publique, dans les tribunaux et dans l'enseignement (soit enseigné comme matière obligatoire, soit utilisé comme vecteur d'enseignement dans les écoles). La plupart des locuteurs de langue maternelle frisonne vivent dans des zones rurales.

Les panneaux signalétiques des villes ou des rues sont en frison. Voici les principaux toponymes de Frise dans les deux langues :

frison	**néerlandais**
Frjentsjer	*Franeker*
Harns	*Harlingen*
Hylpen	*Hindeloopen*
Ljouwert	*Leeuwarden*
Snits	*Sneek*

heure

klok kijken

Au quotidien, on indique l'heure sur 12 heures ; seule l'heure officielle est indiquée sur 24 heures.

Quelle heure est-il ?	*Hoe laat is het?*	Hou lāt is Heut
Il est (10)h.	*Het is (tien) uur.*	Heut is (tīn) ūr

La demi-heure est indiquée par rapport à l'heure à venir. Les minutes écoulées sont introduites par *over* ō·veur et, après la demi-heure, celles qui manquent avant l'heure suivante par *voor* vōrr.

Il est (10h)05.	*Vijf over (tien).*	feyf *ō*·veur (tīn)
Il est (10h) et quart.	*Kwart over (tien).*	kvart *ō*·veur (tīn)
(10h) et demie.	*Half (elf).*	Half (èlf)
(11h) moins le quart.	*Kwart voor (elf).*	kvart fōr (èlf)
(11h) moins vingt.	*Tien over half (elf).*	tīn *ō*·veur Half (èlf)
(11h) moins dix.	*Tien voor (elf).*	tīn fōr (èlf)

Pour éviter tout malentendu, vous pouvez préciser "du matin", "de l'après-midi" ou "du soir" à l'aide des expressions suivantes :

du matin	*'s ochtends*	*soRh*·teuns
de l'après-midi	*'s middags*	*smi*·daRhs
du soir	*'s avonds*	*sā*·vonts
de la nuit	*'s nachts*	snaRhts
À quelle heure… ?	*Hoe laat …?*	Hou lāt …
À (5h).	*Om (vijf uur).*	om (feyf ūr)
À (19h57). (quotidien)	*Om (drie voor acht 's avonds)./Om (7.57).*	om (drī fōr aRht *sā*·vonts)
À (19h57). (officiel)	*Om (negentien uur zevenenvijftig)./ Om (19.57).*	om (*né*·Rheun·tīn ūr *zé*·veun èn *feyf*·tĭRh)

> jours de la semaine

lundi	*maandag*	*mān*·daRh
mardi	*dinsdag*	*dins*·daRh
mercredi	*woensdag*	*vouns*·daRh
jeudi	*donderdag*	*donn*·deur·daRh
vendredi	*vrijdag*	*frey*·daRh
samedi	*zaterdag*	*zā*·teur·daRh
dimanche	*zondag*	*zon*·daRh

la semaine des quatre jeudis, ce sera…

à Pâques ou à la Trinité. (c'est-à-dire jamais)

Als Pasen en Pinksteren op één dag vallen. — als *pā*·seun èn *pink*·steu·reun op én daRh *fa*·leu

(litt : lorsque Pâques et la Pentecôte tomberont le même jour)

> mois

janvier	*januari*	*ya*·nū·ā·rī
février	*februari*	*fé*·brū·ā·rī
mars	*maart*	mārt
avril	*april*	a·*pril*
mai	*mei*	mey
juin	*juni*	*yū*·nī
juillet	*juli*	*yū*·lī
août	*augustus*	ao·*Rhus*·tus
septembre	*september*	sèp·*tèm*·beur
octobre	*oktober*	ok·*tō*·beur
novembre	*november*	nō·*vèm*·beur
décembre	*december*	dé·*sèm*·beur

> dates

Quel jour sommes-nous aujourd'hui ?
De hoeveelste is het vandaag? — deu Hou·*fél*·steu is Heut fan·*dāRh*

Nous sommes le (7 avril).
Het is de (zevende april). — Heut is deu (*zé*·veun·deu a·*pril*)

> saisons

printemps	*lente*	*lèn*·teu
été	*zomer*	*zō*·meur
automne	*herfst*	Hèrfst
hiver	*winter*	*vin*·teur

présent

het heden

maintenant	*nu*	nū
aujourd'hui	*vandaag*	van·*dāRh*
ce matin	*vanochtend*	van·*oRh*·teunt
ce midi	*vanmiddag*	van·*mi*·daRh
ce soir	*vanavond*	va·*nā*·vont
cette semaine	*deze week*	*dé*·zeu vék
ce mois	*deze maand*	*dé*·zeu mānt
cette année	*dit jaar*	dit yārr

passé

het verleden

hier	*gisteren*	*Rhis*·teu·reun
avant-hier	*eergisteren*	*ēr*·Rhis·teu·reun
il y a (3 jours)	*(drie dagen) geleden*	(drī *dā*·Rheun) Rhœ·*lé*·deu
depuis (mai)	*sinds (mei)*	sins (mey)

le/la/l' … dernier/dernière		
nuit	*vorige nacht*	*fō*·ri·Rheu naRht
semaine	*vorige week*	*fō*·ri·Rheu vék
mois	*vorige maand*	*fō*·ri·Rheu mānt
année	*vorig jaar*	*fō*·rĭRh yār
hier…		
matin	*gisterochtend*	Rhis·teur·*oRh*·teunt
après-midi	*gistermiddag*	Rhis·teur·*mi*·daRh
soir	*gisteravond*	Rhis·teur·*ā*·vont

futur

de toekomst

demain	*morgen*	*mor*·Rheun
après-demain	*overmorgen*	*ō*·veur·mor·Rheun
dans (6 jours)	*over (zes dagen)*	*ō*·veur (zès *dā*·Rheun)
jusqu'à (juin)	*tot (juni)*	tot (*yū*·nī)
l'année prochaine	*volgend jaar*	*fol*·Rheunt yār
le/la… prochain(e)	*volgende …*	*fol*·Rheun·deu …
semaine	*week*	vék
mois	*maand*	mānt
demain…		
matin	*morgenochtend*	mor·Rheun·*oRh*·teunt
après-midi	*morgenmiddag*	mor·Rheun·*mi*·daRh
soir	*morgenavond*	mor·Rheun·*ā*·vont

dans la journée

gedurende de dag

Notez que, en Flandre, vous pourrez également entendre *namiddag* pour "après-midi", pour faire la distinction avec *middag* (midi), et *morgen*, alternative pour *ochtend* (matin).

après-midi	*middag* **PB**	*mi*·daRh
	namiddag **B**	*nā*·mi·daRh
aube	*dageraad*	*dā*·Rheu·rāt
coucher du soleil	*zonsondergang*	zons·*on*·deur·Rhang
jour	*dag*	daRh
lever du soleil	*zonsopgang*	zons·*op*·Rhang
matin	*ochtend* **PB**	*oRh*·teunt
	morgen **B**	*mor*·Rheun
midi	*middag*	*mi*·daRh
soir	*avond*	*ā*·vontt
minuit	*middernacht*	mi·deur·*naRht*
nuit	*nacht*	naRht

faire la fête en Belgique

Fête de la Communauté flamande

Feest van de Vlaamse Gemeenschap **B** — fést fan deu *vlām*·seu Rhœ·*mén*·sRhap

Le 11 juillet, les Flamands commémorent la *Guldensporenslag* *Rhul*·deun·*spō*·reun·slaRh (bataille des Éperons d'or) de 1302, à l'issue de laquelle ils vainquirent la domination française, affirmant ainsi leur indépendance culturelle et politique – du moins pour un temps. Ils ont choisi ce jour comme "journée nationale flamande". Les Wallons francophones, quant à eux, font la fête le 27 septembre, et la petite communauté germanophone se défoule le 15 novembre.

Fête nationale

Nationale Feestdag **B** — na·chyō·*nā*·leu *fés*·daRh

Si les Flamands et les Wallons ont chacun leur langue, leur culture et leur gouvernement, le 21 juillet, tout le monde – enfin, presque… – se considère belge avant tout, ne serait-ce que pour bénéficier du jour férié ! Un grand *militaire optocht* mī·li·*tè*·reu *op*·toRht (défilé militaire) annuel – communément appelé *défilé* dé·fi·*lé* – se déroule à Bruxelles devant le Palais royal, sous les yeux de la famille royale, symbole fort de l'unité nationale. Cette fête commémore le 21 juillet 1830, date à laquelle la Belgique a déclaré son indépendance vis-à-vis des Pays-Bas grâce à l'intervention de la France, et posé les jalons du royaume actuel.

faire la fête aux Pays-Bas

Jour de la Reine

Koninginnedag **PB** kō·ning·*Rhi*·neu·daRh

Aux Pays-Bas, tout le monde est en congé pour l'anniversaire de la reine, le 30 avril. Mais, aussi curieux cela soit-il, le 30 avril ne correspond pas à l'anniversaire de la reine actuelle – la reine Béatrice ayant affirmé, lors de son accession au trône en 1980, qu'elle souhaitait continuer à fêter le *Koninginnedag* le 30 avril, anniversaire de sa mère, la reine Juliana. Cette journée est marquée par des fêtes de rue et diverses festivités dans tout le pays ; presque tout le monde s'habille en *oranje* ō·*ra*·gneu (orange), symbole de la fierté nationale qui fait référence au nom de la famille royale – *Oranje-Nassau* ō·*ra*·gneu *na*·sao. Chaque année, la reine et sa famille assistent à quelques festivités, et leurs visites sont toujours retransmises à la télévision.

Jour du Prince

Prinsjesdag **PB** *prin*·chyeus·daRh

Chaque 3e mardi de septembre, l'ouverture de l'année parlementaire néerlandaise est marquée par un discours lu par la reine – mais écrit par le cabinet du Premier ministre – à l'intention du *Staten-Generaal* *stā*·teun Rhé·né·*rāl* (le parlement néerlandais). La reine se rend de son lieu de résidence à la *Binnenhof* *bi*·neun·Hof (litt : cour intérieure) – où se déroulent les sessions parlementaires – dans le *Gouden Koets* *Rhao*·deun kouts (Carrosse doré), acclamée par les Néerlandais descendus dans les rues. Une fois rentrée en son palais, elle salue la foule depuis son balcon. Ce même jour, le ministre des Finances présente le budget, qu'il a précédemment transporté dans une valise spéciale portant la mention *Derde Dinsdag van September* *dèr*·deu *dins*·daRh fan sèp·*tèm*·beur (troisième mardi de septembre).

Combien ça coûte ?
Hoeveel kost het? — Hou·*vél* kost Heut

Pouvez-vous écrire le prix ?
Kunt u de prijs opschrijven? **pol** — kunt ū deu preys *op*·sRhré·veu

Est-ce que c'est payant ?
Moet ik betalen? — mout ĭk bœ·*tā*·leu

J'aimerais me faire rembourser ceci.
Ik wil dit graag laten terug betalen. — ĭk vil dit RhrāRh lateu *tœ*·ruRh bœ·*tā*·leu

J'aimerais…, s'il vous plaît.	*Ik wil graag … alstublieft*	ĭk vil RhrāRh … al·stū·blīft
ma monnaie	*mijn wisselgeld*	meyn *vi*·seul·Rhèlt
un reçu	*een kwitantie*	eun kvī·*tan*·sī
être remboursé	*mijn geld terug*	meyn Rhèlt tœ·*ruRh*

J'aimerais…	*Ik wil graag …*	ĭk vil RhrāRh …
avoir une avance	*een voorschot bekomen*	eun *fōr*·sRhot bœ·*kō*·meu
effectuer un virement	*een girobetaling maken* **PB**	eun *Rhī*·rō·bœ·tā·ling *mā*·keu
	een overschrijving doen **B**	eun *ō*·veur·sRhrey·ving doun
encaisser un chèque	*een cheque innen*	eun chèk *i*·neu
changer un chèque de voyage	*een reischeque innen*	eun *reys*·chèk *i*·neu
changer de l'argent	*geld wisselen*	Rhèlt *vi*·seu·leu
retirer de l'argent	*geld opnemen*	Rhèlt *op*·né·meu
faire la monnaie de ce billet	*dit biljet wisselen in muntstukken*	dit bil·*yèt vi*·seu·leu in *munt*·stu·keun

Acceptez-vous les… ?	*Accepteert u …?* **pol**	ak·sèp·*térrt* ū …
cartes de crédit	*kredietkaarten*	kré·*dīt*·kār·teun
chèques de voyage	*reischeques*	*reys*·chèks
Où puis-je trouver un… ?	*Waar vind ik een …?*	vār fint ĭk eun …
distributeur automatique	*pin-automaat* **PB**	*pin*·ao·tō·māt
	geldautomaat **B**	*Rhèlt*·ao·tō·māt
bureau de change	*wisselkantoor*	*vi*·seul·kan·tōr
Quel(le) est le/la… ?	*Wat is de …?*	vat is deu …
commission	*kost hiervoor*	kost Hīrr·*fōr*
taux de change	*wisselkoers*	*vi*·seul·kours
C'est…	*Het is …*	Heut is …
gratuit	*gratis*	*Rhrā*·tis
(12) euros	*(twaalf) euro*	(tvālf) *eu*·rō
Quel est le prix pour un(e)… ?	*Hoeveel kost het per …?*	Hou·*vél* kost Heut peur …
caravane	*kampeerwagen* **PB**	kan·pér·va·Rheun
	caravan	*ké*·rœ·vèn **PB**
		ka·ra·*vann* **B**
heure	*uur*	ūr
jeu	*spel*	spèl
jour	*dag*	daRh
(5) minutes	*(vijf) minuten*	(feyf) mī·*nū*·teun
nuit	*nacht*	naRht
page	*pagina*	*pā*·Rhī·na
personne	*persoon*	peur·*sōn*
semaine	*week*	vék
tente	*tent*	tènt
véhicule	*wagen*	*vā*·Rheun

Voir également le chapitre **banque**, p. 89.

circuler

rondreizen

Notez qu'en Belgique, le mot *premetro* est utilisé pour désigner une ligne de métro qui fait encore partie du réseau de tramway.

Quel … va à (Amsterdam) ?	*Welke … gaat naar (Amsterdam)?*	vèl·keu … Rhāt nārr (am·steur·*dam*)
bateau	*boot*	bōt
bus	*bus*	bus
train	*trein*	treyn
Est-ce le … pour (la rive gauche) ?	*Is dit de … naar (de linkeroever)?*	is dit deu … nārr (deu *lin*·keur·*ou*·veur)
ferry	*veerboot* **PB**	*fér*·bōt
	ferry **B**	*fé*·rī
métro	*metro*	*mé*·trō
prémétro	*premetro* **B**	pré·*mé*·trō
tram	*tram*	trèm/tram **PB/B**
Quand passe le … (bus) ?	*Hoe laat gaat de … (bus)?*	Hou lāt Rhāt deu … (bus)
premier	*eerste*	*ér*·steu
dernier	*laatste*	*lāt*·steu
prochain	*volgende*	*fol*·Rheun·deu

À quelle heure part-il ?
Hoe laat vertrekt deze? Hou lāt feur·*trèkt dé*·zeu

À quelle heure arrive-t-il à (Gouda) ?
Hoe laat komt deze aan in (Gouda)? Hou lāt komt *dé*·zeu ān in (*Rhao*·da)

Combien de retard a-t-il ?
Hoeveel vertraging is er? Hou·*vél* feur·*trā*·Rhing is eur

Ce siège est-il libre ?
Is deze zitplaats vrij? is *dé*·zeu *zit*·plāts frey

C'est ma place.
Dat is mijn zitplaats. dat is meyn *zit*·plāts

Pouvez-vous vous arrêter ici ?
Kunt u hier alstublieft stoppen. **pol** kunt ū Hīr al·stū·*blīft sto*·peu

Combien de temps nous arrêtons-nous ici ?
Hoelang houden we hier halt? Hou·*lang Hao*·deu veu Hīr Halt

billets

kaartjes

On utilise le plus souvent le mot *kaartje* pour désigner les titres de transport, mais vous entendrez sans doute également *ticket* (*ti*·keut, ou ti·*kèt* en Belgique), *biljet* bil·*yèt* et *vervoerbewijs* fèrr·*four*·bœ·veys.

Où puis-je acheter un ticket/une carte multitrajets ?
Waar kan ik een kaartje/strippenkaart kopen? vār kan ĭk eun *kār*·tyeu/*stri*·peun·kārt *kō*·peu

Dois-je réserver (longtemps à l'avance) ?
Moet ik (lang van voren) reserveren? mout ĭk (lang fan *vōr*·eun) ré·sèr·*vé*·reu

Puis-je avoir une couchette ?
Kan ik een slaapplaats hebben? kan ĭk eun *slā*·plāts *Hé*·beu

Je voudrais un billet pour mon vélo/mon chien.
Ik wil graag een kaartje voor mijn fiets/hond kopen. ĭk vil eun *kār*·tyeu vōrr meyn fīts/Hont *kō*·peu

Je voudrais un billet combiné train + vélo.
Ik wil graag een trein+fiets ticket. **B** ĭk vil RhrāRh eun treyn plus fīts ti·*kèt*

Pourrais-je louer un vélo à la gare de (Leeuwarden) ?
Zou ik een fiets kunnen huren op het station van (Leeuwarden) alstublieft? **pol** zao ĭk eun fīts *ku*·neu *Hu*·reu op Heut sta·ch*yon* fan (*lēou*·var·deun) al·stū·*blīft*

choisir son billet

Le réseau ferroviaire intérieur des Pays-Bas peut vous transporter rapidement en tout endroit. De nombreuses formules sont proposées : cartes de réduction, offres multi-voyages, billets week-end, offres saisonnières ou spécifiques combinant voyage en train et accès aux parcs d'attraction, aux manifestations ou autres offres à bas prix. Ces possibilités n'étant pas toutes disponibles partout et à tout moment, demandez toujours la manière la moins chère de voyager.

Quelle est la façon la moins chère d'aller à (La Haye) ?

	Wat is de goedkoopste manier om naar (Den Haag) te reizen?	vat is deu Rhout·*kōp*·steu ma·*nīr* om nār (deun HāRh) tœ *rey*·zeu

Existe-t-il un billet spécial pour… ?	*Is er een speciale kaart voor …?*	is eur eun spé·*chyā*·le *kārt* vōr …
l'exposition (Van Gogh)	*de (Van Gogh) tentoonstelling*	deu (van RhoRh) teun·*tōn*·stè·ling
les familles	*families*	fa·*mī*·līs
les groupes	*groepen*	*Rhrou*·peun
une journée (sur la côte)	*een dagtrip naar (de kust)*	eun *daRh*·trip nārr (deu kust)
un week-end à (Bruxelles)	*een weekendtrip naar (Brussel)*	eun *vé*·kènt·trip nār (*bru*·seul)
le zoo	*de dierentuin*	deu *dī*·reun·teuyn
Un billet … (pour Maastricht).	*Een … (naar Maastricht) graag.*	eun … (nār mās·*triRht*) RhrāRh
simple	*enkele reis*	*èn*·keu·leu reys
aller-retour	*retourtje* **PB**	rœ·*tour*·tyeu
	heen- en terugreis **B**	*hén*·èn·tœ·*ruRh*·reys
Un billet … (pour Bruges).	*Een … kaartje (naar Brugge) graag.*	eun … *kār*·tyeu (nār *bru*·Rheu) RhrāRh
1re classe	*eerste klas*	*ér*·steu klas
2e classe	*tweede klas*	*tvé*·deu klas
Un billet… (pour Sneek).	*Een kaartje voor… (naar Sneek) graag.*	eun *kār*·tyeu fōr… (nār snék) RhrāRh
enfant	*een kind*	eun kint
étudiant	*een student*	eun stū·*dènt*
senior	*senioren*	sé·*nyō*·reun

Je voudrais une place…	*Ik wil graag een zitplaats …*	ĭk vil RhrāRh eun *zit*·plāts …
côté couloir	*bij het gangpad*	bey Heut *Rhang*·pat
côté fenêtre	*bij het raam*	bey Heut rām
non-fumeurs	*voor niet-rokers*	fōr *nīt*·rō·keurs
fumeur	*voor rokers*	fōr *rō*·keurs

Y a-t-il… ?	*Is er … aan boord?*	is eur … ān bōrt
l'air conditionné	*airconditioning*	*ér*·kon·di·cheu·ning
des toilettes	*een toilet*	eun *toa*·lèt

Combien cela coûte-t-il ?
Hoeveel kost het? Hou·*vēl* kost Heut

Combien de temps dure le trajet ?
Hoe lang duurt de reis? Hou lang dūrt deu reys

Le trajet est-il direct ?
Is het een rechtstreekse verbinding? is Heut eun *rèRh*·strék·seu feur·*bin*·ding

Quand dois-je effectuer l'enregistrement ?
Hoe laat moet ik inchecken? Hou lāt mout ĭk *in*·ché·keu

Je voudrais … mon billet, s'il vous plaît.	*Ik wil graag mijn kaartje …*	ĭk vil RhrāRh meyn *kār*·tyeu …
annuler	*afzeggen*	af·*zé*·Rheu
confirmer	*bevestigen*	bœ·*fès*·tī·Rheu
modifier	*wijzigen*	*vey*·zī·Rheu
récupérer	*opnemen*	*op*·né·meu

expressions courantes pour prendre le train

deze/die	*dé*·zeu/dī	**celui-ci/celui-là**
dienstregeling	*dīnst*·rrē·Rhœ·ling	**horaires**
afgezegd	af Rhœ *zért*	**annulé**
loket **n**	lo·*kèt*	**guichet**
perron **n**	pè·*ron*	**quai**
reisagent	*reys*·a·Rhènt	**agent de voyages**
staking	*stā*·king	**grève**
vertraagd	feur·*trāRht*	**retardé**
vol	fol	**complet**

bagages

bagage

Où puis-je trouver un(e)/le/la… ?	*Waar vind ik …?*	vār fint ĭk …
bureau de retrait des bagages	*het bagage inleverpunt*	Heut ba·*Rhā*·jeu *in*·lé·veur·punt
charriot	*een bagage-wagentje*	eun ba·*Rhā*·jeu·*vā*·Rheun·tyeu
consigne	*de bagage-kluizen/ bagage-depot*	deu ba·*Rhā*·jeu·*kleuy*·zeun/ deu ba·*Rhā*·jeu·dé·*pō*
service porteur	*de kruiersservice*	deu *kreuy*·yeur·seur·vis
tapis à bagages	*de bagageband*	deu ba·*Rhā*·jeu·bant

Mes bagages ont été…	*Mijn bagage is …*	meyn ba·*Rhā*·jeu is …
endommagés	*beschadigd*	bœ·*sRhā*·dĭRht
perdus	*verloren*	feur·*lō*·reu
volés	*gestolen*	Rhœ·*stō*·leu

Puis-je avoir des pièces/jetons ?
Ik wil graag enkele muntstukken/penning. ĭk vil RhrāRh *èn*·keu·leu *munt*·stu·keun/pè·*ning*

boîte	*doos*	dōs
housse de costume	*hops voor een pak/ kostuum* **PB/B**	Hops fōr eun pak/ kos·*tūm*
housse de robe	*hops voor een jurk/ kleed* **PB/B**	Hops fōr eun yurk/ klét
sac	*tas*	tas
sac à dos	*rugzak*	*ruRh*·zak
trousse de toilette	*toiletzak*	toa·*lèt*·zak
valise	*koffer*	*ko*·feur

expressions courantes pour prendre l'avion

doorreis	*dōr*·reys	**transit**
handbagage	*Hant*·ba·Rhā·jeu	**bagage à main**
hersluitbare doorzichtige plastic tas	Hèr·*sleuyt*·bā·reu dōr·*ziRh*·ti·Rheu *plès*·tik tass	**sac en plastique transparent à fermeture à glissière**
instapkaart	*in*·stap·kārt	**carte d'embarquement**
overvracht	ō·veur·fraRht	**excédent de bagages**
scherpe voorwerpen	*sRhèr*·peu *fōr*·vèr·peun	**objets contondants**
verzegelde tas	feur·*zé*·Rheul deu tas	**sac scellé**
vloeistoffen	*flouy*·sto·feun	**liquides**

avion

vliegtuig

D'où part le vol (KL1083) ?
Waar vertrekt vlucht (KL1083)? — vār feur·*trèkt* fluRht (kā èl tīn *drī*·èn·*taRh*·tīRh)

Où arrive le vol (KL1082) ?
Waar komt vlucht (KL1082) aan? — vār komt fluRht (kā èl tīn *tvē*·èn·*taRh*·tīRh) ān

Où est le/la... ?	*Waar is ...?*	vār is ...
hall des arrivées	*de aankomsthal*	deu *ān*·komst·Hal
hall des départs	*de vertrekhal*	deu feur·*trèk*·Hal
magasin duty-free	*het taxfree winkelen*	Heut *taks*·frī *vin*·keu·leun
service de navette	*de pendeldienst*	deu *pèn*·deul·dīnst
porte (12)	*ingang (twaalf)*	*in*·Rhang (tvālf)
guichet de transit	*het doorreisloket*	Heut *dōr*·reys·lo·kèt

panneaux de signalisation de l'aéroport

Aankomst	*ān*·komst	**Arrivées**
Hellingbaan	*Hè*·ling·bān	**Rampe d'accès**
Naar de Platforms	nār deu plat·*forms*	**Vers les trains**
Roltrap	*rol*·trap	**Escalator**
Vertrek	feur·*trèk*	**Départs**

bus et autocars

bus & touringcar

Est-ce un arrêt de bus ?
Is dit een bushalte? — is dit eun *bus*·Hal·teu

À quelle fréquence passent les bus ?
Hoe vaak komt de bus? — Hou fāk komt deu bus

S'arrête-t-il à (Keukenhof) ?
Stopt hij in (Keukenhof)? — stopt Heut in (*keuy*·keun·Hof)

Quel est le prochain arrêt ?
Welk is de volgende halte? — vèlk is deu *fol*·Rheun·deu *Hal*·teu

Je voudrais descendre à (Lisse).
Ik wil graag in (Lisse) uitstappen. — ĭk vil RhrāRh in (*li*·seu) *euyt*·sta·peu

arrêt de bus	*bushalte*	bus·*Hal*·teu
autobus	*stadsbus*	*stats*·bus
autocar	*touringcar*	*tou*·ring·kar
gare routière	*busstation* **n**	*bus*·sta·chyon
horaire	*dienstregeling*	*dīnst*·rrē·Rhœ·ling
interurbain	*intercity*	in·teur·*si*·tī
lieu de départ	*vertrekplaats*	feur·*trèk*·plāts
local adj	*plaatselijk*	*plāt*·seu·leuk
navette	*pendeldienst bus*	*pèn*·deul·dīnst bus

Pour les numéros de bus, voir le chapitre **nombres et quantités**, p. 33.

train

trein

Quelle est la prochaine gare ?
Welk is het volgende station? — vèlk is Heut *fol*·Reun·deu sta·*chyon*

S'arrête-t-il à (Berchem) ?
Stopt hij in (Berchem)? — stopt Heut in (*bèr*·cheum)

Dois-je changer de train ?
Moet ik overstappen? — mout ik ō·veur·sta·peu

Est-ce un… ?	*Is het een …?*	is Heut eun …
direct	*directe verbinding*	dī·*rèk*·teu feur·*bin*·ding
express	*expressdienst*	èks·*près*·dīnst

Quel est le wagon… ?	*Welke wagon is …?*	*vèl*·keu va·*Rhonn* is …
1re classe	*eerste klas*	*ér*·steu klas
pour les vélos	*voor fietsen*	vōr *fīt*·seun
pour (Roosendaal)	*voor (Roosendaal)*	vōr (*rō*·zeun·dāl)

Où est le wagon-restaurant ?
Waar is de restauratiewagen? — vār is deu rès·tō·*rā*·sī·vā·Rheun

bateau

boot

Comment est le/la … aujourd'hui ?	*In welke conditie is … vandaag?*	in *vèl*·keu kon·*dī*·sī is … van·*dāRh*
lac	*het meer*	Heut mérr
mer	*de zee*	deu zé
rivière	*de rivier*	deu rī·*vīr*

Y a-t-il des gilets de sauvetage (à bord) ?
Zijn er reddingsvesten aan boord? — zeyn eur *rè*·dings·vès·teun *ān* bōrt

Quelle est cette île/plage ?
Welk eiland/strand is dit? — vèlk *ey*·lant/strant is dit

bateau	*boot*	bōt
cabine	*cabine*	ka·*bī*·neu
canot de sauvetage	*reddingsboot*	*rè*·dings·bōt
capitaine	*kapitein*	ka·pī·*teyn*
ferry	*veerboot* **PB**	*fér*·bōt
	ferry **B**	*fè*·rī
gilet de sauvetage	*reddingsvest* **n**	*rè*·dings·vèst
habitation sur l'eau	*woonboot*	*vōn*·bōt
navire	*schip* **n**	sRhip
pont	*dek* **n**	dèk
voilier	*zeilboot*	*zeyl*·bōt

expressions courantes

de volgende halte is … deu *fol*·Rheun·deu … *Hal*·teu is	**le prochain arrêt sera…**
gedeelte/trein naar … Rhœ·*dél*·teu/trreyn nārr …	**car/train pour…**
we komen aan in … veu *kō*·meun ān in …	**nous arrivons à…**

taxi

taxi

Je voudrais un taxi…	*Ik wil graag een taxi …*	ik vil RhrrāRh eun *tak*·sī …
pour (9 h)	*om (negen uur 's ochtends)*	om (*né*·Rheun ūr *soRh*·teuns)
maintenant	*nu*	nū
demain	*voor morgen*	fōr *mor*·Rheun
Je voudrais réserver un…	*Ik wil graag een … reserveren.*	ik vil RhrāRh eun … ré·sèr·*vé*·reu
taxi collectif	*collectieftaxi*	ko·*lèk*·tīf·tak·sī
train taxi	*treintaxi*	*treyn*·tak·sī

Où est la station de taxis ?
Waar is de taxihalte? — vār is deu *tak*·sī·Hal·teu

Ce taxi est-il libre ?
Is deze taxi vrij? — is *dé*·zeu *tak*·sī frey

Emmenez-moi à (cette adresse), s'il vous plaît.
Breng mij alstublieft naar (dit adres). **pol** — brèng mey al·stū·*blīft* nār (dit a·*drès*)

Combien coûte la course (pour Geleen) ?
Hoeveel kost de rit naar (Geleen)? — Hou·*vél* kost deut rit nār (Rheu·*lén*)

Combien coûte la prise en charge de la course ?
Hoeveel is het vertrekbedrag? — Hou·*vél* is Heut feur·*trèk*·bœ·draRh

Revenez à (10h), s'il vous plaît.
Komt u om (tien uur) terug alstublieft. **pol** — komt ū om (tīn ūr) tœ·*ruRh* al·stū·*blīft*

Pouvez-vous ralentir, s'il vous plaît.

Kunt u alstublieft wat langzamer rijden. pol	kunt ū al·stū·*blīft* vat *lang*·zā·meur rey·deu

Pouvez-vous vous arrêter/attendre ici, s'il vous plaît.

Stop/Wacht u hier alstublieft. pol	stop/vaRht ū Hīr al·stū·*blīft*

Voir également les chapitres **orientations**, p. 61, et **questions d'argent**, p. 43.

voiture et moto

auto & motorfiets

> location de voiture et de moto

Je voudrais louer un(e)…	*Ik wil graag een … huren.*	ĭk vil RhrāRh eun … *Hū*·reu
4x4	*fourwheeldrive*	*fōr*·ouīl·drayf
moto	*motorfiets*	*mō*·tor·fīts
vélomoteur	*brommer*	*bro*·meur
voiture	*auto*	*aō*·tō
voiture à boîte automatique manuelle	*auto met automatische/ manuele versnellingen*	*aō*·tō mèt aō·tō·*mā*·tī·seu/ ma·nū·*é*·leu feur·*snè*·ling·eun

avec…	*met …*	mèt …
air conditionné	*airconditioning*	*ér*·kon·di·cheu·ning
antigel	*antivries*	an·tī·*frrīs*
chauffeur	*chauffeur*	chō·*feurr*
chaînes	*sneeuwkettingen*	*snēou*·kè·ting·eun
siège enfant	*een kinderstoel*	eun *kin*·deur·stoul

Combien coûte la location à la journée/semaine ?

Hoeveel is het per dag/week?	Hou·*vél* is Heut peur daRh/vék

L'assurance est-elle incluse ?

Is de verzekering inbegrepen?	is deu feur·*zé*·keu·ring *in*·bœ·Rhrē·peun

Le kilométrage est-il inclus ?
Is een aantal kilometers inbegrepen? — is eun *ān*·tal *kī*·lo·mē·teurs *in*·bœ·Rhrré·peu

Avez-vous une carte routière ?
Heeft u een wegenkaart? **pol** — Héft ū eun *vé*·Rheun·kārt

> sur la route

Quelle est la limitation de vitesse ?
Wat is de snelheids-beperking? — vat is deu *snèl*·Heyts·bœ·*pèr*·king

Est-ce la route pour (Middelburg) ?
Gaat deze weg naar (Middelburg)? — Rhāt *dē*·zeu vèRh nār (*mi*·deul·burRh)

Où peut-on trouver une station-service ?
Waar is er een benzinestation? — vār is eur eun bèn·*zī*·neu·sta·chyon

transports

Pourriez-vous vérifier… ? *Kunt u alstublieft … controleren?* **pol** kunt ū al·stū·*blīft* … kon·tro·*lé*·reu
- **l'eau** *het water* Heut *vā*·teur
- **l'huile** *de olie* deu *ō*·lī
- **la pression des pneus** *de druk op de banden* deu druk op deu *ban*·deun

(Combien de temps) Puis-je stationner ici ?
(Hoe lang) Kan ik hier parkeren? (Hou lang) kan ĭk Hīr par·*ké*·reu

Est-ce payant ?
Moet ik ervoor betalen? mout ĭk *èr*·fōr bœ·*tā*·leu

> problèmes

J'ai besoin d'un mécanicien.
Ik heb een monteur/ mecanicien nodig. **PB/B** ĭk Hèp eun mon·*teur*/ mé·ka·nī·*chyun* *nō*·dĭRh

J'ai eu un accident.
Ik heb een ongeluk gehad. ĭk Hèp eun *on*·Rhœ·luk Rhœ·*Hat*

La voiture/moto est tombée en panne (au feu tricolore).
De auto/motorfiets is blijven steken (bij de verkeerslichten). deu *ao*·tō/*mō*·tor·fīts is *bley*·veu *sté*·keu (bey deu feur·*kērs*·liRh·teun)

La voiture/moto ne démarre pas.
De auto/motorfiets start niet. deu *ao*·tō/*mō*·tor·fīts start nīt

J'ai un pneu crevé.
Ik heb een lekke band. ĭk Hèp eun *lè*·keu bant

J'ai perdu mes clés de voiture.
Ik ben de sleutels van mijn auto kwijt. ĭk bèn deu *sleuy*·teuls fan meyn *ao*·tō kveyt

J'ai laissé les clés à l'intérieur de la voiture.
Ik heb de sleutels in de gesloten auto laten zitten. ĭk Hèp deu *sleuy*·teuls in deu Rhœ·*slō*·teun *ao*·tō *lā*·teu *zi*·teu

Je suis en panne d'essence.
Ik zit zonder benzine. ĭk zit *zon*·deur bèn·*zī*·neu

Pouvez-vous réparer ça (aujourd'hui) ?
Kunt u het (vandaag) herstellen? **pol** — kunt ū Heut (van·*dāRh*) Hèr·*stè*·leu

Combien de temps cela prendra-t-il ?
Hoe lang duurt het? — Hou lang dūrt Heut

vélo

fiets

Je voudrais…	*Ik wil graag …*	ĭk vil RhrāRh …
faire réparer mon vélo	*mijn fiets laten herstellen*	meyn fīts *lā*·teu Hèrr·*stè*·leu
acheter un vélo	*een fiets kopen*	eun fīts *kō*·peu
acheter un antivol	*een fietsslot kopen*	eun *fīt*·slot *kō*·peu
louer un vélo	*een fiets huren*	eun fīts *hū*·reu

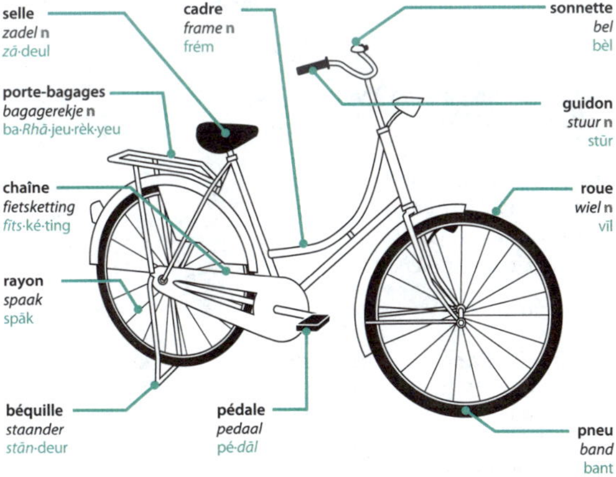

Je voudrais un vélo…	*Ik wil graag een …*	ĭk vil RhrāRh eun
de course	*renfiets*	*rèn*·fīts
d'enfant	*kinderfiets*	*kin*·deur·fīts
d'occasion	*tweedehands fiets*	tvē·deu·*Hants* fīts
tout-terrain	*mountain bike*	*maoun*·teun bāyk

Je voudrais louer un…	*Ik wil graag een … huren.*	ĭk vil RhrāRh eun … *Hū*·reu
casque	*helm*	Hèlm
panier	*mandje*	*man*·tyeu
siège enfant	*kinderstoel*	*kin*·deur·stoul

Quel est le prix à la journée/l'heure ?
Hoeveel is het per dag/uur? Hou·*vél* is Heut peur daRh/ūrr

Dois-je mettre un casque ?
Is een helm verplicht? is eun Hèlm *feur*·pliRht

Y a-t-il des pistes cyclables ?
Zijn er fietspaden? zeyn eur *fīts*·pā·deun

Y a-t-il une carte des pistes cyclables ?
Bestaat er een kaart met de fietspaden? bœ·*stāt* eur eun kārrt mèt deu *fīts*·pā·deun

Peut-on y aller à vélo ?
Kunnen we er met de fiets heen? *ku*·neu veu eur mèt deu fīts Hén

Avez-vous un parking à vélos ?
Heeft u parking voor fietsen? **pol** Hēft ū *par*·king fōr *fīt*·seun

Mon pneu est crevé.
Ik heb een lekke band. ĭk Hèp eun *lè*·keu bant

On m'a volé mon vélo.
Mijn fiets is gestolen. meyn fīts is Rheu·*stō*·leu

accessoires pour cycles	*fietsbenodigdheden*	*fīts*·bœ·*nō*·dĭRht·Hé·deun
garages à vélos	*fietsenstalling*	fīt·seun·*sta*·ling
hangar à vélos	*fietsenhok* **n**	fīt·seun·*Hok*
pompe à vélo	*fietspomp*	fīts·*pomp*
râtelier à vélos	*fietsenrek* **n**	fīt·seun·*rèk*
réparateur de vélos	*fietsenmaker*	fīt·seun·*mā*·keur

passer la frontière

immigratie

Je suis…	*Ik ben …*	ik bèn …
en transit	*op doorreis*	op *dōr*·reys
en vacances	*met vakantie*	mèt va·*kan*·sī
en voyage d'affaires	*op zakenreis*	op *zā*·keun·reys
Je suis ici pour…	*Ik ben hier voor …*	ĭk bèn Hīr fōr …
(10) jours	*(tien) dagen*	(tīn) *dā*·Rheun
(3) semaines	*(drie) weken*	(drrī) *vé*·keun
(2) mois	*(twee) maanden*	(tvé) *mān*·deun

Je vais à (Groningue).
Ik ben op weg naar (Groningen). — ĭk bèn op vèRh nār (*Rhrō*·ning·eun)

Je loge à (l'hôtel Industrie).
Ik logeer in (Hotel Industrie). — ĭk lō·*jér* in (Hō·*tèl* in·du·*strī*)

Les enfants sont sur ce passeport.
De kinderen staan op dit paspoort ingeschreven. — deu *kin*·deu·reun stān op dit *pas*·pōrt in·Rhœ·sRhé·veun

expressions courantes

alleen	a·*lén*	**seul**
familie	fa·*mī*·lī	**famille**
groep	Rhroup	**groupe**
paspoort n	*pas*·pōrt	**passeport**
visum n	*vī*·zeum	**visa**

à la douane

Je n'ai rien à déclarer.
Ik heb niets aan te geven. — ĭk Hèp nīts ān tœ *Rhé*·veu

J'ai quelque chose à déclarer.
Ik heb iets aan te geven. — ĭk Hèp īts ān tœ *Rhē*·veu

Dois-je déclarer ceci ?
Moet ik dit aangeven? — mout ĭk dit *ān*·Rhē·veu

C'est (ce n'est pas) à moi.
Dat is (niet) van mij. — dat is (nīt) fan mey

Je ne savais pas que je devais le déclarer.
Ik wist niet dat ik het moest aangeven. — ĭk vist nīt dat ĭk Heut moust *ān*·Rhē·veu

Pourrais-je avoir un interprète (français) ?
Mag ik alstublieft een (Franstalige) tolk? **pol** — maRh ĭk al·stū·*blīft* eun (*frans*·tā·li·Rheu) tolk

Avez-vous ce formulaire en (français) ?
Heeft u dit formulier in het (Frans) krijgen? **pol** — Hēft ū dit for·mū·*līr* in Heut (*frans*) *krey*·Rheu

Pour les phrases concernant paiements et factures, voir le chapitre **questions d'argent**, p. 43.

panneaux de signalisation

BTW teruggave	bé·té·*vé* tœ·*ruRh*·Rhā·veu	**Restitution de la TVA**
Douane	dou·*ā*·neu	**Douane**
Immigratie	ī·mī·*Rhrā*·sī	**Immigration**
Niets aan te geven	nīts ān tœ *Rhé*·veu	**Rien à déclarer**
Paspoortcontrole	*pas*·pōrt·kon·trō·leu	**Contrôle des passeports**
Quarantaine	ka·ron·*té*·neu	**Quarantaine**
Taxfree	*taks*·frī	**Duty-free**

Où est le/la… ?	*Waar is …?*	vār is …
banque	*de bank*	deu bank
marché	*de markt*	deu markt
Comment puis-je m'y rendre ?	*Hoe kom ik er?*	Hou kom ĭk eur
C'est à quelle distance ?	*Hoe ver is het?*	Hou fèr is Heut
Pouvez-vous me montrer (sur la carte) ?	*Kunt u het mij aangeven (op de kaart)?* **pol**	kunt ū Heut mey *ān*·Rhé·veu (op deu kārt)
C'est…	*Het is …*	Heut is …
à côté de…	*naast …*	nāst …
au coin	*op de hoek*	op deu Houk
derrière…	*achter …*	*aRh*·teur …
devant…	*voor …*	fōrr …
en face de…	*tegenover …*	té·Rheun·*ō*·veur …
ici	*hier*	hīr
là	*daar*	dār
loin	*ver*	fèr
près	*dichtbij*	diRht·*bey*
tout droit	*rechtdoor*	rèRht·*dōrr*

les mystères des noms

Les mots néerlandais apparaissant dans les noms de rue et sur les panneaux de signalisation sont souvent combinés pour former un nom de lieu très long qui peut être délicat à déchiffrer pour les étrangers (par exemple : *Derde Leliedwarsstraat* signifie "troisième carrefour des lys").

À Bruxelles, capitale bilingue, vous pourrez lire des mentions du type *rue du Marché-aux-Herbes Graanmarkt Straat,* qui superposent les versions flamande et française du nom de la rue. Notez que le néerlandais *straat* (rue) est toujours accolé à la fin du mot.

Tournez à gauche/ à droite…	*Sla linksaf/ rechtsaf…*	slā *links*·af/ *rèRhts*·af …
à l'angle	*op de hoek*	op deu Houk
au feu	*bij de verkeerslichten*	bey deu feur·*kérs*·liRh·teun
en bus	*met de bus*	mèt deu bus
à pied	*te voet*	tœ fout
en train	*met de trein*	mèt deu treyn
en vélo	*met de fiets*	mèt deu fīts
nord	*noord*	nōrt
sud	*zuid*	zeuyt
est	*oost*	ōst
ouest	*west*	ouèst
Quel(le) est ce/cette… ?	*Welke … is dit/deze?*	*vèl*·keu … is dit/*dé*·zeu
canal	*gracht*	RhrraRht
commune	*gemeente*	Rheu·*mén*·teu
route	*weg*	vèRh
rue	*straat*	strrāt

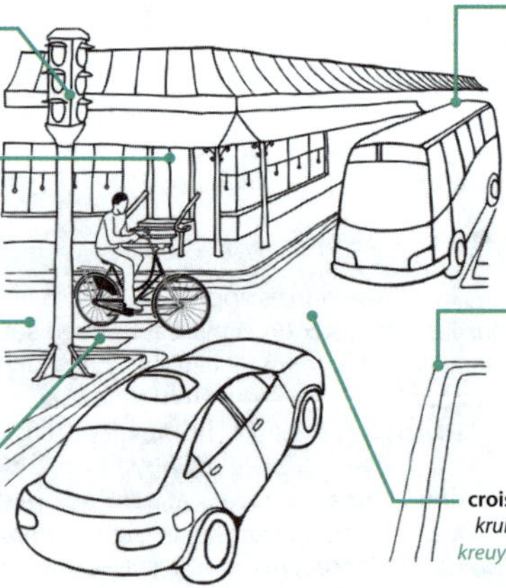

trouver un hébergement

accommodatie vinden

Où puis-je trouver un(e)… ?	*Waar vind ik een …?*	vār fint ik eun …
aire naturelle de camping	*natuurcamping*	na·*tūr*·kèm·ping **PB** na·*tūr*·kam·ping **B**
auberge de jeunesse	*jeugdherberg*	*yeuRht*·Hèrr·bèrRh
camping	*camping*	*kèm*·ping **PB** *kam*·ping **B**
centre de vacances	*vakantiecentrum*	va·*kan*·sī·sèn·treum
chambre d'hôte	*gastenkamer*	*Rhas*·teun·kā·meur
hôtel	*hotel*	Hō·*tèl*
motel	*motel*	mō·*tèl*
pension	*pension*	pèn·*chyon*
refuge	*schuilhut*	*sRheuyl*·Hut

Pouvez-vous me conseiller une adresse… ?	*Kunt u iets … aanbevelen?* **pol**	kunt ū īts … *ān*·bœ·fē·leu
à proximité	*dichtbij*	diRht·*bey*
correct	*neetjes*	Rhouts
bon marché	*goedkoops*	Rhout·*kōps*
luxueuse	*luxueus*	luk·sū·*eus*
romantique	*romantisch*	rō·*man*·tīs
sûre pour les femmes	*dat veilig is voor vrouwelijke reizigers*	dat *vey*·lïRh is vōr *frao*·eu·leu·keu *rey*·zi·Rheurs

Je voudrais être près du/de la/des…	*Ik wil iets dicht bij …*	ïk vil īts diRht bey …
centre-ville	*het stadscentrum*	Heut *stat*·sèn·treum
gare	*het station*	Heut sta·*chyon*
magasins	*de winkels*	deu *vin*·keuls
plage	*het strand*	Heut strant
vie nocturne	*de uitgaansbuurt*	deu *euyt*·Rhāns·būrt

C'est à quelle adresse ?
Wat is het adres? — vat is Heut a·*drès*

Voir également le chapitre **orientation**, p. 61.

réservation

reserveren

Je voudrais réserver une chambre, s'il vous plaît.
Ik wil graag een kamer reserveren. — ïk vil RhrāRh eun *kā*·meur ré·sèr·*vé*·reu

J'ai une réservation.
Ik heb een reservatie. — ïk Hèp eun ré·sèr·*vā*·*sī*

Mon nom est…
Mijn naam is … — meyn nām is …

Pour (3) nuits/semaines.
Voor (drie) nachten/ weken. — vōr (drī) *naRh*·teun/ *vé*·keun

Du (2 juillet) au (6 juillet).
Van (twee juli) tot (zes juli). — fan (*tvé*·*yū*·lī) tot (*zès*·*yū*·lī)

parler local

hôtel de luxe	*klassehotel*	*kla*·seu·Hō·tel
super	*prima in orde* (litt : excellent en gamme)	*prī*·ma in *or*·dé
taudis	*krot*	krot

expressions locales		
Hoeveel nachten?	Hou·*vēl naRh*·teun	**Combien de nuits ?**
identiteits-bewijs	ī·dèn·tī·*téts*·bœ·veys	**pièce d'identité**
receptie	ré·*sèp*·sī	**réception**
sleutel	*sleuy*·teul	**clé**
vol	fol	**complet**

Dois-je payer à l'avance ?
Moet ik vooraf betalen? mout ĭk *vō*·raf bœ·*tā*·leu

Quel est le prix par… ?	*Hoeveel kost het per …?*	Hou·*vēl* kost Heut peur …
nuit	*nacht*	naRht
personne	*persoon*	peur·*sōn*
semaine	*week*	vék
Puis-je payer par… ?	*Kan ik met een … betalen?*	kan ĭk mèt eun … bœ·*tā*·leu
carte de crédit	*kredietkaart*	kré·*dīt*·kārt
chèque de voyage	*reischeque*	*reys*·chèk
Avez-vous une chambre… ?	*Heeft u een …?* **pol**	Héft ū eun …
simple	*éénpersoons-kamer*	*én*·peur·sōns·kā·meur
double	*tweepersoons-kamer met een dubbel bed*	*tvé*·peur·sōns·kā·meur mèt eun *deu*·beul bèt
avec des lits jumeaux	*tweepersoons-kamer met lits-jumeaux*	*tvé*·peur·sōns·kā·meur mèt lī jū·*mō*

Puis-je la voir ?
Kan ik een kijkje nemen? kan ĭk eun *keyk*·yeu *né*·meu

Je la prends.
Ik neem het. ik ném Heut

Pour toute autre méthode de paiement, voir les chapitres **questions d'argent**, p. 43, et **banque**, p. 89.

panneaux de signalisation

Badkamer	*bat*·kā·meur	**Salle de bains**
Kamers vrij	*kā*·meurs frey	**Chambres libres**
Vol/Volzet **PB/B**	fol/fol·*zèt*	**Complet**
Servicewasserij	*sèr*·vi·seu·va·seu·rey	**Laverie**

renseignements et services

inlichtingen en service

Le petit-déjeuner est-il compris ?
Is het ontbijt inbegrepen? — is Heut ont·*beyt* *in*·bœ·Rhré·peu

À quelle heure est servi le petit-déjeuner ?
Hoe laat wordt het ontbijt geserveerd? — Hou lāt vort Heut ont·*beyt* Rhœ·sèr·*vérrt*

Où est servi le petit-déjeuner ?
Waar wordt het ontbijt geserveerd? — vār vort Heut ont·*beyt* Rhœ·sèr·*vérrt*

Y a-t-il de l'eau chaude toute la journée ?
Is er de hele dag warm water? — is eur deu *Hē*·leu daRh varm *vā*·teur

Réveillez-moi à (7)h, s'il vous plaît.
Maak mij wakker om (zeven) uur alstublieft. **pol** — māk mey *va*·keur om (*zé*·veun) ūr al·stū·*blīft*

Puis-je utiliser le/la… ?	*Kan ik de … gebruiken?*	kan ĭk deu … Rhœ·*breuy*·keu
cuisine	*keuken*	*keuy*·keun
laverie	*wasinrichting*	*vas*·in·riRh·ting
téléphone	*telefoon*	tē·lē·*fōn*
vélo	*fiets*	fīts

PRATIQUE

Avez-vous un(e)... ?	*Heeft u een ...?* **pol**	Héft ū eun ...
ascenseur	*lift*	lift
coffre-fort	*kluis*	kleuys
piscine	*zwembad*	*zvèm*·bat
sauna	*sauna*	*sao*·na
service de blanchisserie	*servicewasserij*	*sèr*·vi·seu·va·seu·rey
tableau des messages	*berichtenbord*	bœ·*riRh*·teun·bort

Pourrais-je avoir un..., s'il vous plaît ?	*Kan ik een ... hebben alstublieft?* **pol**	kan ik eun ... *Hè*·beu al·stū·*blīft*
reçu	*kwitantie*	kvī·*tan*·sī
sèche-cheveux	*haardroger*	*Hār*·drō·Rheur
vélo	*fiets*	fīts
ventilateur	*ventilator*	vèn·tī·*lā*·tor

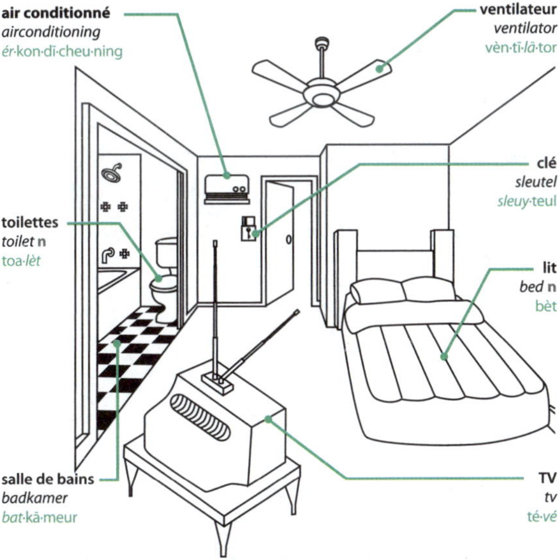

Pourrais-je avoir ma clé, s'il vous plaît ?
Kan ik mijn sleutel hebben alstublieft? **pol** — kan ĭk meyn *sleuy*·teul *Hè*·beu al·stū·*blīft*

Avez-vous un parking ?
Heeft u parking? **pol** — Héft ū *par*·king

Louez-vous des vélos ?
Verhuurt u fietsen? **pol** — feur·*Hūrt* ū *fīt*·seun

Organisez-vous des visites guidées/expéditions ?
Organiseert u rondleidingen/tochten? **pol** — orr·Rha·nī·*zért* ū *ront*·ley·ding·eun/*toRh*·teun

Est-il possible de changer de l'argent ici ?
Wisselt u geld hier? **pol** — *vi*·seult ū Rhèlt Hīr

Y a-t-il un message pour moi ?
Is er een bericht voor mij? — is eur eun bœ·*riRht* fōr mey

Puis-je laisser un message ?
Kan ik een bericht voor iemand achterlaten? — kan ik eun bœ·*riRht* fōr *ī*·mant *aRh*·teur·lā·teu

J'ai laissé la clé à l'intérieur de ma chambre.
Ik heb mij buitengesloten. — ĭk Hèp mey *beuy*·teun·Rhœ·slō·teu

réclamations

klachten

C'est trop…	*Het is te …*	Heut is tœ …
bruyant	*lawaaierig*	la·*vā*·yeu·rĭRh
cher	*duur*	dūrr
froid	*koud*	kaot
lumineux	*licht*	liRht
petit	*klein*	kleyn
sombre	*donker*	*don*·keur
Ce/Cet/Cette… n'est pas propre.	*… is niet schoon.*	… is nīt sRhōn
drap	*Dit laken*	dit *lā*·keun
oreiller	*Dit kussen*	dit *ku*·seun
serviette	*Deze handdoek*	*dé*·zeu *Han*·douk

L'/Le ... ne fonctionne pas.	*De ... is stuk.*	deu ... is stuk
air conditionné	*aircon-ditioning*	*ér*·kon·dī·cheu·ning
radiateur	*verwarming*	feur·*var*·ming
ventilateur	*ventilator*	vèn·tī·*lā*·tor

Les toilettes ne fonctionnent pas.
Het toilet is stuk. Heut toa·*lèt* is stuk

Il n'y a pas d'eau chaude.
Er is geen warm water. eur is Rhén varm *vā*·teur

Puis-je avoir un(e) autre (couverture) ?
Kan ik nog een (deken) hebben alstublieft? **pol** kan ĭk noRh eun (*dé*·keun) *Hè*·beu al·stū·*blīft*

on frappe à la porte

Entrez.	*Kom binnen.*	kom *bi*·neun
Qui est-ce ?	*Wie is daar?*	vī is dārr
Revenez plus tard, s'il vous plaît.	*Kom later terug alstublieft.* **pol**	kom *lā*·teur tœ·*ruRh* al·stū·*blīft*
Un instant, s'il vous plaît.	*Een momentje alstublieft.* **pol**	eun mō·*mèn*·tyeu al·stū·*blīft*

quitter un hôtel

uitchecken

À quelle heure doit-on quitter la chambre ?
Hoe laat moet men de kamer verlaten? Hou lāt mout mèn de *ka*·meur feur·*lā*·teu

Puis-je quitter la chambre plus tard ?
Kan ik de kamer later verlaten? kan ĭk de *ka*·meur *lā*·teur feur·*lā*·teu

Pouvez-vous m'appeler un taxi (pour 11h) ?
Kunt u een taxi (voor elf uur) voor mij regelen alstublieft? **pol** kunt ū eun *tak*·sī (fōr èlf ūr) fōr mey *ré*·Rhœ·leu al·stū·*blīft*

Je pars maintenant.
Ik vertrek nu. ĭk feur·*trèk* nū

Puis-je laisser mes bagages ici ?
Kan ik mijn bagage hier laten? — kan ĭk meyn ba·*Rhā*·jeu Hīr *lā*·teu

Il y a une erreur dans la note.
Er zit een fout in de rekening. — eur zit eun faot in deu *ré*·keu·ning

Pourrais-je avoir mon/ma/mes…, s'il vous plaît ?	*Kan ik mijn … hebben alstublieft?* **pol**	kan ĭk meyn … *Hè*·beu al·stū·*blīft*
caution	*borgsom*	*borRh*·som
objets de valeur	*waardevolle voorwerpen*	*vār*·dœ·fo·leu fōr·*vèrp*·eun
passeport	*paspoort*	*pas*·pōrt

J'ai passé un séjour agréable, merci.
Ik heb een aangenaam verblijf gehad, dank u. **pol** — ĭk Hèp eun *ān*·Rhœ·nām feur·*bleyf* Rhœ·Hat dank ū

Je le recommanderai à mes amis.
Ik zal het aan mijn vrienden aanbevelen. — ĭk zal Heut ān meyn *frīn*·deun *ān*·bœ·fé·leu

Je reviens dans (3) jours.
Ik kom terug binnen (drie) dagen. — ĭk kom tœ·*ruRh bi*·neun (drī) *dā*·Rheun

Je reviens (mardi).
Ik kom (dinsdag) terug. — ĭk kom (*dins*·daRh) tœ·*ruRh*

camping

kamperen

Avez-vous… ?	*Heeft u …?* **pol**	Héft ū …
des douches	*douches*	*dou*·cheus
l'électricité	*elektriciteit*	é·lèk·trī·sī·*teyt*
un emplacement	*een kampeerplaats*	eun kam·*pér*·plāts
une laverie	*een wasserette*	eun *va*·seu·rè·teu
des tentes à louer	*tenten te huur*	*tèn*·teun tœ Hūrr

PRATIQUE

À qui faut-il s'adresser pour s'installer ici ?
Aan wie kan ik vragen of ik hier mag overnachten? ān vī kan ĭk *vrā*·Rheu of ĭk Hīr maRh ō·veur·*naRh*·teu

Fonctionne-t-il/elle avec des pièces ?
Werkt het met muntstukken? vèrkt Heut mèt *munt*·stu·keun

L'eau est-elle potable ?
Is het drinkbaar water? is Heut *drink*·bār *vā*·teurr

Pourrais-je emprunter… ?	*Kan ik … lenen?*	kan ĭk … *lē*·neu

Quel est le prix par… ?	*Hoeveel kost het per …?*	Hou·*vēl* kost Heut peur …
personne	*persoon*	peur·*sōn*
véhicule	*auto*	*ao*·tō

Puis-je… ?	*Mag ik …?*	maRh ĭk …
camper ici	*hier kamperen*	Hīr kam·*pé*·reu
me garer près de ma tente	*naast mijn tent parkeren*	nāst meyn tènt par·*ké*·reu

location

huur

Avez-vous un(e) … à louer ?	*Heeft u een … te huur?* **pol**	Héft ū eun … tœ Hūr
appartement	*flat* **PB**	flèt
	appartement **B**	a·par·tœ·*mènt*
cabine	*hut*	Hut
chambre	*kamer*	*kā*·meur
maison	*huis*	Heuys

Faut-il verser une caution ?
Is er een borgsom te betalen? is eur eun borRh·som tœ bœ·*tā*·leu

Les faux-frais sont-ils facturés ?
Zijn onkosten extra? zeyn *on*·kos·teun *ek*·strrā

Les animaux sont-ils autorisés ?
Zijn huisdieren toegelaten? zeyn *Heuys*·dī·reun *tou*·Rhœ·lā·teun

meublé	*gemeubileerd*	Rhœ·mœ·bī·*lért*
partiellement meublé	*gedeeltelijk gemeubileerd*	Rhœ·*dél*·tœ·leuk Rhœ·mœ·bī·*lért*
permis de logement	*woonvergunning*	*vōn*·feur·Rhu·ning
vide	*onge-meubileerd*	*on*·Rhœ·mœ·bī·lérrt

loger chez l'habitant

logeren

Puis-je loger chez vous ?
Kan ik bij jou overnachten? — kan ĭk bey yao ō·veur·*naRh*·teu

Puis-je vous aider ?
Kan ik ergens mee helpen? — kan ĭk *èrr*·Rheuns mé *Hèl*·peu

Merci pour votre hospitalité.
Dank voor uw/je gastvrijheid. **pol/fam** — *dank* fōr ū/yeu Rhast·*frey*·Heyt

J'ai mon propre…	*Ik heb mijn eigen …*	ĭk Hèp meyn *ey*·Rheun …
matelas	*matras*	ma·*tras*
sac de couchage	*slaapzak*	*slāp*·zak

Puis-je… ?	*Kan ik …?*	kan ĭk …
apporter quelque chose pour le repas	*iets om te eten meebrengen*	īts om tœ *é*·teu *mé*·brèng·eu
faire la vaisselle	*de afwas doen*	deu *af*·vas doun
mettre/débarrasser la table	*de tafel dekken/ afruimen*	deu *tā*·feul *dè*·keu/ *af*·reuy·meu
sortir la poubelle	*het afval buitenzetten*	Heut *af*·fal *beuy*·teun·*zè*·teu

Pour complimenter les talents culinaires de votre hôte, voir le chapitre **se restaurer**, p. 171.

se renseigner

op zoek naar

Les magasins sont-ils ouverts le (jour de la Reine) ?
Zijn de winkels open op (Koninginnedag)? — zeyn deu *vin*·keuls *ō*·peu op (kō·ning·*Rhi*·neu·daRh)

Quels sont les horaires d'ouverture des magasins ?
Wat zijn de openingsuren voor de winkels? — vat zeyn deu *ō*·peu·nings·*ū*·reun fōr deu *vin*·keuls

Où puis-je acheter (un cadenas) ?
Waar kan ik (een hangslot) kopen? — vārr kan ĭk (eun *Hang*·slot) *kō*·peu

Où puis-je trouver un(e)… ?	*Waar vind ik een …?*	vār fint ĭk eun …
chocolaterie	*chocolade-winkel*	cho·kō·*lā*·deu·vin·keul
épicerie	*kruidenierszaak*	kreuy·deu·*nirs*·zāk
grand magasin	*warenhuis* **PB**	*vā*·reun·Heuys
	groot-warenhuis **B**	*Rhrōt*·vā·reun·Heuys
magasin ouvert le soir	*avondwinkel*	*a*·vont·vin·keul
supermarché	*supermarkt*	*sū*·peur·markt

Pour d'autres lieux d'emplettes, voir le **dictionnaire**.

vive le chocolat !

Les chocolateries sont souvent appelées *chocoladewinkels*, mais vous pourrez également rencontrer les termes suivants :

bonbonzaak **PB**	bon·*bon*·zāk
chocolaterie	chō·kō·la·*trī*
pralinewinkel **B**	pra·*lī*·neu·vin·keul

iets kopen

Je ne fais que regarder.
Ik kijk alleen maar. — ĭk keyk a·*lén* mār

Je voudrais acheter (un adaptateur électrique).
Ik wil graag een (adapter) kopen. — ĭk vil RhrāRh eun (a·*dap*·teur) *kō*·peu

Ce n'est pas de bonne qualité.
Het is geen goede kwaliteit. — Heut is Rhén *Rhou*·yeu kva·lī·*teyt*

Combien ça coûte ?
Hoeveel kost het? — Hou·*vēl* kost Heut

Pouvez-vous écrire le prix, s'il vous plaît ?
Kunt u de prijs opschrijven alstublieft? **pol** — kunt ū deu preys *op*·sRhrey·veu al·stū·*blīft*

En avez-vous d'autres ?
Heeft u nog anderen? **pol** — Hēft ū noRh *an*·deu·reun

Puis-je regarder ?
Kan ik het even zien? — kan ĭk Heut *é*·veu zīn

Est-ce du (240) volts ?
Is het (tweehonderd veertig) volt? — is Heut (tvé·*Hon*·deurt *fér*·tĭRh) volt

Acceptez-vous les… ?	*Accepteert u …?* **pol**	ak·sèp·*tért* ū …
cartes de crédit	*kredietkaarten*	kré·*dīt*·kārr·teun
chèques de voyage	*reischeques*	*reys*·chèks

Je voudrais…, s'il vous plaît.	*Ik wil graag …*	ĭk vil RhrāRh …
être remboursé	*terugbetaald worden*	tœ·*ruRh*·bœ·tālt vor·deu
ma monnaie	*mijn wisselgeld*	meyn *vi*·seul·Rhèlt
un ticket de caisse	*een kwitantie*	eun kvī·*tan*·sī

Pourrais-je avoir un sac, s'il vous plaît ?

Kan ik alstublieft een draagtasje hebben? **pol** — kan ik al·stū·*blīft* eun *drāRh*·ta·cheu *Hè*·beu

Je n'ai pas besoin de sac, merci.

Ik heb geen draagtasje nodig, dank u. **pol** — ĭk Hèp Rhén *drāRh*·ta·cheu *nō*·dĭRh dank ū

Pouvez-vous me l'emballer ?

Kunt u het inpakken? **pol** — kunt ū Heut *in*·pa·keu

Est-ce garanti ?

Is het met garantie? — is Heut mèt ga·*ran*·sī

Puis-je l'envoyer à l'étranger ?

Kan ik het naar het buitenland sturen? — kan ĭk Heut nār Heut *beuy*·teun·lant *stū*·reu

Pouvez-vous me le commander ?

Kunt u het voor mij bestellen? **pol** — kunnt ū Heut fōr mey bœ·*stè*·leu

Puis-je passer le prendre plus tard ?

Kan ik het later ophalen? — kan ĭk Heut *lā*·teur *op*·Ha·leu

Je voudrais rendre ceci.

Ik wil dit graag teruggeven. — ĭk vil dit RhrāRh tœ·*ruRh*·Rhé·veu

polders et moulins

Les Néerlandais ont de tout temps lutté contre l'eau ; protégés par les *duinen* *deuy*·neun (dunes), ils édifièrent dès 1200 des *dijken* *dey*·keun (digues), puis, à partir du 14ᵉ siècle, aménagèrent des *polders* *pol*·deurs, territoires conquis sur la mer, un lac ou un sol marécageux, à l'aide de *windmolen* *vint*·mō·leun (moulins à vent) pompant l'eau. À pivot (*standermolen*), à pilier (*wipmolen*), à manche (*kokermolen*), à calotte tournante (*bovenkruier*), le millier de moulins aujourd'hui présents aux Pays-Bas témoigne de l'ingéniosité des Néerlandais, qui les utilisèrent également pour moudre le blé, émonder l'orge et le riz (dans les colonies), scier le bois, râper le tabac à priser, fouler le tissu, tanner le cuir, etc. Le 2ᵉ dimanche de mai est organisée la *Molenfeest* *mō*·leun·fést (Journée nationale des moulins).

parler local

affaire exceptionnelle	*spotkoopje* **n**	*spot*·kōp·yeu
bonne affaire	*koopje* **n**	*kōp*·yeu
chasseur de bonnes affaires	*koopjesjager*	*kōp*·yeus·yā·Rheur
fins de série	*seizoens-opruiming*	sey·*zouns*·op·reuy·ming
liquidation	*uitverkoop*	*euyt*·feur·kōp
offre spéciale	*aanbieding*	*ān*·bī·ding
réduction	*korting*	*kor*·ting
soldes	*koopjes* **n pl PB**	*kōp*·yeus
	solden **B**	*sol*·deun
vente (général)	*verkoop*	feur·*kōp*

marchander

afdingen

C'est trop cher.
Dat is te duur. — dat is tœ dūr

Pouvez-vous baisser le prix ?
Kunt u wat van de prijs afdoen? **pol** — kunt ū vat fan deu preys *af*·doun

Avez-vous quelque chose de moins cher ?
Heeft u iets goedkopers? **pol** — Héft ū īts Rhout·*kō*·peurs

Quel est votre dernier prix ?
Wat is uw beste prijs? **pol** — vat is ū *bès*·teu preys

Je vous en donne (5) euros.
Ik wil er (vijf) euro voor betalen. — ik vil eur (feyf) *eu*·rō fōr bœ·*tā*·leu

PRATIQUE

livres et lecture

boeken & lectuur

Avez-vous… ?	*Heeft u …?* **pol**	Héft ū …
un guide des sorties	*een uitgaansgids*	eun *euyt*·Rhāns·Rhits
un livre de (Hugo Claus)	*een boek van (Hugo Claus)*	eun bouk fan (*Hū*·Rhō klaos)
Y a-t-il une… ? (française) ?	*Is er een (Frans)-talige …?*	is eur eun (frans)·*tā*·li·Rheu …
librairie	*boekhandel*	*bouk*·Han·deul
section	*afdeling*	*af*·dé·ling
Je voudrais un…	*Ik wil graag een …*	ĭk vil RhrāRh eun …
bloc-notes	*notitieblok*	nō·*tī*·sī·blok
dictionnaire	*woordenboek*	*vōr*·deun·bouk
journal (en français)	*(Franstalige) krant*	(frans·*tā*·li·Rheu) krant

Pouvez-vous me conseiller un livre ?
Kunt u mij een boek aanbevelen? **pol** — kunt ū mey eun bouk *ān*·bœ·fé·leu

Avez-vous des guides/guides de conversation Lonely Planet ?
Heeft u reisgidsen/taalgidsen van Lonely Planet? **pol** — Héft ū *reys*·Rhit·seun/*tāl*·Rhit·seun fan *lōn*·lī *plè*·neut

expressions courantes

Kan ik u helpen? **pol**
kan ik ū *Hèl*·peu — **Puis-je vous aider ?**

Kan ik u ergens anders mee helpen? **pol**
kan ĭk ū *èr*·Rheuns *an*·deurs mé *Hèl*·peu — **Puis-je vous être utile à autre chose?**

Nee, we hebben er geen.
né veu *Hè*·beu eur Rhén — **Non, nous n'avons pas.**

acheter des vêtements

kleding

Je fais du (40).	*Ik heb maat (veertig).*	ĭk Hèp māt (*fér*·tĭRh)
S	*small*	smal
M	*medium*	*mé*·dyeum
L	*large*	larch
Puis-je essayer ?	*Kan ik het passen?*	kan ĭk Heut *pa*·seu
Ça ne me va pas.	*Het past niet.*	Heut past nīt

Pour les différents types de vêtement et les tailles, voir le **dictionnaire**, et le chapitre **nombres et quantités**, p. 33.

chez le coiffeur

bij de kapper

Je voudrais…	*Ik wil graag …*	ĭk vil RhrāRh …
une coloration	*een kleuring*	eun *kleu*·ring
une coupe	*mijn haar laten knippen*	meyn Hār *lā*·teu *kni*·peu
des mèches	*haarlokken*	*Hār*·lo·keun
me faire laver/sécher les cheveux	*mijn haar laten wassen/föhnen*	meyn Hār *lā*·teu *va*·seu/*fœ*·neu
me faire raser la barbe	*mijn baart laten scheren*	meyn bārt *lā*·teu *sRhé*·reu
me faire raser la tête	*mijn hoofd laten kaal scheren*	meyn Hōft *lā*·teu kāl *sRhé*·reu
me faire tailler la barbe	*mijn baard laten bijknippen*	meyn bārt *lā*·teu *bey*·kni·peu

PRATIQUE

Je voudrais une coupe.
Ik wil het laten knippen. — ĭk vil Heut *lā*·teu kni·peu

Ne coupez pas trop court, s'il vous plaît.
Knip het niet te kort alstublieft. **pol** — knip Heut nīt tœ kort al·stū·*blīft*

Prenez une lame neuve, s'il vous plaît.
Gebruik een nieuw mesje alstublieft. **pol** — Rhœ·*breuyk* eun nyou *mè*·cheu al·stū·*blīft*

Rasez tout ! (barbe)
Scheer het allemaal af! — sRhér Heut *a*·leu·māl af

Rasez tout ! (tête)
Scheer me kaal! — sRhér meu kāl

Ça ne me plaît pas !
Het bevalt mij niet! — Heut bœ·*falt* mey nīt

Je n'aurais jamais dû venir chez vous !
Ik had ooit hier moeten komen! — ĭk Hat nōyt Hīr *mou*·teu *ko*·meu

musique et DVD

muziek & dvd's

Je voudrais un(e)…	*Ik wil graag een …*	ĭk vil RhrāRh eun …
cassette vierge	*lege cassette*	*lé*·Rheu ka·*sè*·teu
CD	*cd*	sé·*dé*
DVD	*dvd*	dé·vé·*dé*
cassette vidéo	*video*	*vī*·dé·yō

Je cherche un album de (Deus).
Ik ben op zoek naar een album van (Deus). — ĭk bèn op zouk nār eun *al*·beum fan (*dé*·yus)

Quel est leur meilleur album ?
Wat is hun beste album? — vat is Heun *bès*·teu *al*·beum

Puis-je l'écouter ?
Kan ik er naar luisteren? — kan ĭk èr nār *leuy*·steu·reu

Est-il compatible avec tous les lecteurs DVD ?

Werkt dit op elke dvd-speler?	vèrkt dit op *èl*·keu dé·vé·*dé*·*spé*·leur

Est-ce pour un système (PAL/NTSC) ?

Is dit voor een (PAL/ NTSC) systeem?	is dit fōr eun (pal/ èn·té·ès·*sé*) sīs·*tém*

vidéo et photographie

video & fotografie

Pouvez-vous… ?	*Kunt u …?* **pol**	kunt ū …
charger ma pellicule	*mijn film laden*	meyn film *lā*·deu
développer cette pellicule	*deze film ontwikkelen*	*dé*·zeu film ont·*vi*·keu·leu
imprimer des photos numériques	*digitale foto's afdrukken*	dī·Rhī·*tā*·leu *fō*·tōs *af*·dru·keu
recharger la batterie de mon appareil photo numérique	*de batterij van mijn digitale fototoestel opladen*	deu ba·tœ·*rey* fan meyn dī·Rhī·*tā*·leu *fō*·tō·tou·stèl *op*·lā·deu
transférer mes photos sur CD	*mijn foto's op cd zetten*	meyn *fō*·tōs op sé·*dé* *zè*·teu

Avez-vous … pour cet appareil photo ?	*Heeft u … voor dit fototoestel?* **pol**	Héft ū … fōr dit *fō*·tō·tou·stèl
des cartes mémoire	*geheugen-kaarten*	Rhœ·*Heuy*·Rheun·kār·teun
un flash	*een flits(lamp)*	eun (*flits*·)lamp
des piles	*batterijen*	ba·tœ·*rey*·yeun
un zoom	*een (zoom)lens*	eun (*zoum*·)lèns
un posemètre	*een lichtmeter*	eun *liRht*·mé·teur

PRATIQUE

J'ai besoin d'une pellicule … pour cet appareil photo.	*Ik heb … voor dit fototoestel nodig.*	ĭk Hèp … fōr dit *fō*·tō·tou·stèl *nō*·dĭRh
couleur	*kleurenfilm*	*kleu*·reun·film
diapositives	*diafilm*	*dī*·ya·film
noir et blanc	*zwart-wit film*	zvart·*vit* film
appareil photo…		
jetable	*wegwerp-camera*	*vèRh*·vèrp·kā·mé·ra
numérique	*digitaal fototoestel*	dī·Rhī·*tāl* *fō*·tō·tou·stèl
sous-marin	*onderwater-camera*	on·deur·*vā*·teur·kā·mé·ra
camescope	*videocamera*	*vī*·dé·yō·kā·mé·ra

J'ai besoin d'un câble pour relier mon appareil photo à un ordinateur.
Ik heb een kabel nodig om mijn fototoestel met een computer te verbinden. — ĭk Hèp eun *kā*·beul *nō*·dĭRh om meyn *fō*·tō·tou·stèl mèt eun kom·*pyū*·teur tœ feurr·*bin*·deu

J'ai besoin d'un câble pour recharger cette batterie.
Ik heb een kabel nodig om deze batterij op te laden. — ĭk Hèp eun *kā*·beul *nō*·dĭRh om *dé*·zeu ba·tœ·*rey* op tœ *lā*·deu

J'ai besoin d'une cassette vidéo pour ce camescope.
Ik heb een video-cassette voor deze camera nodig. — ĭk Hèp eun *vī*·dé·yō·ka·*sè*·teu fōr *dé*·zeu *kā*·mé·ra *nō*·dĭRh

Quand cela sera-t-il prêt ?
Wanneer is het klaar? — va·*nér* is Heut klārr

Combien ça coûte ?
Hoeveel kost het? — Hou·*vél* kost Heut

J'ai besoin de photos d'identité.
Ik heb paspoortfoto's nodig. — ĭk Hèp *pas*·pōrt·fō·tōs *nō*·dĭRh

Je ne suis pas content de ces photos.
Ik ben niet tevreden met deze foto's. — ĭk bèn nīt tœ·*fré*·deun mèt *dé*·zeu *fō*·tōs

Je ne veux pas payer la totalité de la somme.
Ik wil de volle prijs niet betalen. — ĭk vil deu *fo*·leu preys nīt bœ·*tā*·leu

réparations

reparaties

Puis-je faire réparer mon/mes … ici ?	*Kan ik mijn … hier laten herstellen?*	kan ĭk meyn … Hīr *lā*·teu Hèr·*stè*·leu
Quand puis-je récupérer mon/mes… ?	*Wanneer is mijn … klaar?*	va·*nér* is meyn … klārr
appareil photo	*camera*	*kā*·mé·ra
camescope	*videocamera*	vī·dé·yō·*kā*·mé·ra
lunettes (de soleil)	*(zonne)bril*	(*zo*·neu·)brril
sac à dos	*rugzak*	*ruRh*·zak
sac	*tas*	tas

souvenirs

bandes dessinées	*stripverhalen* **n pl**	*strip*·veur·Hā·leun
bière	*bier* **n**	bīr
chocolat	*chocolade*	chō·kō·*lā*·deu
chocolats	*bonbons* **PB**	bon·*bons*
	pralines **B**	pra·*lī*·neus
dentelle	*kant*	kant
diamants	*diamanten*	dī·ya·*man*·teun
faïence de Delft	*Delfts blauw* **n**	dèlfts blao
fromage	*kaas*	kās
gin	*jenever*	yeu·*né*·veur **PB** jeu·*né*·veur **B**
sabots	*klompen*	*klom*·peun
souvenirs de Tintin	*Kuifje souvenirs* **n pl**	*keuyf*·yeu sou·veu·*nīrs*
tapis	*tapijten* **n pl**	ta·*pey*·teun
tapisserie	*tappiserie*	ta·pī·seu·*rī*
tapisseries	*muurtapijten* **n pl**	*mūr*·ta·pey·teun
verres à bière	*bierglazen* **n pl**	*bīr*·Rhlā·zeun

Internet

het internet

Où se trouve le cybercafé du coin ?		
Waar is het plaatselijk internetcafé?		vār is Heut *plāt*·seu·leuk *in*·teur·nèt·ka·*fē*
Je voudrais…	*Ik wil graag …*	ĭk vil Rhrāռh …
graver un CD	*een cd graveren*	eun sé·*dé* *Rhra*·vé·reu
consulter mes e-mails	*mijn e-mails checken*	meyn *ī*·meyls *ché*·keu
télécharger mes photos	*mijn foto's downloaden*	meyn *fō*·tōs *daon*·lō·deu
me connecter à Internet	*mij op internet aansluiten*	mey op *in*·teur·net *ān*·sleuy·teu
utiliser une imprimante	*een printer gebruiken*	eun *prin*·teur Rhœ·*breuy*·keu
utiliser un scanner	*een scanner gebruiken*	eun *ské*·neur Rhœ·*breuy*·keu
Avez-vous un… ?	*Heeft u …?* **pol**	Héft ū …
lecteur zip	*een zipdrive*	eun *zip*·drāyf
Mac	*Apple computer*	*é*·peul kom·*pyū*·teur
PC	*pc*	pé·*sé*
Quel est le prix par/pour… ?	*Hoeveel kost het per …?*	Hou·*vél* kost Heut peur …
heure	*uur*	ūr
(5) minutes	*(vijf) minuten*	(feyf) mī·*nū*·teun
page	*pagina*	*pā*·Rhī·na

Puis-je connecter mon/ma … à cet ordinateur ?	*Kan ik mijn … op deze computer aansluiten?*	kan ĭk meyn … op *dé*·zeu kom·*pyū*·teur *ān*·sleuy·teu
appareil photo	*fototoestel*	*fō*·tō·tou·stèl
clé USB	*USB*	ū·ès·*bé*
	memory stick	*mé*·mō·rī stik
disque dur externe	*draagbare harde schijf*	*drāRh*·bā·reu *Har*·deu sRheyf
iPod	*iPod*	*āy*·pot
lecteur multimédia (MP3)	*MP3speler*	èm·pé·*trī*·spé·leur
PSP	*psp*	pé·ès·*pé*
Comment se connecte-t-on ?	*Hoe log ik in?*	Hou loRh ĭk in
Maudit Internet !	*Stom internet!*	stom *in*·teur·nèt
Il a planté.	*Het is geblokkeerd.*	Heut is Rhœ·blo·*kért*
J'ai terminé.	*Ik ben klaar.*	ik bèn klārr

téléphone portable

mobiele telefoons

Je voudrais…	*Ik wil graag een ...*	ĭk vil Rhrārh eun ...
un chargeur pour mon téléphone	*lader voor mijn telefoon*	*lā*·deur fōr meyn té·lé·*fōn*
louer un téléphone portable	*mobiele telefoon huren* **PB**	mō·*bī*·leu té·lé·*fōn hū*·reu
	GSM huren **B**	Rhé·ès·*èm hū*·reu
un téléphone à carte	*mobiele telefoon met beltegoed* **PB**	mō·*bī*·leu té·lé·*fōn* mèt *bèl*·teu·Rhout
	GSM met beltegoed **B**	Rhé·ès·*èm* mèt *bèl*·teu·Rhout
une carte SIM pour votre réseau	*sim-kaart voor uw netwerk* **pol**	*sim*·kārt fōrr ū *nèt*·vèrk

Quels sont les tarifs ?
Wat zijn de tarieven? — vat zeyn deu ta·*rī*·veun

(30 c) pour (30) secondes.
(Dertig cent) voor (dertig) seconden. — (*dèr*·tĭRh sènt) fōr (*dèr*·tĭRh) seu·*kon*·deun

téléphone

telefoon

Quel est votre numéro de téléphone ?
Wat is uw/jouw telefoonnummer? **pol/fam** — vat is ū/yao té·lé·*fōn*·nu·meur

Où se trouve la cabine téléphonique la plus proche ?
Waar is de dichtsbijzijnde openbare telefoon? — vārr is deu diRhts·bey·*zeyn*·deu ō·peun·bā·reu tē·lē·*fōn*

Puis-je consulter l'annuaire ?
Mag ik het telefoonboek even inkijken? — maRh ĭk Heut té·lé·*fōn*·bouk *é*·veu *in*·key·keu

Puis-je avoir des pièces ?
Kan ik enkele muntstukken hebben? — kan ĭk *èn*·keu·leu *munt*·stu·keun *Hè*·beu

Je voudrais…	*Ik wil graag …*	ĭk vil RhrāRh …
acheter une carte de téléphone	*een telefoon-kaart kopen*	eun té·lé·*fōn*·kārt *kō*·peu
appeler (la France)	*(Frankrijk) bellen*	(*fran*·kreyk) *bè*·leu
appeler en PCV	*dat de ontvanger betaalt*	dat deu ont·*fang*·eur bœ·*tālt*
parler (3) minutes	*(drie) minuten spreken*	(drī) mī·*nū*·teun *sprē*·keu
passer un appel (local)	*een (lokaal) telefoongesprek maken*	eun (lō·*kāl*) té·lé·*fōn*· Rhœ·sprèk *mā*·keu

poste et communications

Combien coûte(nt)… ?	*Hoeveel kost …?*	Hou·*vēl* kost …
(3) minutes de communication	*een gesprek van (drie) minuten*	eun Rhœ·*sprèk* fan (drī) mī·*nū*·teun
la minute supplémentaire	*het per extra minuut*	Heut peur *èk*·stra mī·*nūt*

Quel est l'indicatif de (la France) ?
Wat is de prefix voor (Frankrijk)? — vat is deu pré·*fiks* fōrr (*fran*·kreyk)

Quel est le préfixe pour la région de (Bruxelles) ?
Wat is de prefix voor de streek (Brussel)? — vat is deu pré·*fiks* fōrr deu strék (*bru*·seul)

Le numéro de téléphone est le…
Het nummer is … — Heut *nu*·meur is …

C'est occupé.
Het is bezet. — Heut is bœ·*zèt*

La liaison a été coupée.
De verbinding is verbroken. — deu veur·*bin*·ding is feur·*brō*·keu

La liaison est mauvaise.
Het is een slechte verbinding. — Heut is eun *slèRh*·teu feur·*bin*·ding

expressions courantes

Verkeerd/Fout nummer. **PB/B** feur·*kért*/faot *nu*·meur	**Mauvais numéro.**
Met wie spreek ik? mèt vī sprék ĭk	**Qui est à l'appareil ?**
Met wie wilt u spreken? **pol** mèt vī vilt ū *spré*·keu	**À qui voulez-vous parler ?**
Een momentje. eun mō·*mèn*·tyeu	**Un instant.**
Hij/Zij is niet aanwezig. Hey/zey is nīt ān·*vé*·zĭRh	**Il/Elle n'est pas là.**

Salut.
Hallo. — Ha·*lō*

C'est…
Het is … — Heut is …

Puis-je parler à (Piet), s'il vous plaît ?
Kan ik met (Piet) spreken alstublieft? **pol** — kan ĭk mèt (pīt) *spré*·keu al·stū·*blīft*

Dites-lui que j'ai appelé.
Zeg hem/haar alstublieft dat ik gebeld heb. **pol** — zèRh Hèm/Hār al·stū·*blīft* dat ĭk Rhœ·*bèlt* Hèp

Puis-je laisser un message?
Kan ik een boodschap laten? — kan ĭk eun *bōt*·sRhap *lā*·teu

Mon numéro est le…
Mijn nummer is … — meyn *nu*·meur is …

Il n'y a pas de numéro où me joindre.
Ik heb geen contact-nummer. — ĭk Hèp Rhén kon·*takt*·nu·meur

Je rappellerai plus tard.
Ik bel later terug. — ĭk bèl *lā*·teur tœ·*ruRh*

À quelle heure puis-je appeler ?
Hoe laat kan ik bellen? — Hou lāt kan ĭk *bè*·leu

Pour les numéros de téléphone, voir également le chapitre **nombres et quantités**, p. 33.

poste

postkantoor

Je voudrais envoyer un(e)…	*Ik wil een … sturen.*	ĭk vil eun … *stū*·reu
carte postale	*ansichtkaart* **PB**	*an*·siRht·kārt
	postkaart **B**	*post*·kārt
colis	*pakje*	*pak*·yeu
lettre	*brief*	brīf

Je voudrais acheter un(e)...	*Ik wil een ... kopen.*	ĭk vil eun ... *kō*·peu
enveloppe (matelassée)	*(gewatteerde) envelop*	(Rhœ·va·*tér*·deu) èn·vœ·*lop*
timbre	*postzegel*	*post*·zé·Rheul

adresse postale	*postadres* **n**	*post*·a·drès
boîte aux lettre	*postbus*	*post*·bus
code postal	*postcode*	*post*·kō·deu
courrier	*post*	post
déclaration de douane	*douane-verklaring*	dou·*ā*·neu·feur·*klā*·ring

Merci de l'envoyer en (France) par voie aérienne.
Stuur het alstublieft per luchtpost naar (Frankrijk). **pol** — stūr Heut al·stū·*blīft* peur *luRht*·post nār (*fran*·kreyk)

Ça contient (des souvenirs).
Het bevat (souveniers). — Heut bœ·*vat* (sou·veu·*nīrs*)

Où se trouve la poste restante ?
Waar is de poste restante afdeling? — vār is deu post rès·*tan*·teu *af*·dé·ling

Y a-t-il du courrier pour moi ?
Is er post voor mij? — is eur post fōr mey

Avez-vous une connexion à Internet en accès libre ici ?
Heeft u hier een vrije internetaansluiting? **pol** — Héft ū Hīr eun *vrey*·eu *in*·teur·nèt·*ān*·sleuy·ting

envoyer du courrier

courrier express	*exprespost/ prioritair*	èks·*près*·post/ prī·yō·rrī·*tér*
courrier en recommandé	*aangetekende post*	*ān*·Rhœ·*té*·keun·deu post
par avion	*luchtpost*	*luRht*·post
par voie terrestre	*gewone post*	Rhœ·*vō*·neu post

Quels sont les jours d'ouverture de la banque ?

Welke dagen is de bank open?	vèl·keu *dā*·Rheun is deu bank *ō*·peu

Quels sont les horaires d'ouverture de la banque ?

Wat zijn de openings-uren van de bank?	vat zeyn deu *ō*·peu·nings·*ū*·reun fan deu bank

Où puis-je… ?	*Waar kan ik …?*	vārr kan ĭk …
Je voudrais…	*Ik wil graag …*	ĭk vil RhrāRh …
avoir la monnaie sur ce billet	*dit biljet wisselen in muntstukken*	dit bil·*yèt* *vi*·seu·leu in *munt*·stu·keun
avoir une avance en liquide	*een voorschot bekomen*	eun *fōr*·sRhot bœ·*kō*·meu
changer de l'argent	*geld wisselen*	Rhèlt *vi*·seu·leu
changer un chèque de voyage	*een reischeque innen*	eun *reys*·chèk *i*·neu
effectuer un virement	*een girobetaling maken* **B**	eun *Rhī*·rō·bœ·tā·ling *mā*·keu
	een overschrijving doen **PB**	eun *ō*·veur·*sRhrey*·ving doun
encaisser un chèque	*een cheque innen*	eun chèk *i*·neu
retirer de l'argent	*geld opnemen*	Rhèlt *af*·Hā·leu
Où puis-je trouver… ?	*Waar vind ik een…?*	vārr fint ĭk eun …
un bureau de change	*wisselkantoor*	*vi*·seul·kan·tōr
un distributeur automatique	*geldautomaat* **PB**	*pin*·ao·tō·māt
	pin-automaat **B**	*Rhèlt*·ao·tō·māt

Le distributeur automatique a avalé ma carte.

De pin-automaat/ geldautomaat heeft mijn kaart ingeslikt. **PB/B**	deu *pin*·ao·tō·māt/ *Rhèlt*·ao·tō·māt Héft meyn kārt *in*·Rhœ·slikt

J'ai oublié mon code PIN.

Ik ben mijn pincode vergeten. **PB**	ĭk bèn meyn pin·*ko*·deu feurr·*Rhē*·teu
Ik ben mijn geheime code vergeten. **B**	ĭk bèn meyn Rhœ·*Hey*·meu *kō*·deu feur·*Rhé*·teu

Puis-je utiliser ma carte de crédit pour retirer de l'argent ?

Kan ik geld opnemen met mijn kredietkaart?	kan ĭk Rhèlt *op*·né·meu mèt meyn kré·*dīt*·kārt

Mon argent est-il déjà arrivé ?

Is mijn geld al aangekomen?	is meyn Rhèlt al *ān*·Rhœ·kō·meu

Dans combien de temps arrivera-t-il ?

Hoe lang duurt het tot mijn geld aankomt?	Hou lang dūrt Heut tot meyn Rhèlt *ān*·komt

Quel(le) est le/la… ?	*Wat is de …?*	vat is deu …
commission	*kost hiervoor*	kost Hīr·*fōr*
taux de change	*wisselkoers*	*vi*·seul·kours

Voir également **questions d'argent**, p. 43.

expressions courantes

Er is een probleem. eur is eun prō·*blém*		**Il y a un problème.**
Er staat geen geld meer op de rekening. eur stāt Rhén Rhèlt mér op deu *ré*·keu·ning		**Il n'y a plus d'argent sur le compte.**
We kunnen dat niet doen. veu *ku*·neu dat nīt doun		**Nous ne pouvons pas le faire.**
Teken hier. *té*·keun Hīrr		**Signez ici.**
identiteitsbewijs	ī·dèn·tī·*téts*·bœ·veys	**pièce d'identité**
paspoort	*pas*·pōrt	**passeport**

Je voudrais un…	*Ik wil graag een …*	ĭk vil RhrāRh eun …
audioguide	*audiogids*	*ao*·dī·yō·Rhits
catalogue	*catalogus*	ka·*tā*·lō·Rhus
guide (en français)	*gids (in het Frans)*	Rhits (in Heut frans)
plan (bâtiment)	*plattegrond*	pla·teu·*Rhront*
plan (ville)	*kaart*	kārt

Avez-vous de la documentation sur les sites… ?	*Heeft u informatie over bezienswaardigheden van … belang?* **pol**	Héft ū in·for·*mā*·sī ō·veur bœ·zīns·*vār*·diRh·Hé·deun fan … bœ·*lang*
architecturaux	*architecturaal*	ar·Rhī·tèk·tū·*rrāl*
culturels	*cultureel*	kul·tū·*rrél*
historiques	*historisch*	his·*tō*·ris
religieux	*religieus*	rœ·lī·*Rhyeus*

Je voudrais voir…
Ik wil graag … zien. — ĭk vil RhrāRh … zīn

Qu'est-ce que c'est ?
Wat is dat? — vat is dat

De quand cela date-t-il ?
Hoe oud is het? — Hou aot is Heut

Qui l'a construit/fait/peint ?
Wie heeft het gebouwd/gemaakt/geschilderd? — vī Héft Heut Rhœ·*baot*/Rhœ·*mākt*/Rhœ·*sRhil*·deurt

Pourriez-vous me/nous prendre en photo ?
Kunt u een foto met mij/ons nemen alstublieft? **pol** — kunt ū eun *fō*·tō mèt mey/ons *né*·meu al·stū·*blīft*

Puis-je (vous) prendre en/une photo ?
Mag ik een foto (met u) nemen? **pol** — maRh ĭk eun *fō*·tō (mèt ū) *né*·meu

Je vous enverrai la photo.
Ik stuur u de foto op. — ĭk stūr ū deu *fō*·tō op

accéder à un site touristique

toegang

À quelle heure ça ouvre/ferme ?
Hoe laat gaat het open/dicht? — Hou lāt Rhāt Heut *ō*·peu/diRht

Combien coûte l'entrée ?
Wat is de toegangsprijs? — vat is deu *tou*·Rhangs·prreys

Y a-t-il une réduction pour les... ?	*Is er korting voor ...?*	is eur *kor*·ting fōr ...
enfants	*kinderen*	*kin*·deu·reun
étudiants	*studenten*	stū·*dèn*·teun
familles	*families*	fa·*mī*·līs
groupes	*groepen*	*Rhrou*·peun
personnes âgées	*senioren*	sé·*nyō*·reun
retraités	*gepensio-neerden*	Rhœ·pèn·chyō·*nér*·deun

panneaux de signalisation

Bezet	bœ·*zèt*	**Occupé**
Dames/Heren	*dā*·meus/*hé*·reun	**Femmes/Hommes**
Geen Toegang	Rhén *tou*·Rhang	**Accès interdit**
Ingang/Uitgang	*in*·Rhang/*euyt*·Rhang	**Entrée/Sortie**
Inlichtingen	*in*·liRh·ting·eun	**Information**
Niet Aanraken Alstublieft	nīt *ān*·rā·keu al·stū·*blīft*	**Ne pas toucher**
Open/ Gesloten	*ō*·peu/ Rhœ·*slō*·teu	**Ouvert/ Fermé**
Toiletten	toa·*lè*·teun	**Toilettes/WC**
Verboden	feur·*bō*·deun	**Interdit**
Verboden te Fotograferen	feur·*bō*·deu tœ fō·tō·Rhra·*fé*·reu	**Interdit de photographier**
Verboden te Roken	feur·*bō*·deu tœ *rrō*·keu	**Interdit de fumer**
Warm/Koud	varm/kaot	**Chaud/Froid**

circuits

rondleidingen

Pouvez-vous me conseiller un(e)... ?	*Kunt u een ... aanbevelen?* **pol**	kunt ū eun ... *ān*·bœ·fé·leu
Quand est le/la prochain(e)... ?	*Wanneer is de volgende ...?*	va·*nér* is deu *fol*·Rheun·deu ...
excursion à la journée	*daguitstap*	*daRh*·euyt·stap
tour en bateau	*boottocht*	*bō*·toRht
tour sur le canal	*kanaaltocht*	ka·*nāl*·toRht
tour en vélo	*fietstocht*	*fīts*·toRht
visite guidée	*rondleiding*	*ront*·ley·ding
visite du port	*haven-rondvaart*	*Hā*·veun·ront·fārrt
Le ... est-il compris ?	*Is ... inbegrepen?*	is ... *in*·bœ·Rhré·peu
logement	*onderdak*	*on*·deur·dak
transport	*transport*	trans·*port*

à voir aux Pays-Bas

abbaye	*abdij*	ap·*tey*
beffroi	*klokketoren*	*klo*·keun·to·reun
béguinage	*begijnhof* **n**	bœ·*Rheyn*·Hof
brasserie	*brouwerij*	brao·eu·*rey*
carillon	*klokkenspel*	*klo*·keun·spèl
champs de bataille	*slagvelden* **n pl**	*slaRh*·fèl·deun
champs de fleurs	*bollenvelden* **n pl**	*bo*·leun·fèl·deun
cloître	*klooster* **n**	*klō*·steur
distillerie	*jenever-stokerij*	jeu·*né*·veur·stō·keu·*rey*
façade	*gevel*	*Rhé*·veul
forteresse	*burcht/slot*	burRht/slot
hospice	*hofje* **PB**	*Hof*·yeu
	godshuis **n B**	*Rhots*·Heuys
marché aux puces	*rommelmarkt*	*rro*·meul·markt
marché couvert	*hallen*	*Ha*·leun
moulin (à vent)	*(wind)molen*	(vinnt·)*mō*·leun
phare	*vuurtoren*	*fūrr*·tō·reun
pignon	*geveltop*	*Rhé*·veul·top
polder	*polder*	*pol*·deur
porte de ville	*stadspoort*	*stats*pōrt
tranchées	*loopgraven* **n pl**	*lōp*·Rhrā·veun
tombes de guerre	*oorlogsgraven* **n pl**	*ōr*·loRhs·Rhrā·veun

La nourriture est-elle comprise ?
Zijn de maaltijden inbegrepen? — zeyn deu *māl*·tey·deun *in*·bœ·Rhré·peun

Combien de temps dure le (circuit) ?
Hoe lang duurt de (rondleiding)? — Hou lang dūrt deu (*ront*·ley·ding)

À quelle heure devons-nous être de retour ?
Hoe laat moeten we terug zijn? — Hou lāt *mou*·teu veu tœ·*ruRh* zeyn

Je suis avec eux.
Ik ben met hen. — ĭk bèn mèt Hèn

J'ai perdu mon groupe.
Ik heb mijn groep verloren. — ĭk Hèp meyn Rhroup feur·*lo*·reu

voyage d'affaires

zakenreizen

J'assiste à un(e)…	*Ik ben hier voor een …*	ĭk bèn Hīr fōr eun …
conférence	*conferentie*	kon·fé·*rèn*·sī
cours	*cursus*	*kur*·sus
foire commerciale	*beurs*	beurs
réunion	*vergadering*	feur·*Rhā*·deu·ring
Je suis ici avec…	*Ik ben hier met …*	ĭk bèn Hīr mèt …
(InBev)	*(InBev)*	*(in*·bèf)
mes collègue(s)	*mijn collega('s)*	meyn ko·*lé*·Rha(s)
(2) autres personnes	*(twee) anderen personen*	(tvé) *an*·deu·reun *per*·so·neun

Je suis seul(e).
Ik ben hier op mijn eentje. ĭk bèn Hīrr op meyn *én*·tyeu

J'ai un rendez-vous avec…
Ik heb een afspraak met … ĭk Hèp eun *af*·sprāk mèt …

Je loge à (l'hôtel Industrie), chambre (205).
Ik logeer in (Hotel Industrie), kamer (tweehonderd en vijf). ĭk lō·*jér* in (Hō·*tèl* in·dus·*trī*) *kā*·meur (tvé·*Hon*·deurt èn feyf)

Je suis ici pour (2) jours/semaines.
Ik ben hier voor (twee) dagen/weken. ĭk bèn Hīr fōr (tvé) *dā*·Rheun/*vé*·keun

Puis-je avoir votre carte de visite ?
Mag ik een visitekaartje van u? **pol** maRh ĭk eun vī·*zī*·teu·kār·tyeu fan ū

Voici mon…	*Hier is mijn …*	Hīr is meyn …
Quel est votre… ?	*Wat is uw/ jouw …?* **pol/fam**	vat is ū/ yao …
adresse	*adres*	a·*drès*
adresse e-mail	*e-mailadres*	*ī*·meyl·a·drès
numéro de bipeur	*beepernummer*	*bī*·peur·nu·meur
numéro de fax	*faxnummer*	*faks*·nu·meur
numéro de téléphone portable	*mobiel telefoon-nummer* **PB**	mō·*bīl* té·lé·*fōn*·nu·meur
	GSM-nummer **B**	Rhé·ès·*èm*·nu·meur
numéro de téléphone professionnel	*telefoon-nummer van het werk*	té·lé·*fōn*·nu·meur fan Heut vèrk
Où est/se tient le/la… ?	*Waar is …?*	vār is …
centre d'affaires	*het business centre*	Heut *bis*·nis·sèn·teur
conférence	*de conferentie*	deu kon·fé·*rèn*·sī
quartier d'affaires	*het zakencentrum*	Heut *zā*·keun·sèn·treum
réunion	*de vergadering*	deu veur·*Rhā*·deu·ring
zone industrielle	*de industrie-zone*	deu in·dus·*trī*·zō·neu
J'ai besoin…	*Ik heb … nodig.*	ĭk Hèp … *nō*·dĭRh
d'un ordinateur	*een computer*	eun kom·*pyū*·teur
d'une connexion Internet	*een internet-aansluiting*	eun *in*·teur·nèt·ān·*sleuy*·ting
d'un interprète qui parle (français)	*een tolk (die Frans spreekt)*	eun tolk (dī frans sprékt)
de davantage de cartes de visite	*meer visite-kaartjes*	mér vī·*zī*·teu·kār·tyeus

J'ai besoin de place pour m'installer.
Ik heb plaats nodig om mij te installeren. — ĭk Hèp plāts *nō*·dĭRh om mey op tœ in·*sta*·lé·reu

Je dois envoyer un fax.
Ik moet een fax sturen. — ĭk mout eun faks *stū*·reu

Ça s'est très bien passé.
Het is heel goed verlopen. Heut is Hél Rhout feur·*lo*·peu

Merci pour votre intérêt.
Dank voor uw interesse. **pol** *dank* fōr ū in·teu·*rè*·seu

Cela vous dirait d'aller prendre un verre/manger ?
Zullen we iets gaan drinken/eten? *zu*·leu veu īts Rhān *drin*·keu/*é*·teu

C'est ma tournée.
Ik betaal. ĭk bœ·*tāl*

cartes sur table

Les hommes d'affaires accordent en général une grande importance à leurs titres universitaires – du moins sur leurs cartes de visite. La nomenclature en est abondante (souvent même étourdissante) et les abréviations à utiliser devant son nom pour indiquer ses diplômes sont innombrables ; règles, réglementations et débats à ce sujet abondent… mais, au final, tout le monde s'accorde à dire que ce n'est pas le plus important.

Sur les *visitekaartjes* vī·*zī*·teu·kār·tyeus (cartes de visite) néerlandaises, vous trouverez par exemple les abréviations suivantes pour les titulaires d'un diplôme de l'enseignement professionnel supérieur :

bc.	*baccalaureus*	**bachelier (équivalent du DEUG)**
ir.	*ingenieur*	**ingénieur**

Les titulaires d'un diplôme universitaire utilisent, eux, les abréviations suivantes :

dr.	*doctor (PhD)*	**docteur (avec une thèse)**
drs.	*doctorandus*	**titulaire d'un mastère**
ing.	*ingenieur*	**ingénieur**
mr.	*meester*	**maître en droit**

Le titulaire de plusieurs titres devra respecter des règles spécifiques pour les combiner ; ainsi : *drs.* + *dr.* = *dr.*, et *ing.* + *dr.* = *dr. ing.* ; on pourra même lire des combinaisons de type *mr. ir. drs. ing.* Il n'existe pas de titre spécifique pour un médecin – leur carte sera libellée comme suit : *Jaap Steen, arts* (*arts* arrts signifiant "médecin").

mots d'emprunt

Au fil des siècles, le français a emprunté nombre de mots au néerlandais – piochant essentiellement dans le vocabulaire de la marine ou de l'artisanat. En voici quelques exemples :

emprunt :	origine :
action (finance)	*aktie* (part d'une société)
apartheid	*apartheid* (séparation) – afrikaans
bague	*bagge* (anneau) – moyen néerlandais
bar (poisson)	*baers* (bar) – moyen néerlandais
bègue	*beggen* (bavarder) – moyen néerlandais
bélier	*belhamel* (mouton qui porte la cloche)
bière	*bier* (boisson)
boulanger	*bolle* (pain rond) – moyen néerlandais
boulevard	*bolwerc* (rempart) – moyen néerlandais
brique	*bricke*
brodequin	*broseken* (petit soulier) – moyen néerlandais
cabillaud	*kabeljauw* (morue)
choquer	*schokken* (heurter)
colin	*kolvisch* (poisson de couleur charbon)
colza	*coolzaad* (semence de chou)
échoppe	*schoppe* (boutique) – ancien néerlandais
éperlan (poisson)	*spirlinc* – moyen néerlandais
estompe	*stomp* (bout de chandelle)
flaque	*vlacke* (étang)
flotter	*vlot* (flot)
fret	*vrecht* (prix du transport)
graver	*graven* (entailler une matière dure)
layette	*laeye* (trousseau) – moyen néerlandais
loterie	*loterije* (sort, héritage)
mannequin	*mannekijn* (petit homme)
maquiller	*maken* (faire)
pamplemousse	*pompelmoes* (gros citron)
ruban	*ringband* (collier) – moyen néerlandais
saur (fumé)	*soor* (jaune-brun, desséché)
tringle	*tingel* (cale de bois)
vase	*wase* (boue)
vilebrequin	*wimmelkijn* (petite tarière)
wagon	*wagen* (chariot)

voyageurs seniors/handicapés

senioren & gehandicapte reizigers

Ces dernières années, les Pays-Bas ont beaucoup entrepris pour rendre les lieux publics accessibles aux handicapés. Tous les nouveaux bâtiments sont équipés de rampes d'accès et d'ascenseurs, et les bus peuvent accueillir des fauteuils roulants. Vous pouvez réserver des services spéciaux dans le train en appelant la gare la veille de votre voyage ou, aux Pays-Bas, le *Bureau Assistentieverlening Gehandicapten* (Bureau d'assistance aux personnes handicapées). En Belgique, vous pouvez également consulter la brochure des chemins de fer *Gids voor de Reiziger met Beperkte Mobiliteit* (Guide pour les voyageurs à mobilité réduite).

Je suis handicapé.
Ik heb een handicap. — ĭk Hèp eun *Hèn*·dī·kèp/*Han*·dī·kap **PB/B**

J'ai besoin d'aide.
Ik heb hulp nodig. — ĭk Hèp Hulp *nō*·dĭRh

Je suis sourd/malentendant.
Ik ben doof/hardhorend. — ĭk bèn dōf/Hart·*Hō*·reunt

J'ai un appareil auditif.
Ik heb een hoorapparaat. — ĭk Hèp eun *Hōr*·a·pa·rāt

Mon compagnon est aveugle.
Mijn metgezel is blind. — meyn *mèt*·Rhœ·zèl is blint

Quels services proposez-vous pour les handicapés ?
Welke voorzieningen heeft u voor personen met een handicap? **pol** — *vèl*·keu fōr·*zī*·ning·eun Héft ū fōrr peur·*sō*·neun mèt eun *Hèn*·dī·kèp/*Han*·dī·kap **PB/B**

Y a-t-il des places de stationnement pour handicapés ?
Zijn er parkeerplaatsen voor gehandicapten? — zeyn eurr par·*kér*·plāt·seun fōrr Rhœ·*Hèn*·dī·kèp·teun/Rhœ·*Han*·dī·kap·teun **PB/B**

Y a-t-il un accès pour les fauteuils roulants ?
Is er toegang voor rolstoelgebruikers? — is eur *tou*·Rhang fōr *rol*·stoul·Rhœ·*breuy*·keurrs

Quelle est la largeur de l'entrée ?
Hoe breed is de ingang? — Hou brēt is deu *in*·Rhang

Les chiens d'aveugle sont-ils admis ?

Zijn geleidehonden toegelaten?	zeyn Rhœ·*ley*·deu·Hon·deun *tou*·Rhœ·lā·teu

Combien de marches y a-t-il ?

Hoeveel treden zijn er?	Hou·*vél tré*·deun zeyn eur

Y a-t-il un ascenseur ?

Is er een lift?	is eur eun lift

Y a-t-il des toilettes pour handicapés ?

Zijn er toiletten voor gehandicapten?	zeyn eur toa·*lè*·teu fōr Rhœ·*Hèn*·dī·kèp·teun/ Rhœ·*Han*·dī·kap·teun **PB/B**

Y a-t-il une rampe dans la salle de bains ?

Is er een helling in de badkamer?	is eur eun *Hé*·ling in deu *bat*·kā·meur

Puis-je m'asseoir quelque part ?

Kan ik ergens zitten?	kan ĭk *èr*·Rheuns *zi*·teu

Pourriez-vous m'appeler un taxi pour handicapé ?

Kunt u een taxi voor gehandicapten voor me bestellen alstublieft? **pol**	kunt ū eun *tak*·sī fōr Rhœ·*Hèn*·dī·kèp·teun/ Rhœ·*Han*·dī·kap·teun fōr meu bœ·*stè*·leu al·stū·*blīft* **PB/B**

Pourriez-vous m'aider à traverser la rue ?

Kunt u me helpen de straat over te steken? **pol**	kunt ū meu *Hèl*·peu deu strāt *ō*·veur tœ *sté*·keu

canne	*wandelstok*	*van*·deul·stok
chien d'aveugle	*(blinde-) geleidehond*	*(blin*·deu) ·Rhœ·*ley*·deu·Hont
déambulateur	*looprek* **n**	*lōp*·rèk
fauteuil roulant	*rolstoel*	*rol*·stoul
personne âgée	*oudere persoon*	*ao*·deu·reu peur·*sōn*
personne handicapée	*persoon met een handicap*	peur·*sōn* mèt eun *Hèn*·dī·kèp/ *Han*·dī·kap **PB/B**
rampe	*helling*	*Hè*·ling

voyager avec un enfant

op reis met kinderen

Où est le/la … le/la plus proche ?	*Waar is de dichtsbijzijnde …?*	*vār* is deu *diRhts*·bey·*zeyn*·deu …
fontaine d'eau potable	*drinkwater-fontein*	*drink*·vā·teur·fon·*tén*
terrain de jeu	*speeltuin*	*spél*·teuyn
Où est le/la … le/la plus proche ?	*Waar is het dichtsbijzijnde …?*	*vār* is Heut *diRhts*·bey·*zeyn*·deu …
parc	*park*	park
piscine	*zwembad*	*zvèm*·bat
robinet	*kraan*	*krān*
parc à thèmes	*pretpark*	*prèt*·parrk
Vendez-vous des… ?	*Verkoopt u …?* **pol**	feur·*kōpt* ū …
lingettes pour bébés	*babydoekjes*	*bey*·bī·douk·yeus
couches	*wegwerpluiers*	*vèRh*·vèrp·leuy·yeurs
antalgiques pour nourrissons	*pijnstillers voor babies*	*peyn*·sti·leurs fōr *bey*·bīs
Y a-t-il un(e)… ?	*Is er een …?*	is eur eun …
billet famille nombreuse	*familieticket*	fa·*mī*·lī·*ti*·kèt
crèche	*crèche*	krèch
endroit pour changer un bébé	*kamer om babies te verschonen*	*kā*·meur om *bey*·bīs tœ feur·*sRhō*·neu
menu enfants	*kindermenu*	*kin*·deur·meu·nū
portion pour enfants	*portie voor kinderen*	*por*·sī fōr *kin*·deu·reun
réduction pour les enfants	*korting voor kinderen*	*kor*·ting fōr *kin*·deu·reun
service de garde d'enfants	*oppasdienst*	*o*·pas·dīnst

J'ai besoin d'un(e)…	*Ik heb een … nodig.*	ĭk Hèp eun … *nō*·dĭRh
alèse	*stuk plastic/ plastiek* **PB/B**	stuk *plès*·tik/ plas·*tīk*
baby-sitter (parlant français)	*babysit (die Frans spreekt)*	*bey*·bī·sit (dī frans sprékt)
berceau	*wieg*	vīRh
chaise haute	*kinderstoel*	*kin*·deur·stoul
landau	*kinderwagen*	*kin*·deur·vā·Rheun
petit pot	*potje*	*po*·tyeu
poussette	*wandelwagen*	*van*·deul·vā·Rheun
rehausseur de siège pour la voiture	*zitting-verhoger voor de auto*	*zi*·ting·feur·*hō*·Rheur fōr deu *ao*·tō
sac en plastique	*plastic/ plastieken tas* **PB/B**	*plès*·tik/ plas·*tī*·keun tas
sac à vomi	*papieren zak*	pa·*pī*·reun zak
siège (de vélo) pour enfant	*kinderfietsstoel*	*kin*·deur·fīts·stoul
siège (de voiture) pour bébé	*baby-autostoel*	*bey*·bī·*ao*·tō·stoul
siège (de voiture) pour enfant	*kinder-autostoel*	*kin*·deur·*ao*·tō·stoul

Y a-t-il des endroits où emmener les enfants à proximité ?
Zijn er hier in de buurt plaatsen om kinderen mee naar toe te nemen? — zeyn eur Hīr in deu būrt *plāts*·eun om *kin*·deu·reun mé nār tou tœ *né*·meu

Y a-t-il un endroit pour ranger les landaus ?
Is er plaats voor een kinderwagen? — is eur plāts fōr eun *kin*·deur·vā·Rheun

Les enfants sont-ils admis ?
Zijn kinderen toegelaten? — zeyn *kin*·deu·reun *tou*·Rhœ·lā·teu

Où puis-je changer mon enfant ?
Waar kan ik een luier verschonen? — vārr kan ik eun *leuy*·yeur feur·*sRhō*·neu

Puis-je donner le sein ici ?

Kan ik hier de borst geven? — kan ik Hīrr deu borst *Rhé*·veu

Pourrais-je avoir du papier et des crayons, s'il vous plaît ?

Zou ik wat papier en enkele potloden kunnen hebben alstublieft? **pol** — zao ĭk vat pa·*pīr* èn *èn*·keu·leu *pot*·lō·deun *ku*·neu *Hè*·beu al·stū·*blīft*

Cela convient-il pour des enfants de (6) ans ?

Is dit geschikt voor kinderen van (zes) jaar? — is dit Rhœ·*sRhikt* fōrr *kin*·deu·reun fan (zès) yār

Connaissez-vous un bon dentiste/médecin pour les enfants ?

Kent u een tandarts/ dokter die goed is met kinderen? **pol** — kènt ū eun *tan*·darts/ *dok*·teur di Rhout is mèt *kin*·deu·reun

Si votre enfant est malade, voir le chapitre **santé**, p. 199.

s'adresser à un enfant

praten met kinderen

Dans cette rubrique, les expressions n'emploient que la forme familière *je* yeu (tu).

Comment t'appelles-tu ?
Hoe heet je? Hou Hét yeu

Quel âge as-tu ?
Hoe oud ben je? Hou aot bèn yeu

C'est quand ton anniversaire ?
Wanneer is je verjaardag? va·*nēr* is yeu feur·*yār*·daRh

As-tu un frère/une sœur ?
Heb jij een broer/zus? Hèp yey eun brour/zus

Vas-tu à l'école maternelle ?
Ga je naar de kleuterschool? Rhā yeu nār deu *kleuy*·teur·sRhōl

Vas-tu à l'école ?
Ga je naar school? Rhā yeu nār sRhōl

En quelle classe es-tu ?
In welk jaar zit je? in vèlk yār zit yeu

Aimes-tu… ?

l'école	*Ga je graag naar school?*	Rhā yeu RhrrāRh nār sRhōl
ta maîtresse/ ton maître	*Vind je je juf/ meester leuk?* **m/f**	Fint yeu yeu yuf/ *més*·teur leuk
le sport	*Hou je van sport?*	Hao yeu fan sport

Apprends-tu le (français) ?
Leer je (Frans)? lérr yeu (frans)

Que fais-tu après l'école ?
Wat doe je na school? vat dou yeu nā sRhōl

Quel est ton sportif préféré ?
Wie is jouw favoriete sportman/sportvrouw? **m/f** vī is yao fa·vō·*rī*·teu *sport*·man/*sport*·frao

Es-tu perdu ?
Ben je de weg kwijt? bèn yeu deu vèRh kveyt

parler des enfants

praten over kinderen

Dans cette rubrique, les expressions n'emploient que la forme familière *je* yeu (tu).

Quand est prévue la naissance ?
Wanneer wordt de baby verwacht? — va·*nēr* vort deu *bey*·bī feur·*vaRht*

Comment vas-tu appeler le bébé ?
Welke naam heb je gekozen voor de baby? — *vèl*·keu nām Hèp yeu Rhœ·*kō*·zeu fōr deu *bey*·bī

Est-ce ton premier enfant ?
Is dit je eerste kindje? — is dit yeu *ér*·steu *kin*·tyeu

Combien d'enfants as-tu ?
Hoeveel kinderen heb je? — Hou·*vél kin*·deu·reun Hèp yeu

Quel bel enfant !
Wat een mooi kind! — vat eun moy kint

C'est un garçon ou une fille ?
Is het een jongen of een meisje? — is Heut eun *yong*·eu of eun *mey*·cheu

Comment s'appelle-t-il/elle ?
Hoe heet hij/zij? — Hou Hét Hey/zey

Quel âge a-t-il/elle ?
Hoe oud is hij/zij? — Hou aot is Hey/zey

Va-t-il/elle à l'école ?
Gaat hij/zij naar school? — Rhāt Hey/zey nārr sRhōl

Il/Elle a tes yeux.
Hij/Zij heeft jouw ogen. — Hey/zey Héft yao *ō*·Rheun

Il/Elle te ressemble.
Hij/Zij lijkt op je. — Hey/zey leykt op yeu

la véritable histoire de saint Nicolas

Maintenant que vous êtes adulte, il est grand temps de vous conter la véritable histoire de saint Nicolas. Saviez-vous que ce personnage, fêté en France par les enfants du Nord et d'Alsace-Lorraine, doit son origine à *Sinterklaas* sin·teur·*klās* (détournement de *St Nikolaas* sint·*nī*·kō·lās – nom néerlandais de saint Nicolas), patron des enfants ?

Aux Pays-Bas, la Saint-Nicolas est fêtée les 5 et 6 décembre. L'Église catholique a fixé au 6 décembre la fête officielle de ce saint canonnisé, qui fut un personnage historique bien réel, évêque de Myre, en Asie mineure, au 4e siècle. Au Moyen Âge, saint Nicolas était connu comme saint patron des *zeelieden* *zé*·lī·deun (marins) et des *handelaars* *Han*·deu·lārs (marchands), et à ce titre, a acquis un statut prépondérant aux Pays-Bas en raison de leur tradition maritime et marchande. Au fil des siècles, l'autre rôle de saint Nicolas – celui de protecteur des enfants – s'est davantage affirmé.

Aux Pays-Bas, la légende de *Sinterklaas* dépeint le saint homme sous les traits d'un vieillard vivant en Espagne, où il prend tout au long de l'année des notes sur le comportement de chaque enfant. Novembre venu, *Sinterklaas*, son assistant *Zwarte Piet* *zvar*·teu pīt (litt Pierre noir, notre "père Fouettard") et son *witte paard* *vi*·teu pārt (cheval blanc) prennent le bateau et débarquent dans un port néerlandais. Ils y sont accueillis par le maire local, et leur défilé dans la ville est retransmis à la télévision.

Pendant son séjour aux Pays-Bas, *Sinterklaas* se rend dans les écoles, les hôpitaux, les bureaux et les maisons, où il laisse des cadeaux pour les enfants. Pour s'acquitter de cette mission, *Sinterklaas* est aidé par une légion de *hulpsinterklazen* *Hulp*·sin·teur·klā·zeun (aides de *Sinterklaas*), habillés comme lui et œuvrant dans tout le pays. Enfants et adultes font ou achètent des *cadeautjes* ka·*dō*·tyeus (cadeaux), les cachent, écrivent des *brieven* *brī*·veun (lettres) à *Sinterklaas* ou des *gedichten* Rhœ·*diRh*·teun (poèmes) qu'ils joignent aux cadeaux. On ouvre les paquets et on lit les poèmes la veille de la Saint-Nicolas, le 5 décembre – *pakjesavond* *pak*·yeus·ā·vont (soir des cadeaux) – en proposant un buffet de *chocolade* chō·kō·*lā*·deu (chocolat) et de *speculaas* *spé*·ku·lās (petits gâteaux au goût de pain d'épices). Dans les Flandres, *Sinterklaas* laisse glisser ses cadeaux par la *schoorsteen* *sRhōr*·stén (cheminée), pendant la nuit, et les enfants les ouvrent le matin du 6 décembre.

formules de base

essentiële uitdrukkingen

Oui.	*Ja.*	yā
Non.	*Nee.*	né
S'il vous plaît.	*Alstublieft.* **pol**	al·stū·*blīft*
S'il te plaît.	*Alsjeblieft.* **fam**	a·chœ·*blīft*
Merci (beaucoup).	*Dank u (wel).* **pol**	dank ū (vèl)
	Dank je (wel). **fam**	dank yeu (vèl)
De rien.	*Graag gedaan.*	RhrāRh Rheu·*dān*
Excusez-moi. (pour attirer l'attention)	*Excuseer mij.*	èks·kū·*zér* mey
Excusez-moi. (pour passer)	*Pardon.*	par·*don*
Désolé(e).	*Sorry.*	*so*·rī

saluer

groeten & afscheid nemen

On a l'habitude de saluer les gens d'une poignée de main ferme et souvent d'une double (voire triple) bise sur les joues – sauf lors de rendez-vous d'affaires, où vous laisserez de côté les embrassades, bien évidemment. Les jeunes ont tendance à se saluer par une seule bise rapide sur la joue. Hommes et femmes peuvent indifféremment prendre l'initiative des salutations et de la bise.

Il est bien élevé de dire *goedendag* (bonjour) ou *dag* (salut) lorsque l'on entre dans une boutique, et *dag* (salut) ou *tot ziens* (à bientôt) en ressortant.

Salut.	*Dag./Hallo.*	daRh/Ha·*lō*
Salut. (familier)	*Hoi.*	Hoy

Bonjour	*Goedendag.*	Rhou·yeu·*daRh*
(matin)	*Goedemorgen.*	Rhou·yeu·*mor*·Rheun
(après-midi)	*Goedemiddag.*	Rhou·yeu·*mi*·daRh
Bonsoir	*Goedenavond.*	Rhou·yeu·*nā*·vont
Bonne nuit	*Goedenacht.*	Rhou·yeu·*naRht*

Comment allez-vous/vas-tu ?
Hoe gaat het met u/je? **pol/fam** — Hou Rhāt Heut mèt ū/yeu

Bien. Et vous/toi ?
Goed. En met u/jou? **pol/fam** — Rhout èn mèt ū/yao

Comment vous appelez-vous/t'appelles-tu ?
Hoe heet u/je? **pol/fam** — Hou Hēt ū/yeu

Je m'appelle…
Ik heet … — ĭk Hēt …

Je voudrais vous/te présenter à (Wannes).
Laat me u/je aan (Wannes) voorstellen. **pol/fam** — lāt meu ū/yeu ān (*va*·neus) *vōr*·stè·leu

Enchanté de faire votre/ta connaissance.
Aangenaam. — *ān*·Rheu·nām

Voici mon/ma…	*Dit is mijn …*	dit is meyn …
ami	*vriend/ vriendin* **m/f**	vrīnt/vrīn·*din*
collègue	*collega*	ko·*lē*·Rha
compagnon/ compagne	*partner*	*part*·neur
enfant	*kind*	kint
femme	*vrouw*	frao
mari	*man*	man

À bientôt.	*Tot ziens.*	tot zīns
Bonne nuit.	*Goedenacht.*	Rhou·yeu·*naRht*
Bon voyage !	*Goede reis!*	*Rhou*·yeu reys
Salut./Au revoir.	*Dag./Tot ziens.*	daRh/tot sīns
Salut ! (familier)	*Doei!*	douy

s'adresser à quelqu'un

aanspreekvormen

En néerlandais, on emploie les 3 termes ci-dessous lorsque l'on rencontre une personne pour la première fois (sauf si elle est jeune) et dans toutes les circonstances officielles. Utilisez-les jusqu'à ce que votre interlocuteur vous autorise à l'appeler par son prénom en vous disant : *Je mag mij … noemen.* yeu maRh mey … *nou*·meu (Tu peux m'appeler…). Notez que *Juffrouw* est rarement utilisé aujourd'hui : employez-le seulement en guise de politesse envers une adolescente en plaisantant – dans toute autre situation, ce terme est désuet.

M./Monsieur	*Mijnheer (Mr)*	meyn·*Hér*
Mme/Madame	*Mevrouw (Mevr)*	meu·*vrao*
Mlle	*Juffrouw (Mej)*	*yu*·frao

Voir également **cartes sur table** p. 97.

rythme et mélodie

Le néerlandais est une langue très marquée par les accents, tant au niveau des mots (voir p. 14) que de la phrase. En général, l'accent de la phrase est porté par l'adjectif attribut, le dernier substantif ou encore par les petits mots utilisés à profusion pour nuancer un énoncé : *eigenlijk* *ey*·Rheu·leuk (à vrai dire), *ook* ōk (aussi), *toch* toRh (malgré), *wel* vèl (en revanche), *zelfs* zèlfs (même). Mais l'accentuation, très flexible, peut également concerner un terme sur lequel on veut insister, ce qui équivaut alors à la tournure : "c'est … que" en français. La phrase, de ce fait très rythmée, semble aussi souvent "avalée". Les Néerlandais pratiquent volontiers la réduction consonantique (un même groupe de consonnes redoublé n'est articulé qu'une seule fois) et vocalique. Ainsi, *Ik heb mijn tante wegens herftsstormen gebeld* ĭk Hèp meyn *tan*·teu *vé*·Rheuns *Hèrfst*·stor·meun Rhœ·*bèlt* (j'ai appelé ma tante concernant les tempêtes de l'automne) se prononcera dans la langue usuelle *kèp*·meun·*tan*·teu·*vè*·Rheus·*Hèrrf*·stor·meu·Rh*bèlt*.

engager la conversation

praten

Quelle belle journée !
Wat een prachtige dag! — vat eun *praRh*·ti·Rheu daRh

Beau/Mauvais temps, non ?
Mooi/Afschuwelijk weer, niet waar? — mōy/af·*sRhū*·veu·leuk vér nīt vār

Habitez-vous/Habites-tu ici ?
Woont u hier? **pol** — vōnt ū Hīrr
Woon je hier? **fam** — vōn yeu Hīrr

Où allez-vous/vas-tu ?
Waar gaat u heen? **pol** — vārr Rhāt ū Hén
Waar ga je heen? **fam** — vārr Rhā yeu Hén

Aimez-vous/Aimes-tu cet endroit ?
Vind u/je het hier leuk? **pol/fam** — fint ū/yeu Heut Hīr leuk

J'aime beaucoup cet endroit.
Ik vind het hier erg leuk. — ĭk fint Heut Hīr èrRh leuk

Comment ça s'appelle ?
Hoe noem je dit? — Hou noum yeu dit

Puis-je (te/vous) prendre (en/une) photo ?
Mag ik een foto (van u/je) nemen? **pol/fam** — maRh ĭk eun *fō*·tō (fan ū/yeu) *né*·meu

Je vous/t'enverrai la photo.
Ik stuur u/je de foto op. — ĭk stūr ū/yeu deu *fō*·tō op

C'est (magnifique), vous ne trouvez/tu ne trouves pas ?
Dat is (mooi), niet waar? — dat is (mōy) nīt vār

Êtes-vous/Es-tu en vacances ?
Bent u hier met vakantie? **pol** — bènt ū Hīrr mèt va·*kan*·sī
Ben je hier met vakantie? **fam** — bèn yeu Hīrr mèt va·*kan*·sī

respectez les règles de politesse

Ce n'est pas grave si vous arrivez un peu en retard (jusqu'à 15 minutes) à un rendez-vous entre amis ; mais soyez ponctuel aux événements officiels.
N'oubliez jamais un anniversaire.
Ne cherchez pas à connaître le salaire de quelqu'un.

Je suis ici…	*Ik ben hier …*	ĭk bèn Hīr …
en vacances	*met vakantie*	mèt va·*kan*·sī
en voyage d'affaires	*op zakenreis*	op *zā*·keun·reys
pour étudier	*om te studeren*	om teu stū·*dé*·reu

Combien de temps restez-vous/restes-tu ici ?
Hoelang blijft u hier? **pol** — Hou·*lang* bleyft ū Hīr
Hoelang blijf je hier? **fam** — Hou·*lang* bleyf yeu Hīr

Je suis ici pour (4) semaines/jours.
Ik blijf hier (vier) dagen/ weken. — ĭk bleyf Hīr (fīr) *dā*·Rheun/ *vé*·keun

nationalités

nationaliteiten

D'où venez-vous/viens-tu ?
Waar komt u vandaan? **pol** — vārr komt ū fan·*dān*
Waar kom je vandaan? **fam** — vārr kom yeu fan·*dān*

Je viens…	*Ik kom uit …*	ĭk kom euyt …
de France	*Frankrijk*	*fran*·kreyk
de Belgique	*België*	*bèl*·Rhi·eu
du Canada	*Canada*	*ka*·na·da

âge

leeftijd

Quel âge… ?	*Hoe oud …*	Hou aot …
avez-vous	*bent u* **pol**	bènt ū
as-tu	*ben je* **fam**	bèn yeu
a votre/ta fille	*is uw/jouw dochter* **pol/fam**	is ū/yao *doRh*·teurr
a votre/ton fils	*is uw/jouw zoon* **pol/fam**	is ū/yao zōn

J'ai … ans.
Ik ben … jaar. — ĭk bèn … yār

Il/Elle a … ans.
Hij/Zij is … jaar. — Hey/zey is … yār

Trop vieux !
Te oud! — tœ aot

Plus vieux/jeune que vous ne le pensez/tu ne le penses.
Ouder/Jonger dan u/je denkt. **pol/fam** — *ao*·deur/*yong*·eur dan ū/yeu dènkt

Je suis plus jeune que j'en ai l'air.
Ik ben jonger dan ik er uitzie. — ĭk bèn *yong*·eur dann ĭk eur *euyt*·zī

Pour indiquer votre âge, voir **nombres et quantités**, p. 33.

travail et études

beroepen en studies

Quelle est votre/ta profession ?
Wat is uw/jouw beroep? **pol/fam** — vat is ū/yao bœ·*roup*

Je suis…	*Ik ben …*	ĭk bèn …
agriculteur/agricultrice	*boer/boerin* **m/f**	bour/bou·*rin*
avocat	*advocaat*	at·vō·*kāt*
chocolatier	*chocolatier*	chō·kō·la·*tyé*
cuisinier	*kok*	kok
enseignant(e)	*leraar* **m**	*lé*·rār
	lerares **f**	lé·rā·*rrs*
étudiant(e)	*student*	stū·*dènt*
fonctionnaire	*ambtenaar*	*amp*·teu·nār
homme/femme d'affaires	*zakenman* **m**	*zā*·keun·man
	zakenvrouw **f**	*zā*·keun·vrao
interprète	*tolk*	tolk
journaliste	*journalist*	jour·na·*list*
ouvrier/ouvrière	*arbeider* **m**	*ar*·bey·deur
	arbeidster **f**	*ar*·beyt·steur
traducteur	*vertaler*	feur·*tā*·leur

Je travaille pour la Communauté européenne.
Ik werk voor de Europese Gemeenschap. — ĭk vèrk fōr deu eu·rō·*pé*·seu Rhœ·*mén*·sRhap

Je suis à mon compte.
Ik werk voor mijzelf. — ĭk vèrk fōr mey·*zèlf*

Je travaille dans…	*Ik werk in …*	ĭk vèrk in …
l'administration	*administratie*	at·mī·nī·*strā*·sī
l'hôtellerie	*de horeca-sector*	deu *Hō*·ré·ka·sèk·tor
la santé	*de gezondheids-zorg*	deu Rhœ·*zont*·Heyts·zorRh

Je suis…	*Ik ben …*	ĭk bèn …
au chômage	*werkloos*	*vèrk*·lōs
retraité	*met pensioen*	mèt pèn·*chyoun*

Qu'étudiez-vous ?	*Wat studeert u?* **pol**	vat stū·*dért* ū
Qu'étudies-tu ?	*Wat studeer jij?* **fam**	vat stū·*dér* yey

J'étudie…	*Ik studeer …*	ĭk stū·*dér* …
le néerlandais	*Nederlands*	*né*·deur·lants
les sciences	*wetenschappen*	*vé*·teun·sRha·peun
les sciences humaines	*humane wetenschappen*	Hū·*mā*·neu *vé*·teun·sRha·peun

parler local

Bien sûr.	*Natuurlijk.*	na·*tūr*·leuk
C'est d'accord.	*In orde.*	in *or*·dé
Je plaisante !	*Grapje!*	*Rhrap*·yeu
Pas de problème.	*Geen probleem.*	Rhén prō·*blém*
Pas question !	*Geen sprake van!*	Rhén *sprā*·keu fan
Peut-être.	*Misschien.*	mi·*sRhīn*
Salut !	*He daar!*	Hé dār
Super !	*Fantastisch!*	fan·*tas*·tis
Tout va bien !	*Alles kits!*	*a*·leus kits
Un instant.	*Een minuutje.*	eun mī·*nū*·tyeu
Vas-y !	*Doe maar!* **PB**	dou mār
	Vooruit! **B**	vōr·*euyt*

famille

familie

Avez-vous un(e)... ?	*Heeft u een ...?* **pol**	Héft ū eun ...
As-tu un(e)... ?	*Heb jij een ...?* **fam**	Hèp yey eun ...
J'ai un(e)...	*Ik heb een ...*	ĭk Hèp eun ...
Je n'ai pas de...	*Ik heb geen ...*	ĭk Hèp Rhén ...
compagnon/ compagne	*partner*	*part*·neur
femme	*vrouw*	frao
fille	*dochter*	*doRh*·teur
fils	*zoon*	zōn
frère	*broer*	brour
mari	*man*	man
petite-fille	*kleindochter*	*kleyn*·doRh·teur
petit-fils	*kleinzoon*	*kleyn*·zōn
sœur	*zus*	zus

Êtes-vous/Es-tu marié(e) ?
Bent u getrouwd? **pol** — bènt ū Rhœ·*traot*
Ben je getrouwd? **fam** — bèn yeu Rhœ·*traot*

Je vis en concubinage.
Ik woon samen. — ĭk vōn *sā*·meun

Je suis...	*Ik ben ...*	ĭk bèn ...
marié(e)	*getrouwd*	Rhœ·*traot*
divorcé(e)	*gescheiden*	Rhœ·*sRhey*·deu
célibataire	*vrijgezel*	*frey*·Rhœ·zèl

au revoir

afscheid nemen

Demain, c'est mon dernier jour ici.
Morgen is het mijn laatste dag hier. — *mor*·Rheun is Heut meyn *lāt*·steu daRh Hīr

Si tu viens en (France), je pourrais te loger.
Als je naar (Frankrijk) komt, dan kan je bij mij logeren. **fam** — als yeu nārr (*fran*·kreyk) komt dan kan yeu bey mey lo·*jē*·reu

On garde le contact !

Laat iets van je horen!		lāt īts fan yeu *Hō*·reu

Ce fut un plaisir de faire votre/ta connaissance.

Het was leuk u/jou te leren kennen. **pol/fam**		Heut vas leuk ū/yao teu *lé*·reu *ké*·neu

Voici mon/ma…	*Hier is mijn …*	Hīr is meyn …
Quel(le) est ton/ta… ?	*Wat is uw/ jouw …?* **pol/fam**	vat is ū/ yao …
adresse	*adres*	a·*drès*
adresse e-mail	*e-mailadres*	*ī*·meyl·a·drès
numéro de de téléphone	*telefoonnummer*	té·lé·*fōn*·nu·meur

présenter ses vœux

À vos/tes souhaits ! (après un éternuement)	*Gezondheid!*	Rhœ·*zont*·Heyt
Bonne année !	*Gelukkig nieuwjaar!*	Rhœ·*lu*·kĭRh *nyou*·yārr
Bon anniversaire !	*Gefeliciteerd met je verjaardag!*	Rhœ·fé·lī·sī·*tért mèt* yeu feur·*yār*·daRh
Bon carnaval !	*Prettige carnaval!*	*pré*·ti·Rheu kar·na·*val*
Bonne chance !	*Veel geluk!*	fél Rhœ·*luk*
Bonnes fêtes !	*Prettige eindejaarsfeesten!*	*pré*·ti·Rhœ eyn·deu *yārs*·fés·teun
Bonne Saint-Nicolas !	*Een fijn sinterklaasfeest!*	eun feyn sin·teur·*klās*·fést
Bonnes vacances !	*Een fijne vakantie!*	eun *fey*·neu va·*kan*·sī
Bon voyage !	*Goede reis!*	*Rhou*·yeu reys
Félicitations !	*Gefeliciteerd!*	Rhœ·fé·lī·sī·*térrt*
Joyeux Noël !	*Zalig Kerstmis!*	*zā*·lĭRh *kèrst*·mis
Joyeuses Pâques !	*Zalig Pasen!*	*zā*·liRh *pā*·seun
Santé ! (toast)	*Proost!*	prōst

de joyeux drilles

Aux Pays-Bas, on sait vraiment mettre de l'ambiance pendant le *carnaval* kar·na·*val*. Peu importe son origine - le carnaval (avec Mardi gras), célébré en février, juste avant le carême, était pour les païens un rite de passage marquant la fin de l'hiver et la renaissance de la nature. Pour les catholiques, c'était une fête exubérante contrastant avec l'abstinence du jeûne qui s'ensuivait. En fait, le véritable pays du carnaval se situe dans le sud des Pays-Bas et en Flandre – on dit même que les personnes vivant au nord des rivières Meuse et Waal ne savent pas honorer cette fête, véritable évasion hors de l'ordinaire (parfaitement réglé) du quotidien.

Au moment du carnaval, le pays est saisi d'une véritable fièvre et tout le monde se mêle en une joyeuse pagaille. Les fêtards portent des *maskers* *mas*·keurs (masques), *verkleden zich* feur·*klé*·deun zĭRh (se déguisent), boivent, dansent et font la fête, autant avec leurs amis qu'avec de parfaits inconnus, pendant des jours et des nuits entiers. On est parfaitement autorisé à agir le plus follement du monde, et rien n'est pris au sérieux – si vous vous aventurez dans la foule, des fêtards vous emmèneront dans les bars, dont vous n'émergerez pas pendant plusieurs jours. De nombreuses villes organisent un *carnavalstoet* kar·na·*val*·stout (défilé de chars) que les groupes de carnavaliers préparent tout au long de l'année. Tous les ans, on compose de nouvelles chansons de carnaval – qui deviennent de véritables succès commerciaux.

C'est le rendez-vous de l'absurde par excellence, et l'un des meilleurs endroits pour observer (et participer à) la débauche est Maastricht. Amusement garanti !

Dans ce chapitre, les expressions n'emploient que la forme familière *je* yeu (tu).

centres d'intérêt

algemene interesses

Qu'aimes-tu faire de ton temps libre ?
Wat doe je in je vrije tijd? vat dou yeu in yeu *vrey*·yeu teyt

Aimes-tu… ?	*Hou je van …*	Hao yeu fan …
J'(Je n')aime (pas)…	*Ik hou (niet) van …*	ĭk Hao (nīt) fan …
cuisiner	*koken*	*kō*·keu
danser	*dansen*	*dan*·seu
dessiner	*tekenen*	*té*·keu·neu
écouter de la musique	*muziek luisteren*	mū·*zīk* *leuys*·teu·reu
faire du patin à glace	*schaatsen*	*sRhāt*·seu
faire de la photo	*fotograferen*	fō·tō·Rhra·*fī*·reu
faire du shopping	*winkelen*	*vin*·keu·leu
faire du vélo	*fietsen*	*fīt*·seu
jardiner	*tuinieren*	teuy·*nī*·reu
jouer aux jeux vidéo	*computer-spelletjes*	kom·*pyū*·teur·spè·leu·tyeus
lire	*lezen*	*lé*·zeu
lire des BD	*stripverhalen*	*strip*·feur·Hā·leun
naviguer sur Internet	*op het internet surfen*	op Heut *in*·teur·nèt *seur*·feu
peindre	*schilderen*	*sRhil*·deu·reu
randonner	*wandelen*	*van*·deu·leu
regarder la télévision	*TV kijken*	té·*vé* *key*·keu
rester en terrasse	*terrasjes doen*	tè·*ra*·cheus doun
sortir	*uitgaan*	*euyt*·Rhān
voyager	*reizen*	*rey*·zeu

Pour les types de sports, voir p. 143 et le **dictionnaire**.

musique

muziek

Fais-tu de la danse ?	*Dans je?*	dans yeu
Joues-tu d'un instrument ?	*Bespeel je een muziek-instrument?*	bœ·*spél* yeu eun mū·*zīk*·in·strū·mènt
Est-ce que tu chantes ?	*Zing je?*	zing yeu
Quels/Quelle ... aimes-tu ?	*Welke ... vind je leuk?*	*vèl*·keu ... fint yeu leuk
chanteurs	*zangers*	*zang*·eurs
groupes	*bands* **PB**	bènts
	groepen **B**	*Rhrou*·peun
musique	*muziek*	mū·*zīk*
musique classique	*klassieke muziek*	kla·*sī*·keu mū·*zīk*
musique électronique	*elektronische muziek*	é·lèk·*trō*·ni·seu mū·*zīk*
musique du monde	*wereldmuziek*	*vé*·reult·mū·*zīk*
musique traditionnelle	*traditionele muziek*	tra·dī·chyō·*né*·leu mū·*zīk*
pop belge	*Belgische popmuziek*	*bèl*·Rhi·seu *pop*·mū·zīk
pop néerlandaise	*Nederpop*	*né*·deur·pop
rap de Flandre-Occidentale	*West-Vlaamse rapmuziek*	vèst·*vlām*·seu *rèp*·mū·zīk

Aller à un concert ? Voir **billets**, p. 46, et **sortir**, p. 127.

cinéma et théâtre

bioscoop & theater

J'ai envie d'aller voir un(e)...	*Ik heb zin om naar een ... te gaan.*	ĭk Hèp zin om nār eun ... tœ Rhān
ballet	*ballet*	ba·*lèt*
film	*film*	film
opéra	*opera*	*ō*·pē·ra
pièce de théâtre	*toneelstuk*	to·*nél*·stuk

As-tu aimé (le film) ?
Vond je (de film) leuk? — font yeu (deu film) leuk

Qu'est-ce qui passe au cinéma ce soir ?
Welke films draaien vanavond? — *vèl*·keu films *drā*·yeun va·*nā*·vont

Qu'est-ce qui est joué au théâtre ce soir ?
Wat staat er op het theaterprogramma voor vanavond? — vat stāt eur op Heut té·*yā*·teur·prō·*Rhra*·ma fōr va·*nā*·vont

Est-ce joué en (français) ?
Is het in het (Frans)? — is Heut in Heut (frans)

Est-ce sous-titré en (français) ?
Is het met (Franse) ondertitels? — is Heut mèt (*fran*·seu) *on*·deur·tī·teuls

Ce siège est-il pris ?
Is deze plaats bezet? — is *dé*·zeu plāts bœ·*zèt*

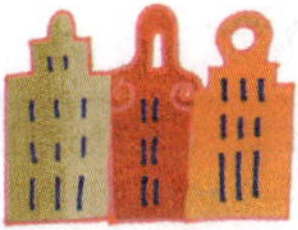

As-tu des billets pour… ?
Heb jij kaartjes voor …? — Hèp yey *kār*·tyeus fōrr …

Reste-t-il des billets ?
Zijn er nog meer kaartjes? — zeyn eur noRh mér *kār*·tyeus

Je voudrais les places les moins chères/les meilleures.
Ik wil graag de goedkoopste/beste kaartjes. — ĭk vil RhrāRh deu Rhout·*kōp*·steu/*bès*·teu *kār*·tyeus

Y a-t-il une représentation en matinée ?
Is er een matinee-voorstelling? — is eur eun ma·tī·*né*·fōr·stè·ling

As-tu vu (*Antonia et ses filles*) ?
Heb jij (Antonia) gezien? — Hèp yey (an·*tō*·nya) *Rhœ*·zīn

Qui joue dans ce film ?
Wie speelt er in? — vī spélt eur in

(Jan Decleir) joue dedans.
Het is met (Jan Decleir). — Heut is mèt (yan deu·*klér*)

J'ai trouvé ça…	*Ik vond het …*	ĭk font Heut …
banal	*niks speciaals*	niks spé·*chyāls*
drôle	*grappig*	*Rhra*·pĭRh
ennuyeux	*saai/vervelend* **PB/B**	sāy/fèr·*vé*·leunt
excellent	*uitstekend*	euyt·*sté*·keunt
intéressant	*interessant*	in·té·ré·*sant*
triste	*droevig*	*drou*·vĭRh
J'(Je n')aime (pas) les…	*Ik hou (niet) van …*	ĭk Hao (nīt) fan …
cinéma (néerlandais/ flamands)	*(Nederlandse/ Vlaamse) cinema*	(*né*·deur·lant·seu/ *vlām*·seu) *sī*·né·ma
comédies	*komedies*	kō·*mé*·dīs
courts métrages	*korte films*	*kor*·teu films
dessins animés	*tekenfilms*	*té*·keun·films
films d'action	*actiefilms*	*ak*·sī·films
films de guerre	*oorlogsfilms*	*ōr*·loRhs·films
films d'horreur	*griezelfilms*	*Rhrī*·zeul·films

les grands du petit art

Aux Pays-Bas, le *cabarettheater* ka·ba·rèt·té·*yā*·teur ou "café chantant" est un lieu où se produisent des artistes, généralement seuls sur scène, et dont les spectacles regorgent d'humour et de *luisterlied* *leuy*·steur·līt (litt : chanson à écouter). L'*Amsterdamse Academie voor Kleinkunst* a été fondée en 1960. Wim Kan (1911-1983), Toon Hermans (1916-2000), Wim Sonneveld (1917-1974) et Jules de Corte (1924-1996) en ont été des légendes adulées. Paul van Vliet, Liesbeth List, Ramses Shaffy, Boudewijn de Groot, Bram Vermeulen et Stef Bos sont de talentueux représentants de ce genre. Les artistes pop comme Rob de Nijs et Thé Lau comptent aussi parmi les meilleurs du genre.

En Flandre, le terme *kleinkunst* désigne les artistes qui se produisent en néerlandais, en s'accompagnant de quelques instruments (généralement acoustiques). Pour vous faire une idée du *kleinkunst* flamand, écoutez Wannes Van de Velde, Raymond van het Groenewoud ou le groupe Laïs. Les *kleinkunstenaars* participent par ailleurs chaque année, au mois d'août, au *Dranouter Folkfestival* dra·*nou*·teur *folk*·fès·ti·val.

sentiments et sensations

gevoelens en gewaardwordingen

Êtes-vous… ?	*Bent u …?* **pol**	bènt ū …
Es-tu… ?	*Ben jij …?* **fam**	bèn yey …
Je (ne) suis (pas)…	*Ik ben (niet) …*	ĭk bèn (nīt) …
agacé(e)	*geërgerd*	Rhœ·*èrRh*·eurt
déçu(e)	*teleurgesteld*	tœ·*leur*·Rhœ·stèlt
fatigué(e)	*moe*	mou
gêné(e)	*gegeneerd*	Rhœ·jé·*nért*
heureux/heureuse	*gelukkig*	Rhœ·*lu*·kĭRh
inquiet/inquiète	*ongerust*	on·Rhœ·*rust*
pressé(e)	*gehaast*	Rhœ·*Hāst*
triste	*droevig*	*drou*·vĭRh
surpris(e)	*verrast*	feu·*rast*

Avez-vous… ?	*Heeft u …?* **pol**	Hēft ū …
As-tu… ?	*Heb jij …?* **fam**	Hèp yey …
J'(Je n')ai (pas)…	*Ik heb (geen) …*	ĭk Hèp (Rhén) …
faim	*honger*	*Hong*·eurr
le mal du pays	*heimwee*	*Heym*·vé
soif	*dorst*	dorst

Avez-vous/As-tu chaud/froid ?
Heeft u het warm/koud? **pol** — Héft ū Heut varm/kaot
Heb jij het warm/koud? **fam** — Hèp yey Heut varm/kaot

J'(Je n')ai (pas) chaud/froid.
Ik heb het (niet) warm/koud. — ĭk Hèp Heut (nīt) varm/kaot

Vous sentez-vous bien/Te sens-tu bien ?
Voelt u zich goed? **pol** — foult ū zĭRh Rhout
Voel jij je goed? **fam** — foul yey yeu Rhout

Je (ne) me sens (pas) bien.
Ik voel me (niet) goed. — ĭk foul meu (nīt) Rhout

Si vous ne vous sentez pas bien, reportez-vous à **santé**, p. 199.

un peu, beaucoup, passionnément		
pas du tout	*helemaal niet*	Hē·lœ·*māl* nīt
Ça ne m'intéresse pas du tout.	*Ik geef er helemaal niet om.*	ĭk Rhéf eur Hé·lœ·*māl* nīt om
un peu	*een beetje*	eun *bē*·tyeu
Je suis un peu triste.	*Ik ben een beetje droevig.*	ĭk bèn eun *bē*·tyeu *drou*·vīRh
très	*heel*	Hél
Je suis très fatigué.	*Ik ben heel moe.*	ĭk bèn Hél mou
terriblement	*ontzettend*	ont·*zé*·teunt
Je suis terriblement inquiet.	*Ik ben ontzettend ongerust.*	ĭk bèn ont·*zé*·teunt on·Rhœ·*rust*

opinions

meningen

Ça vous/t'a plu ?
Vond u/jij het leuk? **pol/fam** — font ū/yey Heut leuk

Qu'en avez-vous/as-tu pensé ?
Wat vond u/jij er van? **pol/fam** — vat font ū/yey eur fan

J'ai trouvé que	*Ik vond het …*	ĭk font Heut …
c'était…/C'est …	*Het is …*	Heut is …
affreux	*afschuwelijk*	af·*sRhū*·veu·leuk
bizarre	*raar*	rār
ennuyeux	*saai* **PB**	sāy
	vervelend **B**	feur·*vé*·leunt
génial	*geweldig*	Rhœ·*vèl*·dĭRh
intéressant	*interessant*	in·té·rè·*sant*
magnifique	*prachtig*	*praRh*·tĭRh
(trop) cher	*(te) duur*	(tœ) dūr

politique et société

politiek & sociale kwesties

Pour qui votez-vous/votes-tu ?
Voor wie stemt u? **pol** — fōr vī stèmt ū
Voor wie stem jij? **fam** — fōr vī stèm yey

Je suis (français/française), mais je n'ai pas voté pour…
Ik ben (Frans), maar ik heb niet op … gestemd. **m/f** — ĭk bèn (frans) mār ĭk Hèp nīt op … Rhœ·*stèmt*

Je soutiens le parti…	*Ik steun de … partij.*	ĭk steun deu … par·*tey*
communiste	*communistische*	ko·mū·*nis*·ti·seu
conservateur	*conservatieve*	kon·ser·va·*tī*·veu
démocrate	*democratische*	dé·mō·*krā*·ti·seu
écologiste	*groene*	*Rhrou*·neu
libéral	*liberale*	lī·bé·*rā*·leu
social-démocrate	*sociaal-democratische*	sō·*chyāl*·dé·mō·*krā*·ti·seu
socialiste	*socialistische*	sō·chya·*lis*·ti·seu

Avez-vous/As-tu entendu parler de… ?
Heeft u gehoord over …? **pol** — Hēft ū Rhœ·*Hōrt* ō·veur …
Heb jij gehoord over …? **fam** — Hèp yey Rhœ·*Hōrt* ō·veur …

Êtes-vous/Es-tu d'accord avec ça ?
Gaat u er mee akkoord? **pol** — Rhāt ū eur mé a·*kōrt*
Ga je er mee akkoord? **fam** — Rhā yeu eur mé a·*kōrt*

Je (ne) suis (pas) d'accord avec…
Ik ben het (niet) eens met… — ĭk bèn Heut (nīt) éns mèt …

Que pensent les gens de… ?
Wat denkt men hier over …? — vat dènkt mèn Hīr ō·veur …

Comment pouvons-nous protester contre… ?
Hoe kunnen we protesteren tegen …? — Hou *ku*·neu veu prō·tès·*té*·reu *té*·Rheun …

Comment pouvons-nous soutenir… ?
Hoe kunnen we … steunen? — Hou *ku*·neu veu … *steu*·neu

aide au développement	*ontwikkelingshulp*	ont·*vi*·keu·lings·Hulp
avortement	*abortus*	a·*bor*·tus
chômage	*werkloosheid*	*vèrk*·lōs·Heyt
corruption	*corruptie*	ko·*rup*·sī
crime	*misdaad*	*mis*·dād
drogue	*drugs*	druRhs
droits de l'homme	*mensenrechten* **n pl**	*mèn*·seun·rèRh·teun
économie	*economie*	é·kō·nō·*mī*
éducation	*onderwijs* **n**	on·deur·*veys*
euthanasie	*euthanasie*	œ·ta·na·*zī*
fédéralisme	*federalisme* **n**	fé·dé·ra·*lis*·meu
frontière linguistique	*taalgrens*	*tāl*·Rhrèns
guerre en (Irak)	*oorlog in (Irak)*	*ōrr*·loRh in (ī·*rrak*)
immigration	*immigratie*	*ī*·mī·grā·sī
mondialisation	*globalisering*	Rhlō·ba·lī·*zé*·ring
nationalisme	*nationalisme* **n**	na·chyō·na·*lis*·meu
pauvreté	*armoede*	*ar*·mou·deu
privatisation	*privatisering*	prī·va·tī·*zé*·ring
prostitution	*prostitutie*	pros·tī·*tū*·sī
racisme	*racisme* **n**	ra·*sis*·meu
sécurité	*veiligheid*	*fey*·lĭRh·Heyt
sécurité sociale	*sociale zekerheid*	sō·*chyā*·leu *zé*·keur·Heyt
sexisme	*seksisme* **n**	*sèk*·sis·meu
taxes	*belastingen*	bœ·*las*·ting·eun
terrorisme	*terrorisme* **n**	tè·rō·*rris*·meu

Aide-t-on les… ?	*Is er hulp voor …?*	is eur Hulp fōr …
enfants des rues	*straatkinderen*	*strāt*·kin·deu·reun
mendiants	*bedelaars*	*bé*·deu·lārs
personnes âgées	*bejaarden*	bœ·*yār*·deun
sans-abri	*daklozen*	*dak*·lō·zeun

la prudence des Néerlandais

Aux Pays-Bas, la *gedoogbeleid* Rhœ·*dōRh*·bœ·leyt (litt : politique de tolérance), politique officielle consistant à "condamner à un certain degré" les activités interdites par la loi, fait polémique – avec pour exemple notoire la consommation de drogues douces, tolérée dans certaines circonstances seulement.

La société néerlandaise est par ailleurs caractérisée par le *verzuiling* feurr·*zeuy*·ling (le "cloisonnement"), organisation de l'ordre social selon des principes religieux et idéologiques. Plus ou moins tombée en désuétude, cette pratique a toutefois laissé son empreinte un peu partout. Les diverses radios néerlandaises restent ainsi liées à des groupes religieux ou sociaux, telles : AVRO (généraliste), BNN (jeunesse), EO (protestante), KRO (catholique), NCRV (protestante), TROS (généraliste), VARA (sociale-démocrate) et VPRO (programmes progressistes). Les Néerlandais garantissent de cette façon la liberté d'expression, le pluralisme et l'indépendance – ou, comme ils disent, le *leven en laten leven* *lé*·veu èn *lā*·teu *lé*·veu (vivre et laisser vivre).

environnement

het milieu

Est-ce un(e) … protégé(e) ?	*Is dit een …?*	is dit eun …
espèce	*beschermd soort*	bœ·*sRhèrmt* sōrrt
forêt	*beschermd bos*	bœ·*sRhèrmt* bos
parc	*beschermd park*	bœ·*sRhèrmt* parrk

Y a-t-il un problème de … ici ?
Is er hier een probleem met …? — is eur Hīr eun prō·*blém* mèt …

Que doit-on faire au sujet de… ?
Wat moet er gebeuren met …? — vat mout eur Rhœ·*beu*·reu mèt …

agriculture intensive	*intensieve landbouw*	in·tèn·*sī*·veu *lant*·bao
aliment génétiquement modifié	*genetisch-gemodificeerd voedsel* **n**	Rhé·*né*·tis Rhœ·mō·dī· fī·*sért* *fout*·seul
alimentation en eau	*watertoevoer*	*vā*·teur·tou·four
changement climatique	*klimaatverandering*	klī·*māt*·feur·*an*·deu·ring
couche d'ozone	*ozonlaag*	ō·zon·lāRh
déchet nucléaire	*nucleair afval* **n**	nū·klé·*yér af*·val
déchet toxique	*giftig afval* **n**	*Rhif*·tīRh *af*·val
déforestation	*ontbossing*	ont·*bo*·sing
droits des animaux	*dierenwelzijn* **n**	*dī*·reun·vèl·zeyn
économies d'énergie	*energiebesparing*	é·nèr·*Rhī*·bœ·*spā*·ring
effet de serre	*broeikaseffect* **n**	*brouy*·kas·é·fèkt
émissions de dioxyde de carbone	*koolstofdioxide-uitstraling*	kōl·stof·dī·yok·sī·deu·euyt·*stra*·ling
énergie durable	*duurzame energie*	*dūrr*·zā·meu é·nèr·*Rhī*
énergie éolienne	*windenergie*	*vint*·é·nèr·Rhī
énergie nucléaire	*atoomenergie*	a·*tōm*·é·nèr·Rhī
énergie solaire	*zonne-energie*	zo·neu·é·nèr·*Rhī*
environnement	*milieu* **n**	mil·*yeu*
essais nucléaires	*atoomtesten*	a·*tōm*·tès·teun
espèce menacée	*bedreigde diersoort*	bœ·*dreyRh*·deu *dīr*·sōrrt
espèce protégée	*beschermde diersoort*	bœ·*sRhèrm*·deu *dīr*·sōrt
hausse du niveau de la mer	*stijgend zeeniveau* **n**	*stey*·Rheunt *zé*·nī·vō
hydroélectricité	*waterkrachtcentrales*	*vā*·teur·kraRht·sèn·*trā*·leus
irrigation	*irrigatie*	ī·rī·*Rhā*·sī
pénurie d'eau	*watertekort* **n**	vā·teur·tœ·*kort*
pesticides	*pesticides*	pès·tī·*sī*·deus
pollution	*vervuiling*	feur·*veuy*·ling
risque d'inondation	*overstromingsgevaar* **n**	ō·veur·*strō*·mings·Rhœ·*vār*
sécheresse	*droogte*	*drōRh*·teu
surfertilisation	*overbemesting*	ō·veur·bœ·*mès*·ting

où aller

waarheen

Qu'y a-t-il à faire le soir ?
Wat is er 's avonds te doen? — vat is eur *sā*·vonts tœ doun

Qu'y a-t-il à faire… ?	*Wat is er … te doen?*	vat is eur … tœ doun
ici	*hier*	Hīr
aujourd'hui	*vandaag*	van·*dāRh*
ce soir	*vanavond*	va·*nā*·vont
ce week-end	*dit weekend*	dit *vé*·kènt
Où puis-je trouver des… ?	*Waar vind ik de …?*	vār fint ĭk deu …
boîtes (de nuit)	*(nacht)clubs*	(*naRht*·)klups
clubs gays/ lesbiens	*homoclubs*	*Hō*·mō·klups
endroits où manger	*eetgelegen-heden*	*ét*·Rhœ·lé·Rheun·Hé·deun
pubs	*cafés/ kroegen*	ka·*fés/* *krou*·Rheun
Y a-t-il un guide local… ?	*Is er een …?*	is eur eun …
des concerts	*plaatselijke muziekgids*	*plāt*·seu·leu·keu mū·*zīk*·Rhits
des films	*plaatselijk filmprogramma*	*plāt*·seu·leuk *film*·prō·Rhra·ma
des spectacles	*plaatselijke uitgaansgids*	*plāt*·seu·leu·keu *euyt*·Rhāns·Rhits
pour gays et lesbiennes	*plaatselijke homogids*	*plāt*·seu·leu·keu *hō*·mō·Rhits

J'ai envie d'aller…	*Ik heb zin om naar een … te gaan.*	ĭk Hèp zin om nār eun … tœ Rhān
au concert	*concert*	kon·*sèrt*
à une fête	*feestje/fuif* **PB/B**	*fé*·cheu/feuyf
au karaoké	*karaoke*	ka·ra·ō·ké
au pub	*café/kroeg*	ka·*fé*/krouRh
au restaurant	*restaurant*	rès·tō·*rant*
dans un bar	*bar*	bar
dans un café	*koffiehuisje* **PB**	*ko*·fī·heuy·cheu
	brasserie **B**	bra·sœ·*rī*
en boîte de nuit	*nachtclub*	*naRht*·klup
voir un ballet	*balletvoorstelling*	ba·*lèt*·fōr·stè·ling
voir un film	*film*	film
voir une pièce de théâtre	*toneelvoorstelling*	to·*nēl*·*fōr*·stè·ling
voir un spectacle de danse	*dansuitvoering*	*dans*·euyt·fou·ring

Pour d'autres lieux de sortie, voir l'encadré **où boire et manger**, p. 164.

des Français aux Pays-Bas

Bon nombre de mots néerlandais présentent une consonance française. Et pour cause ! Au fil de l'histoire, de nombreux Français ont élu domicile aux Pays-Bas – par exemple le philosophe Descartes, qui en appréciait la relative liberté d'expression et y publia les *Méditations métaphysiques* (1641) et les *Principes de la philosophie* (1644). En 1685, la révocation de l'édit de Nantes par Louis XIV amorça un exode massif des protestants français vers les Pays-Bas. En 1806, Louis Bonaparte, frère de Napoléon, fut nommé "roi de Hollande". Imposé au peuple, il sut cependant gagner sa sympathie en maintenant le néerlandais (qu'il apprit) comme langue officielle et en faisant la part belle aux sciences et à la culture. Il fonda ainsi la *Koninklijke Nederlandse Akademie van Wetenschappen* (Institut des sciences) et la *Koninklijke Bibliotheek* (Bibliothèque royale), avant d'abdiquer en 1810.

invitations

uitnodigingen

Qu'est-ce que tu fais… ?	*Wat zijn je plannen voor …?*	vat zeyn yeu *pla*·neun fōr …
maintenant	*nu*	nū
ce soir	*vanavond*	va·*nā*·vont
ce week-end	*dit weekend*	dit *vé*·kènt
Voudrais-tu aller… ?	*Heb je zin in een …?*	Hèp yeu zin in eun …
Je voudrais aller…	*Ik heb zin in een …*	ĭk Hèp zin in eun …
boire une bière	*biertje*	*bīr*·tyeu
boire un café	*koffie*	*ko*·fī
boire un verre	*drankje*	*drank*·yeu
manger quelque part	*maaltijd*	*māl*·teyt
marcher	*wandeling*	*van*·deu·ling
Aimerais-tu … ?	*Heb je zin om …?*	Hèp yeu zin om …
J'ai envie…	*Ik heb zin om …*	ĭk Hèp zin om …
d'aller danser	*te gaan dansen*	tœ Rhān *dan*·seu
de sortir	*uit te gaan*	euyt tœ Rhān

C'est ma tournée.
Mijn rondje. meyn *ron*·tyeu

Connais-tu un bon restaurant ?
Ken je een goed restaurant? kèn yeu eun Rhout rès·tō·*rant*

Voudrais-tu venir au concert avec moi ?
Zou je met mij naar het concert willen gaan? zao yeu mèt mey nār Heut kon·*sèrt* *vi*·leu Rhān

Nous organisons une fête.
We houden een feestje/fuif. **PB/B** veu *Hao*·deun eun *fē*·cheu/feuyf

Tu devrais venir.
Ik hoop dat je komt. ĭk Hōp dat yeu komt

répondre à une invitation

uitnodigingen beantwoorden

Bien sûr !	*Natuurlijk!*	na·*tūr*·leuk
Oui, volontiers.	*Ja, graag.*	yā RhrāRh

C'est très gentil de vous/ta part.
Dat is erg vriendelijk van u/je. **pol/fam** — dat is èrRh *vrīn*·deu·leuk fan ū/yeu

Où allons-nous ?
Waar zullen we naar toe gaan? — vār *zu*·leu veu nār tou Rhān

Non, je crains de ne pas pouvoir.
Nee, ik vrees dat ik niet kan. — né ĭk vrés dat ĭk nīt kan

Désolé(e), mais je ne sais pas chanter/danser.
Het spijt mij, maar ik kan niet zingen/dansen. — Heut speyt mey mār ĭk kan nīt *zing*·eu/*dan*·seu

Peut-être demain ?
Misschien morgen? — mi·*sRhīn mor*·Rheun

aux origines de l'orange

Vous êtes-vous déjà demandé pourquoi les supporters des équipes sportives nationales néerlandaises s'habillaient invariablement en orange (*oranje* ō·*ra*·gneu), alors que cette couleur ne figure même pas sur le drapeau néerlandais ? La réponse est simple : l'orange est la couleur nationale des Pays-Bas, en référence au nom de la famille royale (*Oranje-Nassau* ō·*ra*·gneu *na*·sao), jadis propriétaire de la principauté d'Orange dans le sud de la France. Quant au drapeau national, l'orange y figurait bel et bien autrefois, mais il a été remplacé par le rouge. Toutefois, les jours d'anniversaires royaux, une bannière orange flotte à côté du drapeau tricolore standard, symbole de l'allégeance du peuple à la famille royale. Pour de plus amples indications sur les manifestations de fierté nationale, comme le jour de la Reine – quand tout le pays vire à l'orange pour les festivités –, voir l'encadré **faire la fête aux Pays-Bas**, p. 42.

rendez-vous

afspraak

À quelle heure on se retrouve ?
Hoe laat spreken wij af? Hou lāt *spré*·keu vey af

Où se retrouve-t-on ?
Waar spreken wij af? vār *spré*·keu vey af

Retrouvons-nous à… *Wij zien elkaar …* vey zīn èl·*kār …*
(8)h *om (acht) uur* om (aRht) ūr
l'(entrée) *bij de (ingang)* bey deu (*in*·Rhang)

Je passe te prendre. *Ik haal je op.* ĭk Hāl yeu op
Je suis prêt(e). *Ik ben klaar.* ĭk bèn klārr
Je viendrai plus tard. *Ik kom later.* ĭk kom *lā*·teurr
Es-tu prêt(e) ? *Ben je klaar?* bèn yeu klārr
Où seras-tu ? *Waar vind ik je?* vārr fint ĭk yeu

Si je ne suis pas là à (9)h, ne m'attends pas.
Wacht niet op mij als ik er om (negen) uur niet ben. vaRht nīt op mey als ĭk eurr om (*né*·Rheun) ūr nīt bèn

À tout à l'heure !
Tot dan! tot dan

À plus tard/demain.
Tot later/morgen. tot *lā*·teur/*mor*·Rheun

J'ai hâte d'y être.
Ik kijk er echt naar uit. ĭk keyk eur èRht nār euyt

Désolé(e), je suis en retard.
Het spijt mij dat ik te laat ben. Heut speyt mey dat ĭk tœ lāt bèn

Ce n'est pas grave.
Geen probleem. Rhén prō·*blém*

drogue

drugs

Je ne consomme pas de drogues.
Ik gebruik geen drugs. — ĭk Rhœ·*breuyk* Rhén druRhs

Veux-tu une cigarette ?
Wil je roken? — vil yeu *rō*·keu

As-tu du feu ?
Heb je een vuurtje? — Hèp yeu eun *fūr*·tyeu

Lonely Planet déconseille à ses lecteurs l'usage de drogues, même les plus "douces", qui modifient le comportement.

Voir également la rubrique **police**, p. 196.

jurer sans heurts

Le néerlandais est riche de nombreux jurons imagés – et souvent forts. Ceci dit, jurer en public est très impoli, et provoquera la désapprobation, au grand désavantage du jureur. Si quelque-chose se passe vraiment mal, vous pouvez exprimer votre agacement publiquement par quelques "gros mots" choisis, inoffensifs et acceptables ; sachez toutefois ne pas en abuser… et continuez à résoudre le problème sans forcer le trait. Les expressions suivantes sont les versions "autorisées" de jurons bien plus forts ou blasphématoires.

Potverdorie!	*pot*·feur·dō·rī	**Nom d'un chien !**
Verdorie!	feur·*dō*·rī	**Nom d'une pipe !**
Verdomme!	feur·*do*·meu	**Bon sang de bon sang !**

Dans ce chapitre, les expressions emploient uniquement la forme familière *je* yeu (tu).

rendez-vous

iemand uit vragen

Où aimerais-tu aller (ce soir) ?
Waar wil je (vanavond) graag heen? — vār vil yeu (va·*nā*·vont) RhrāRh Hén

Veux-tu faire quelques chose (demain) ?
Wil je (morgen) iets gaan doen? — vil yeu (*mor*·Rheun) īts Rhān doun

Oui, volontiers.
Ja, graag. — yā RhrrāRh

Désolé(e), je ne peux pas.
Sorry, maar ik kan niet. — *so*·rī mār ĭk kan nīt

parler local

Il/Elle est sexy.	*Hij/Zij is een lekker stuk.*	Hey/zey is eun *lè*·keur stuk
Il/Elle est un(e) séducteur/trice.	*Hij/Zij slaapt met iedereen.*	Hey/zey slāpt mèt ī·deu·*rén*
Il est canon.	*Hij is een mooierd.*	Hey is eun *mō*·yeurt
C'est un salaud.	*Hij is een eikel.* (litt : c'est un gland)	Hey is eun *é*·keul
	Hij is een zak. (litt : c'est un sac)	Hey is eun zak
Elle est canon.	*Zij is een schoonheid.*	zey is eun *sRhōn*·Heyt
C'est une garce.	*Zij is een teef.* (litt : c'est une chienne)	zey is eun téf
	Zij is een heks. (litt : c'est une sorcière)	zey is eun Hèks

séduction

versiertrucs

Veux-tu prendre un verre ?
Wil je iets drinken? vil yeu īts *drin*·keu

Tu ressembles à quelqu'un que je connais.
Jij lijkt op iemand die ik ken. yey leykt op *ī*·mant dī ĭk kèn

Tu danses formidablement.
Jij danst fantastisch. yey danst fan·*tas*·tīs

As-tu du feu ?
Mag ik een vuurtje? maRh ĭk eun *fūr*·tyeu

Détestes-tu aussi la séduction ?
Heb jij ook zo'n hekel aan versiertrucs? Hèp yey ōk zōn *Hé*·keul ān feurr·*sīr*·truks

Ton numéro de téléphone m'attire.
Ik voel me aangetrokken tot jouw telefoonnummer. ĭk foul meu *ān*·Rhœ·tro·keu tot yao té·lé·*fōn*·nu·meur

Si tu penses pouvoir me séduire, tu as raison.
Als je denkt mij te kunnen versieren, dan heb je het goed. als yeu dènkt mey tœ *ku*·neu feur·*sī*·reun dan Hèp yeu Heut Rhout

Est-ce que nous ne nous sommes pas déjà vus quelque part ?
Heb ik jij al gezien Hèp ĭk yey al Rhœ·*zīn*

Puis-je… ?	*Mag ik …?*	maRh ĭk …
danser avec toi	*met je dansen*	mèt yeu *dan*·seu
m'asseoir ici	*hier zitten*	Hīrr *zi*·teu
te raccompagner	*je naar huis vergezellen*	yeu nār Heuys feur·Rhœ·*zè*·leu

refus

afwijzing

Je suis ici avec ma petite amie/mon petit ami.
Ik ben hier met mijn vriendin/vriend. — ĭk bèn Hīrr mèt meyn frīn·*din*/frīnt

Excuse-moi, je dois m'en aller.
Sorry maar ik moet er vandoor. — *so*·rī mār ĭk mout eur fan·*dōr*

Je ne préfère pas.	*Liever niet.*	*lī*·veur nīt
Non, merci.	*Nee, dank je wel.*	né dank yeu vèl

parler grossier

Les expressions ci-dessous sont très agressives et ne doivent être utilisées que si vous êtes harcelé(e).

Donder op!	*don*·deur op	Dégage !
Hoepel op!	*Hou*·peul op	Dégage !
Hou je mond!	Hao yeu mont	La ferme !
Laat me met rust!	lāt meu mèt rust	Laisse-moi tranquille !
Val dood!	fal dōt	Crève !

tentatives d'approche

toenadering zoeken

Tu me plais beaucoup.	*Ik vind je echt leuk.*	ĭk fint yeu èRht leuk
Tu es génial(e).	*Jij bent fantastisch.*	yey bènt fan·*tas*·tīs
Je peux t'embrasser ?	*Mag ik je kussen?*	maRh ĭk yeu *ku*·seu

Veux-tu entrer un moment ?
Wil je eventjes binnen komen? — vil yeu *é*·veun·tyeus *bi*·neun *kō*·meu

Veux-tu rester dormir ?
Wil je blijven slapen? — vil yeu *bley*·veu *slā*·peu

Je peux rester dormir ?
Kan ik blijven slapen? — kan ĭk *bley*·veu *slā*·peu

sexe

seks

Embrasse-moi.
Kus me. kus meu

J'ai envie de toi.
Ik wil je. ĭk vil yeu

Allons au lit.
Laten we naar bed gaan. *lā*·teu veu nār bèt Rhān

Caresse-moi là.
Strrel mij hier. strél mey Hīrr

Ça te plaît ?
Vind je dit fijn? fint yeu dit feyn

Ça (ne) me plaît (pas).
Ik vind dat (niet) fijn. ĭk fint dat (nīt) feyn

Je pense que nous devrions en rester là.
Ik denk dat we het hierbij moeten laten. ĭk dènk dat veu Heut *Hīr*·bey *mou*·teu *la*·teu

Est-ce que tu as un (préservatif) ?
Heb jij een (condoom)? Hèp yey eun (kon·*dōm*)

Nous devons utiliser un (préservatif).
Laten we een (condoom) gebruiken. *lā*·teu veu eun (kon·*dōm*) Rhœ·*breuy*·keu

Je ne veux pas le faire sans protection.
Ik doe het niet zonder voorbehoedmiddel. ĭk dou Heut nīt *zon*·deur *fōr*·bœ·Hout·mi·deul

C'est ma première fois.
Het is mijn eerste keer. Heut is meyn *ér*·steu kérr

Ne t'inquiète pas, je m'en occupe.
Geen probleem, ik doe het zelf wel. Rhén prō·*blém* ik dou Heut zelf vèl

Ça aide d'avoir le sens de l'humour.
Het helpt als je een goed gevoel voor humor hebt. Heut Hèlpt als yeu eun Rhout Rhœ·*foul* fōr *Hū*·morr Hèpt

C'est pour ça que tu es célibataire ?
Ben jij daarom vrijgezel? bèn yey dā·*rom* *frey*·Rhœ·zèl

Oh, mon Dieu !	*Hemeltje!*	*Hé*·meul·tyeu
C'est génial !	*Dat is fantastisch!*	dat is fan·*tas*·tĭs

Doucement !	*Zachtjesaan*	*zaRh*·yeus·*ān*
plus doucement	*zachter*	*zaRh*·teurr
plus fort	*harder*	*Har*·deur
plus lentement	*trager*	*trā*·Rheur
plus vite	*sneller*	*snè*·leur

C'était…	*Dat was …*	dat vas …
paradisiaque	*hemels*	*Hé*·meuls
incroyable	*ongelofelijk*	on·Rhœ·*lō*·feu·leuk
romantique	*romantisch*	rō·*man*·tĭs
sauvage	*wild*	vilt

des mots doux

engeltje	èng·eul·*tyeu*	mon petit ange
gekkie	*Rhè*·kī	mon petit fou/ ma petite folle
liefje	*līf*·yeu	mon/ma petit(e) chéri(e)
mooierd	*mō*·yeurt	mon tout beau
schatje	*sRha*·tyeu	mon petit trésor
schoonheid	*sRhōn*·Heyt	ma toute belle
tijgertje	*tey*·Rheur·tyeu	petit tigre
troetelbeertje	*trou*·teul·bér·tyeu	petit nounours

amour

liefde

Je trouve que nous allons bien ensemble.
Ik vind dat we goed bij elkaar passen. — ĭk fint dat veu Rhout bey èl·*kār pa*·seu

Je t'aime.	*Ik hou van je.*	ĭk Hao fan yeu

Voudrais-tu… ?	*Wil je met …?*	vil yeu mèt …
sortir avec moi	*mij uitgaan*	mey *euyt*·Rhān
m'épouser	*mij trouwen*	mey *trao*·eu
rencontrer mes parents	*mijn ouders kennismaken*	meyn *ao*·deurs kè·nis *mā*·keu

reproches

verwijten

Je pense que ça ne marche pas entre nous.
Ik denk dat het niet lukt tussen ons. — ĭk dènk dat Heut nīt lukt *tu*·seun ons

Vois-tu quelqu'un d'autre ?
Heb je iemand anders? — Hèp yeu *ī*·mant *an*·deurs

C'est juste un(e) ami(e).
Hij/Zij is alleen maar een vriend/vriendin. **m/f** — Hey/zey is a·*lén* mārr eun frrīnt/frrīn·*din*

Tu n'es avec moi que pour le sexe.
Je gebruikt me alleen maar voor de seks. — yeu Rhœ·*breuykt* meu a·*lén* mār fōrr deu sèks

Je veux rompre.
Ik wil het uitmaken. — ĭk vil Heut *euyt*·mā·keu

Je ne veux plus jamais te voir.
Ik wil je nooit meer zien. — ĭk vil yeu nōyt mér zīn

Nous allons surmonter ça.
We lossen het wel op. — veu *lo*·seun Heut vèl op

départ

afscheid nemen

Je dois partir (demain).
Ik moet (morgen) vertrekken. — ĭk mout (*mor*·Rheun) feurr·*trè*·keu

Je…	*Ik zal …*	ĭk zal …
t'appellerai	*contact houden*	kon·*takt Hao*·deu
viendrai te voir	*je opzoeken*	yeu *op*·zou·keu

Tu vas me manquer.
Ik zal je missen — ĭk zal yeu *mi*·seu

EN SOCIÉTÉ

religion

godsdienst

Quelle est votre/ta religion ?
Wat is uw/jouw godsdienst? **pol/fam** — vat is ū/yao *Rhots*·dīnst

Je ne suis pas croyant.
Ik ben niet gelovig. — ĭk bèn nīt Rhœ·*lō*·vĭRh

Je suis…	*Ik ben …*	ĭk bèn …
agnostique	*agnostisch*	aRh·*nos*·tīs
bouddhiste	*boeddhist*	bou·*dist*
catholique	*katholiek*	ka·tō·*līk*
chrétien	*christelijk*	*kris*·teu·leuk
hindou	*hindoe*	*Hin*·dou
juif	*joods*	yōts
luthérien	*luthers*	*lū*·teurs
musulman	*moslim*	*mos*·lim
protestant	*protestant*	prō·tès·*tan*

Je (ne) crois (pas)…	*Ik geloof (niet) in …*	ĭk Rhœ·*lōf* (nīt) in …
en l'astrologie	*astrologie*	a·strō·lō·*Rhī*
au destin	*het lot*	Heut lot
en Dieu	*God*	Rhot

Puis-je … ici ?	*Kan ik hier …?*	kan ĭk Hīr …
Où puis-je… ?	*Waar kan ik …?*	vār kan ĭk …
assister à une messe	*een mis bijwonen*	eun mis *bey*·vō·neu
assiter à un office	*een dienst bijwonen*	eun dīnst *bey*·vō·neu
prier	*bidden*	*bi*·deu

différences culturelles

culturele verschillen

Je ne voulais pas faire/dire de maladresses.
Het was niet mijn bedoeling iets verkeerds te doen/zeggen. — Heut vas nīt meyn bœ·*dou*·ling īts feur·*kérts* tœ doun/*zè*·Rheu

Est-ce une coutume locale ou nationale ?
Is dit een plaatselijk of een algemeen gebruik? — is dit eun *plāt*·seu·leuk of eun al·Rhœ·*mén* Rhœ·*breuyk*

Je ne veux pas vous/t'offenser.
Ik wil u/je niet beledigen. pol/fam — ĭk vil ū/yeu nīt bœ·*lé*·di·Rheu

Je n'ai pas l'habitude.
Ik ben dit niet gewend. — ĭk bèn dit nīt Rhœ·*vènt*

Je préfère ne pas venir.
Ik doe liever niet mee. — ĭk dou *lī*·veur nīt mé

Je vais essayer.
Ik probeer het. — ĭk prrō·*bér* Heut

Désolé(e), cela va à l'encontre de…	*Sorry, maar het gaat tegen …*	*so*·rī mār Heut Rhāt *té*·Rheun …
mes croyances	*mijn geloof*	meyn Rhœ·*lōf*
mes principes	*mijn principes*	meyn prin·*sī*·peus
ma religion	*mijn godsdienst*	meyn *Rhots*·dīnst

C'est…	*Dit is …*	dit is …
différent	*anders*	*an*·deurs
amusant	*leuk*	leuk
intéressant	*interessant*	in·té·rè·*sant*

À quelle heure ouvre la galerie ?
Wanneer is de kunstgalerij open? — va·*nér* is deu kunst·Rha·lœ·*rey* ō·peu

À quelle heure ouvre le musée ?
Wanneer is het museum open? — va·*nér* is Heut mū·*zé*·yeum ō·peu

Quel genre d'art t'intéresse ?
In welke soort kunst ben je geïnteresseerd? — in *vèl*·keu sōrt kunst bèn yeu Rhœ·in·té·rè·*sért*

De quoi se compose la collection ?
Waaruit bestaat de collectie? — vā·*reuyt* bœ·*stāt* deu kō·*lèk*·sī

Que penses-tu de… ?
Wat vind je van …? — vat fint yeu fan …

C'est une exposition de…
Het is een tentoonstelling van … — Heut is eun tèn·*tōn*·stè·ling fan …

Je suis intéressé(e) par…
Ik ben geïnteresseerd in … — ĭk bèn Rhœ·in·té·rè·*sért* in …

J'aime les œuvres de…
Ik hou van het werk van … — ĭk Hao fan Heut vèrk fan …

Cela me rappelle…
Het doet me denken aan … — Heut dout meu *dèn*·keu ān …

architecture	*architectuur*	ar·Rhī·tèk·*tūr*
art	*kunst*	kunst
collection permanente	*permanente tentoonstelling*	pèr·ma·*nèn*·teu tèn·*tōn*·stè·ling
conservateur	*conservator*	kon·sèr·*vā*·tor
design	*ontwerp* **n**	ont·*vèrp*
exposition	*tentoonstelling*	tèn·*tōn*·stè·ling
graphique	*grafisch*	*Rhrā*·fis
gravure	*etsen*	*èt*·seu
impression	*druk*	druk
installation	*installatie*	in·sta·*lā*·sī
œuvre	*kunstwerk* **n**	*kunst*·vèrk
ouverture (exposition)	*opening*	*ō*·peu·ning
peintre	*schilder*	*sRhil*·deur
peinture (œuvre)	*schilderij* **n**	sRhil·deu·*rey*
peinture (technique)	*schilderkunst*	*sRhil*·deur·kunst
période	*periode*	pé·*ryō*·deu
première (théâtre)	*première*	prœ·*myé*·reu
représentation	*voorstelling*	*fōr*·stè·ling
salle d'exposition	*zaal*	zāl
sculpteur	*beeldhouwer*	*bélt*·Hao·eur
sculpture	*beeldhouwwerk* **n**	bélt·Hao·*vèrk*
statue	*standbeeld* **n**	*stant*·bélt
style	*stijl*	steyl
technique	*techniek*	tèRh·*nīk*
vernissage	*vernissage*	vèr·nī·*sā*·jeu

l'art à travers les siècles

Amsterdamse School am·steur·*dam*·seu sRhōl
L'école d'Amsterdam – mouvement architectural de la première moitié du 20e siècle

de CoBrA groep deu *kō*·bra Rhroup
Le groupe CoBrA – groupe formé à la fin des années 1940 par des artistes d'avant-garde de Copenhague, Bruxelles et Amsterdam

De Stijl deu steyl
De Stijl (litt : le style) – groupe d'artistes, d'architectes et de designers néerlandais dans les années 1920 et 1930

Vlaamse Primitieven *vlām*·seu prī·mī·*tī*·veun
Les primitifs flamands – ensemble des peintres du 15e siècle

en parler

sportieve interesses

Quel sport suis-tu/pratiques-tu ?
Welke sport volg/ beoefen je? — vèl·keu sporrt folRh/ bœ·ou·feun yeu

Je suis le…	*Ik volg het …*	ĭk folRh Heut …
Je pratique le…	*Ik speel …*	ĭk spél …
basket-ball	*basketball*	*bas*·kèt·bal
football	*voetbal*	*fout*·bal
hockey	*hockey*	*Ho*·kī
tennis	*tennis*	*tè*·nis
volley-ball	*volleybal*	*vo*·lī·bal
Je suis le/l'…	*Ik volg …*	ĭk folRh …
athlétisme	*de atletiek*	deu at·lé·*tīk*
cyclisme	*het wielrennen*	Heut *vīl*·rè·neun
Je pratique le/la/l'…	*Ik doe aan …*	ĭk dou ān…
athlétisme	*atletiek*	at·lé·*tīk*
karaté	*karate*	ka·*rā*·té
moto-cross	*motorcross*	*mō*·tor·kros
patin à glace	*schaatsen*	*sRhāts*·eun
plongée sous-marine	*duiken*	*deuyk*·eun
Je…	*Ik doe aan …*	ĭk dou ān …
cours	*joging*	djo·Rhing
fais du cyclisme (compétition)	*wielrennen*	*vīl*·rè·neun
fais du vélo	*fiets*	fīts
fais du ski	*ski*	skī
marche	*wandel*	*van*·deul
nage	*zwem*	zvèm

Pour d'autres sports, voir le **dictionnaire**.

sports populaires néerlandais

Le *korfbal* korf·bal (korfball) est à la croisée du net-ball, du volley-ball et du basket-ball. Deux équipes (normalement mixtes) essaient de marquer en envoyant un ballon dans un panier en osier fixé en haut d'un poteau. Les paniers, situés à chaque extrémité du terrain, ne sont pas dotés de panneau favorisant le rebond du ballon. Le terrain de jeu allant au-delà des poteaux, les joueurs peuvent tirer sous n'importe quel angle, notamment de derrière les paniers.

Le *duivensport* deuy·veun·sport (lâcher de pigeons) est populaire, plus particulièrement en Flandre où l'on voit de nombreuses maisons avec un *duiventil* deuy·veun·til (pigeonnier) dans la cour, et des gens transportant sur leur vélo leurs paniers à pigeons en rotin lorsqu'ils rejoignent leur club de colombophilie les jours de concours. Jeunes et vieux pratiquent ce sport pour sa dimension sociale et par "amour des pigeons".

Le *fierljeppen* fīr·lyè·peun (saut à la perche au-dessus des canaux) est un sport frison. Contrairement au saut à la perche pratiqué en athlétisme (appelé *polsstokspringen* pol·stok·spring·eun en néerlandais), c'est la distance franchie qui compte, et non la hauteur. On atteint des distances incroyables en se hissant "à mains chassées" sur la perche. L'actuel record est à 19,40 mètres.

assister à un match

een wedstrijd mmemaken

Aimerais-tu venir à un match ?
Wil je graag naar een wedstrijd gaan? — vil yeu RhrāRh nār eun vèt·streyt Rhān

Tu es pour quelle équipe ?
Voor welk team ben jij? — fōr vèlk tīm bène yey

Quel est le score ?
Wat is de stand? — vat is deu stant

Qui… ?	*Wie …?*	vī …
joue	*speelt er*	spélt eurr
gagne	*gaat er winnen*	Rhāt eur vi·neu

Ce match était… !	*Dat was een … wedstrijd!*	dat vas eun … *vèt*·streyt
captivant	*boeiende*	*bou*·yeun·deu
ennuyeux	*saaie*	*sā*·yeu
génial	*fantastische*	fan·*tas*·tī·seu
mauvais	*slechte*	*slèRh*·teu
palpitant	*spannende*	*spa*·neun·deu

encourager

Allez (la Hollande) !	*Hup Holland hup!*	Hup *Ho*·lant Hup
	Kom op (Holland)!	kom op (*Ho*·lant)
	Kom op (Oranje)!	kom op (ō·*ra*·gneu)
Allez (la Belgique) !	*Allez (België)!*	a·*lé* (*bèl*·Rhī·yeu)
Un but pour (les démons rouges) !	*Een goal voor (de Rode Duivels)!*	eun Rhōl fōr (deu *rō*·yeu *deuy*·veuls)

pratiquer un sport

aan sport doen

Tu veux jouer ?
Wil je spelen/meedoen? vil yeu *spé*·leu/*mé*·doun

Je peux jouer ?
Kan ik meedoen? kan ĭk *mé*·doun

Je suis blessé.
Ik ben gewond. ĭk bèn Rhœ·vont

Un point pour toi/moi.
Een punt voor jou/mij. eun punt fōr yao/mey

Fais-moi une passe !
Geef het aan mij! Rhéf Heut ān mey

Tu es un bon joueur.
Je bent een goede speler. yeu bènt eun *Rhou*·yeu *spé*·leur

Merci pour le match.
Bedankt voor de wedstrijd. bœ·*dankt* fōr deu *vèt*·streyt

Félicitations pour la victoire.
Gefeliciteerd met de overwinning. Rhœ·fé·lī·sī·*tért* mèt deu ō·veur·*vi*·ning

Connaissez-vous un bon endroit pour… ?	*Waar is er een goede plek om te gaan …?*	vār is eur eun *Rhou*·yeu plèk om tœ Rhān …
courir	*joggen*	*djo*·Rheu
surfer	*surfen*	*seur*·feu
pêcher	*vissen*	*vi*·seu
Où se trouve le/la… le/la plus proche ?	*Waar is het dichtsbijzijnde …?*	vār is Heut *diRhts*·bey·zeyn·deu …
centre de mise en forme	*fitnesscentrum*	*fit*·neus·sèn·treum
piscine	*zwembad*	*zvèm*·bat
terrain de golf	*golfterrein*	*Rholf*·teu·reyn

Faut-il être membre pour pouvoir entrer ?
Is het lidmaatschap verplicht? is Heut *lit*·māt·sRhap feur·*pliRht*

Y a-t-il une session réservée aux femmes ?
Is er een tijd bestemd voor vrouwen? is eur eun teyt bœ·*stèmt* fōr *frao*·eun

Où sont les vestiaires ?
Waar zijn de kleedkamers? vār zeyn deu *klét*·kā·meurs

Quel est le prix par… ?	*Hoeveel kost het per …?*	Hou·*vél* kost Heut peur …
heure	*uur*	ūr
jour	*dag*	daRh
match	*spel*	spèl
visite	*bezoek*	bœ·*zouk*
Puis-je louer/ réserver un(e)… ?	*Kan ik een … huren?*	kan ĭk eun … *Hū*·reu
ballon	*bal*	bal
court (de tennis)	*(tennis)baan*	(*tè*·nis·)bān
raquette	*racket*	*rè*·keut
terrain	*terrein*	tè·*reyn*
vélo	*fiets*	fīts

expressions liées au sport

Quel/Quelle... !	*Wat een ...!*	vat eun ...
but	*goal*	gōl/Rhōl **PB/B**
frappe	*slag*	slaRh
coup	*trap*	trap
occasion	*pas*	pas
performance	*prestatie*	près·*ta*·sī
gamelle	*schot*	sRhot

cyclisme

wielrennen

Aux Pays-Bas, le *wielrennen* *vīl*·rè·neun (cyclisme de haut niveau) est extrêmement populaire et a donné de grands *kampioenen* kam·pī·*you*·neun (champions). En mars et avril, la Belgique suit avec grand intérêt les grandes courses cyclistes, les *Belgische klassiekers* *bèl*·Rhi·seu kla·*sī*·keurs (classiques belges), parmi lesquelles la prestigieuse et spectaculaire *Ronde van Vlaanderen* *ron*·deu fan *vlān*·deu·reun (Tour des Flandres). L'événement majeur aux Pays-Bas, l'*Amstel Gold Race*, a lieu presque au même moment.

Où commence/se termine la course ?
Waar is de start/aankomst? — vār is deu start/*ān*·komst

Par où passe la course ?
Welke weg volgt de wedstrijd? — *vèl*·keu vèRh foRht deu *vèt*·streyt

Combien de kilomètres fait l'étape/la course du jour ?
Hoeveel kilometer is de rit/wedstrijd van vandaag? — Hou·*vél* *kī*·lo·mé·teur is deu rit/*vèt*·streyt fan van·*dāRh*

Qui est en tête ?
Wie leidt? — vī leyt

Mon cycliste préféré est...
Mijn favoriete wielrenner is ... — meyn fa·vō·*rī*·teu *vīl*·rè·neur is ...

Dans quelle équipe est-il ?
Voor welk team rijdt hij? — fōr vèlk tīm reyt Hey

chef d'équipe	*kopman*	*kop*·man
chute	*val*	val
classement	*klassement* **n**	kla·seu·*mènt*
classiques de printemps	*voorjaars-klassiekers*	*vōr*·yārrs·kla·*sī*·keurs
contre la montre individuel	*individuele tijdrit*	in·dī·vī·dū·*é*·leu *teyt*·rit
contre la montre par équipe	*ploegentijdrit*	*plou*·Rheun·teyt·rit
contrôle anti-dopage	*dopingcontrole*	*dō*·ping·kon·*trō*·leu
cycliste	*wielrenner*	*vīl*·rè·neur
descente	*afdaling*	*af*·dā·ling
échappée	*ontsnapping*	ont·*sna*·ping
étape (d'une course)	*rit*	rit
étape de montagne	*bergrit*	*bèrRh*·rrit
lanterne rouge (dernier cycliste de la course)	*rode lantaarn*	*rō*·deu lan·*tārn*
maillot arc-en-ciel (champion du monde)	*regenboogtrui*	*ré*·Rheun·bōRh·treuy
maillot (jaune)	*(gele) trui*	(*Rhé*·leu) treuy
montée	*klim*	klim
offensive	*aanval*	*ān*·val
panne (mécanique)	*(materiaal)pech*	(ma·té·*ryāl*·)pèRh
pavés	*kasseien*	ka·*sé*·yeun
peloton	*peloton* **n**	peu·lo·*ton*
peloton de tête	*kopgroep*	*kop*·Rhroup
pneu crevé	*lekke/platte band* **PB/B**	*lè*·keu/*pla*·teu bant
poursuivants	*achtervolgers*	aRh·teur·*fol*·Rheurs
soigneur	*verzorger*	feur·*zor*·Rheurr
sprint	*sprint*	sprint
vainqueur	*winnaar*	*vi*·nār
vainqueur d'étape	*ritwinnaar*	*rit*·vi·nār
valet	*knecht*	knèRht
vitesse	*versnelling*	feur·*snè*·ling
voiture d'escorte	*volgwagen*	*folRh*·vā·Rheun

Voir également p. 57.

sports extrêmes

avontuurlijke sporten

Je voudrais aller à un…
Ik wil graag gaan … ĭk vil RhrāRh Rhān …

Je voudrais essayer le/la/l'…
Ik wil graag … proberen. ĭk vil RhrāRh … prō·*bé*·reu

concours de pêche	*vissport* **n**	*fis*·sport
canyoning	*wildwatervaren*	vilt·*vā*·teur·*vā*·reun
char à voile	*strandzeilen* **n**	*strant*·zey·leun
deltaplane	*deltavliegen* **n**	*dèl*·ta·vlī·Rheun
	zeilvliegen **n**	*zeyl*·vlī·Rheun
escalade	*bergklimmen* **n**	*bèrRh*·kli·meun
saut en parachute	*parachute-springen* **n**	pa·ra·*chū*·teu·spring·eun
spéléologie	*speleologie*	spé·lé·yō·lō·*Rhī*
voile	*zeilen* **n**	*zey*·leun

L'équipement est-il sûr ?
Is deze uitrusting veilig? is *dé*·zeu *euyt*·rus·ting *fey*·lĭRh

Est-ce sans danger ?
Is dit veilig? is dit *fey*·lĭRh

C'est de la folie.
Dit is krankzinnig. dit is krank·*zi*·nĭRh

Pour le vocabulaire propre à la randonnée ou au trekking, voir **activités de plein air**, p. 157, et **camping**, p. 70.

patin à glace

schaatsen

Combien de temps dure une séance ?
Hoe lang is een sessie? Hou lang is eun *se*·sī

Combien coûte une séance ?
Hoeveel kost een sessie? Hou·*vél* kost eun *se*·sī

Je peux louer des patins à glace ?
Kan ik schaatsen huren? kan ĭk *sRhāt*·seun *Hū*·reu

Je chausse du (40).
Ik heb maat (veertig). — ĭk Hèp māt (*fér*·tĭRh)

J'ai besoin d'une autre paire de chaussettes.
Ik heb een extra paar sokken nodig. — ĭk Hèp eun *èk*·strā pār *so*·keun *nō*·dĭRh

Pouvez-vous affûter les lames de mes patins ?
Kan ik mijn schaatsen laten slijpen? — kan ĭk meyn *sRhāt*·seun *lā*·teu *sley*·peu

Quelle est l'épaisseur de la glace ?
Hoe dik is het ijs? — Hou dĭk is Heut eys

La glace est-elle fissurée ?
Zijn er barsten in het ijs? — zeyn eur *bars*·teun in Heut eys

Ça va dégeler ?
Gaat het dooien? — Rhāt Heut *dō*·yeu

Il n'y a pas de risque à aller sur cette glace ?
Is het veilig op dit ijs te gaan? — is Heut *fey*·lĭRh op dit eys tœ Rhān

Quelle est la profondeur d'eau sous la glace ?
Hoe diep is het water onder dit ijs? — Hou dīp is Heut *vā*·teur *on*·deur dit eys

Désolé(e), je n'ai pas réussi à m'arrêter.
Sorry, ik kon niet stoppen. — *so*·rī ĭk kon nīt *sto*·peu

Ça va ?
Gaat het? — Rhāt Heut

Aïe, ça fait mal !
Au, dat doet pijn! — ao dat dout peyn

expressions courantes

Blijf van het ijs! bleyf fan Heut eys	**Écarte-toi de la glace !**
Ga niet op dat ijs! Rhā nīt op dat eys	**Ne va pas sur la glace !**
Dat ijs is gevaarlijk! dat eys is Rhœ·*vār*·leuk	**Cette glace est dangereuse !**
Het gaat dooien. Heut Rhāt *dō*·yeu	**C'est le dégel.**

les joies de l'hiver

Aller aux Pays-Bas en plein hiver peut être très agréable : les touristes sont moins nombreux, et on peut profiter de multiples activités hivernales traditionnelles. Au moment des fêtes, de nombreuses villes installent des *kerstijsbanen* *kèrst*·eys·bā·neun (patinoires de Noël), sur la grand'place, souvent dans le cadre du *kerstmarkt* *kèrst*·marrkt (marché de Noël). On sirote du *glühwein* *Rhlū*·vāyn (vin chaud) ou du *jenever* yeu·*né*·veur/jeu·*né*·veur **PB/B** (genièvre) et on mange de copieux plats typiques. Par temps de neige, on peut *langlaufen* *lang*·lao·feu (faire du ski de fond) ou *sleetje rijden* *slé*·tyeu *rey*·deu (faire de la luge). Et si les grands froids s'installent durablement, on peut assister à la légendaire *Elfstedentocht* èlf·*sté*·deun·toRht (course des onze villes), à la fois course de patinage à grande vitesse et (exténuante) randonnée en patins à glace de près de 200 km à travers la Frise, organisée à 15 reprises depuis 1909.

champ de glace	*ijsvlakte*	*eys*·flak·teu
club de patinage sur glace	*ijsclub*	*eys*·klup
course de patins à glace	*schaatswedstrijd*	*sRhāts*·vèt·streyt
marcher avec des raquettes	*skilaufen*	*ski*·lao·feu
gants	*handschoenen*	*Hant*·sRhou·neun
glace	*ijs* **n**	eys
hockey sur glace	*ijshockey* **n**	*eys*·Ho·kī
mouffles	*wanten*	*van*·teun
patinage artistique	*kunstrijden (op de schaats)* **n**	*kunst*·rey·deu (op deu sRhāts)
patinage sur glace	*schaatsen* **n**	*sRhāt*·seun
patinage de vitesse	*hardrijden (op de schaats)* **n**	*hard*·rey·deu (op deu sRhāts)
patiner	*schaatsen*	*sRhāt*·seu
patinoire (couverte)	*(overdekte) ijsbaan*	(ō·veur·*dèk*·teu) *eys*·bān
patinoire provisoire	*tijdelijke ijsbaan*	*tey*·deu·leu·keu *eys*·bān
randonnée en patins à glace	*schaatstocht*	*sRhāts*·toRht
voile sur glace	*ijszeilen* **n**	*eys*·zey·leun

glace à volonté

avoir une aventure
een scheve schaats rijden — eun *sRhé*·veu sRhāts *rey*·deu
(litt : patiner avec une lame tordue)

faire les cent pas
ijsberen — *eys*·bé·reu
(litt : marcher comme un ours polaire)

un regard fixe
een ijskoude blik — eun *eys*·kao·deu blik
(litt : un regard froid comme la glace)

ne prendre aucun risque
niet over één nacht ijs gaan — nīt *ō*·veur én naRht eys Rhān
(litt : ne pas marcher sur la glace d'une nuit)

s'aventurer en terre hostile
zich op glad ijs wagen — zǐRh op Rhlat eys *vā*·Rheu
(litt : oser marcher sur une glace très glissante)

football

voetbal

Qui joue pour (PSV Eindhoven)?
Wie speelt er voor (PSV)? — vī spélt eur fōr (pé·ès·*vé*)

C'est un très bon (joueur).
Hij is een fantastische (speler). — Hey is eun fan·*tas*·tī·seu (*spé*·leur)

Il a très bien joué contre (l'Allemagne).
Hij speelde een fantastische wedstrijd tegen (Duitsland). — Hey *spél*·deu eun fan·*tas*·tī·seu *vèt*·streyt *té*·Rheun (*deuyts*·lant)

Quelle équipe occupe la tête du classement ?
Welk team staat aan de top van de rangschikking? — vèlk tīm stāt ān deu top fan deu *rang*·sRhi·king

Quelle merveilleuse/mauvaise équipe !
Wat een fantastisch/ slecht team! — vat eun fan·*tas*·tīs/ slèRht tīm

arbitre	*scheidsrechter*	*sRheyts*·rèRh·teurr
arrêts de jeu	*blessuretijd* **sg**	blè·*sū*·reu·teyt
attaquer	*aanvallen*	*ān*·va·leu
attaquant	*aanvaller*	*ān*·va·leurr
avant	*spits*	spits
ballon	*bal*	bal
but (cage)	*doel* **n**	doul
carton jaune	*gele kaart*	*Rhé*·leu kārrt
carton rouge	*rode kaart*	*rō*·deu kārrt
centre (joueur)	*voorzet*	*fōr*·zèt
corner	*hoekschop*	*Houk*·sRhop
coup franc	*vrijschop*	*vrey*·sRhop
défendre	*verdedigen*	feur·*dé*·di·Rheu
défenseur	*verdediger*	feur·*dé*·di·Rheurr
dribbler	*dribbelen*	*dri*·beu·leu
entraîneur	*trainer*	*trey*·neurr
expulsion	*uitsluiting*	*euyt*·sleuy·ting

faute	*overtreding*	ō·veur·*tré*·ding
gardien de but	*doelverdediger/ keeper*	*doul*·veur·dé·di·Rheur/ *kī*·peur
hors jeu	*buitenspel*	beuy·teun·*spèl*
joueur	*speler*	*spé*·leur
manager	*manager*	*mé*·né·djeur
milieu de terrain	*middenveld* **n**	*mi*·deun·vèlt
mur (de joueurs)	*muurtje* **n**	*mūr*·tyeu
passe	*pass*	pās
passe en retrait	*terugspeelbal*	tœ·*ruRh*·spél·bal
pénalty	*strafschop*	*straf*·sRhop
remettre en jeu	*ingooien*	*in*·Rhou·yeu
supporter	*supporter*	sū·*por*·teur

Vous allez voir un match ? Reportez-vous p. 144.

tennis et tennis de table

tennis & tafeltennis

Je voudrais…	*Ik wil graag …*	ĭk vil RhrāRh …
jouer au tennis	*tennissen*	*tè*·ni·seu
jouer au tennis de table	*tafeltennissen*	*tā*·feul·tè·ni·seu
réserver un créneau pour jouer	*een tijd boeken*	eun teyt *bou*·keu

Peut-on jouer de nuit ?
Kunnen wij spelen wanneer het donker is? — *ku*·neu vey *spé*·leu va·*nér* Heut *don*·keur is

Je dois faire raccorder ma raquette.
Ik moet mijn racket laten besnaren. — ĭk mout meyn *ré*·keut *lā*·teu bœ·*snā*·reu

ace	*ace*	eys
avantage	*voordeel* **n**	*fōr*·dél
balle de ping-pong	*pingpongbal*	*ping*·pong·bal
balle de tennis	*tennisbal*	*tè*·nis·bal
court en dur	*hard court*	hārt kōrt
faute	*overtreding*	ō·veur·*tré*·ding
filet	*net* **n**	nèt
gazon	*gras* **n**	Rhras
jouer en double	*dubbelspel spelen*	*du*·beul·spèl *spé*·leu
raquette (tennis)	*tennisracket* **n**	*tè*·nis·*ré*·keut
raquette (tennis de table)	*(tafeltennis)bat*	(*tā*·feul·tè·nis·)bèt
service	*opslag*	*op*·slaRh
servir	*opslaan*	*op*·slān
set	*set*	sèt
table de ping-pong	*pingpongtafel*	*ping*·pong·tā·feul
terre battue	*klei*	kley

sports nautiques

watersporten

Puis-je réserver un cours ?
Kan ik een les boeken? kan ĭk eun lès *bou*·keu

Puis-je louer un(e)…	*Kan ik … huren?*	kan ĭk … *hū*·reu
bateau	*een boot*	eun bōt
canoë	*een kano*	eun *kā*·nō
combinaison	*een wetsuit*	eun *vèt*·sout
équipement de plongée	*materiaal om te snorkelen*	ma·tér·*yāl* om tœ *snor*·keu·leu
gilet de sauvetage	*een reddingsvest*	eun *rè*·dings·vèst
kayak	*een kayak*	eun *ka*·yak
ski nautique	*waterski*	*vā*·teur·skī

Y a-t-il des… ?	*Zijn er …?*	zeyn eur …
bancs de sable	*zandbanken*	*zant*·ban·keun
brise-lames	*golfbrekers*	*Rholf*·bré·keurs
courants forts	*sterke stromingen*	*stèr*·keu *strō*·ming·eun
récifs	*rifs*	rifs
risques	*gevaren*	Rhœ·*vā*·reun

avirons	*roeispanen*	*rouy*·spā·neun
bateau à moteur	*motorboot*	*mō*·tor·bōt
char à voile	*zeilwagen*	*zeyl*·vā·Rheun
faire du canoë	*kanovaren*	*kā*·nō·vā·reu
faire du cerf-volant	*vliegeren*	*vlī*·Rhœ·reu
faire du char à voile	*strandzeilen*	*strant*·zey·leu
faire du kayak	*kajakvaren*	*ka*·yak·vā·reu
faire de la planche à voile	*windsurfen/ plankzeilen*	*vinnt*·seur·feu/ *plank*·zey·leu
faire du surf	*surfen*	*seur*·feu
faire de la voile	*zeilen*	*zey*·leu
planche à voile	*(wind)surfplank*	*(vint·)seurf*·plank
planche de surf	*surfplank*	*seurf*·plank
ramer	*roeien*	*rou*·yeu
vague	*golf*	Rholf
voilier	*zeilboot*	*zeyl*·bōt

les dictons de la mer

Les Néerlandais, grands navigateurs, ont enrichi leur langue de nombreux dictons s'inspirant de tout ce qui a trait au monde nautique. En voici quelques-uns :

Qui ne peut galoper, qu'il trotte.

Men moet roeien met de riemen die men heeft. — mèn mout *rou*·yeu mèt deu *rī*·meun dī mèn Héft

(litt : il faut ramer avec les rames que l'on a)

Avoir le beurre et l'argent du beurre.

Van twee walletjes eten. — fan tvé *va*·leu·tyeus *é*·teu

(litt : manger sur deux quais)

Conseilleur n'est pas payeur.

De beste stuurlui staan aan wal. — deu *bes*·teu *stūr*·leuy stān ān val

(litt : les meilleurs barreurs sont sur le quai)

Veiller au grain.

Een oogje in het zeil houden. — eun *ōRh*·yeu in Heut zeyl *Hao*·deu

(litt : tenir la voile à l'œil)

Dans ce chapitre, les expressions n'emploient que la forme familière *je* yeu (tu)

randonnée

wandeltocht

Doit-on prendre un guide ?
Hebben wij een gids nodig? Hè·beu vey eun Rhits *nō*·dĭRh

Y a-t-il des randonnées guidées ?
Zijn er begeleide wandeltochten? zeyn eur bœ·Rhœ·*ley*·deu van·deul·*toRh*·teun

À quelle heure tombe la nuit ?
Wanneer wordt het donker? va·*nér* vort Heut *don*·keur

Quelle est la longueur du chemin ?
Hoe lang is het pad? Hou lang is Heut pat

Quelle est la longueur de l'excursion ?
Hoe lang is de tocht? Hou lang is deu toRht

Où puis-je traverser la mer des Wadden à pied ?
Waar kan ik gaan wadlopen? vār kan ĭk Rhān *vat*·lō·peu

à gué ?

On appelle *wad* vat (pluriel *wadden* *va*·deun) des étendues de vase ou de sable dont le niveau se situe juste entre *vloed* flout (marée haute) et *eb* èp (marée basse), si bien qu'elles sont inondées deux fois par jour. Les *Waddeneilanden* *va*·deun·ey·lan·deun néerlandaises (un groupe d'îles) se situent dans la *Waddenzee* *va*·deun·zé, le plus grand *waddengebied* *va*·deun·Rhœ·*bīt* (domaine de *wad*), à proximité des côtes néerlandaises, allemandes et danoises. C'est l'endroit idéal pour *wadlopen* *vat*·lō·peu (traverser les *wadden*) à pied à marée basse. Renseignez-vous sur les horaires des marées avant de partir et assurez-vous des qualités de votre guide.

Où puis-je… ?	*Waar vind ik …?*	vār fint ĭk …
avoir une carte	*een kaart*	eun kārt
trouver quelqu'un qui connaît le secteur/la région	*iemand die deze plek/ streek kent*	*ī*·mant dī *dé*·zeu plèk/ strék kènt
Où puis-je… ?	*Waar kan ik …?*	vār kan ĭk …
acheter des provisions	*inkopen doen*	*in*·kō·peun doun
louer du matériel de camping	*kampeermateriaal huren*	kam·*pér*·ma·tér·*yāl* *Hū*·reu
louer du matériel de randonnée	*een trekkersuitrusting huren*	eun *trè*·keurrs·euyt·*rus*·ting *Hū*·reu
Devons-nous emporter… ?	*Moeten we … meenemen?*	*mou*·teu veu … *mé*·né·meu
de l'eau	*water*	*vā*·teur
de la nourriture	*eten*	*é*·teu
un sac de couchage	*slaapzak*	*slāp*·zak
Le sentier est-il… ?	*Is het pad …?*	is Heut pat …
(bien) balisé	*(goed) bewegwijzerd*	(Rhout) bœ·*vèRh*·vey·zeurt
dégagé	*open*	*ō*·peu
pittoresque	*schilderachtig*	*sRhil*·deur·aRh·tĭRh
Quel est l'itinéraire… ?	*Welk is de … route?*	vèlk is deu … *rou*·teu
le plus court	*kortste*	*kort*·steu
le plus facile	*gemakkelijkste*	Rhœ·*ma*·keu·leuk·steu
le plus intéressant	*meest interessante*	mést in·té·rè·*san*·teu
Où se trouve le… ?	*Waar is …?*	vārr is …
terrain de camping	*de kamping*	deu *kèm*·ping/ *kam*·ping **PB/B**
village le plus proche	*het dichtsbijzijnde dorp*	Heut *diRhts*·bey·zeyn·deu dorp
Où sont les… ?	*Waar zijn de …?*	vār zeyn deu …
douches	*douches*	*dou*·cheus
toilettes	*toiletten*	toa·*lè*·teun

D'où viens-tu ?
Waar kom jij vandaan? — vār kom yey fan·*dān*

Combien de temps as-tu mis ?
Hoe lang heb je er over gedaan? — Hou lang Hèp yeu eur *ō*·veur Rhœ·*dān*

Ce sentier va-t-il à (Schiermonnikoog) ?
Gaat dit pad naar (Schiermonnikoog)? — Rhāt dit pat nār (*sRhīr*·mo·nik·ōRh)

Puis-je passer par là ?
Kan ik hier langs gaan? — kan ĭk Hīr langs Rhān

L'eau est-elle potable ?
Is het water drinkbaar? — is Heut *vā*·teur *drink*·bārr

Il n'y a aucun risque ?
Is het veilig? — is Heut *fey*·lĭRh

Y a-t-il un refuge ?
Is er een schuilhut? — is eur eun *sRheuyl*·Hut

Je suis perdu(e).
Ik ben verdwaald. — ĭk bèn feur·*dvālt*

expressions courantes

Pas op voor …!	pas op fōr …	**Fais attention au/à la… !**
de onderstroom	deu *on*·deur·strōm	**courant sous-marin**
de stroming	deu *strō*·ming	**courant**
het getij	Heut Rhœ·*tey*	**marée**

Het is gevaarlijk!
Heut is Rhœ·*vār*·leuk — **C'est dangereux !**

à la plage

het strand

Où est la plage… ?	*Waar is het …?*	vār is Heut …
la plus belle	*beste strand*	*bès*·teu strant
la plus proche	*dichtsbijzijnde strand*	*diRhts*·bey·zeyn·deu strant
nudiste	*naaktstrand*	*nākt*·strant

Combien coûte la location d'un(e)… ?	*Hoeveel is de huur voor een …?*	Hou·*vél* is deu Hūr fōrr eun …
cabine	*strandcabine*	*strant*·ka·*bī*·neu
chaise longue	*strandstoel*	*strant*·stoul
parasol	*parasol*	pa·ra·*sol*

La plongée/baignade est-elle sûre ici ?
Is het veilig om hier te duiken/zwemmen? — is Heut *fey*·lĭRh om Hīr tœ *deuy*·keu/*zvè*·meu

À quelle heure est la marée haute/marée basse ?
Hoe laat is het vloed/eb? — Hou lāt is Heut flout/èp

Faut-il payer ?
Moeten wij betalen? — *mou*·teu vey bœ·*tā*·leu

panneaux de signalisation sur la plage		
Verboden te Duiken	feur·*bō*·deun tœ *deuy*·keu	**Plongée interdite**
Verboden te Zwemmen	feur·*bō*·deun tœ *zvè*·meu	**Baignade interdite**

météo

het weer

Quel temps fait-il ?
Hoe is het weer? — Hou is Heut vér

Quel temps fera-t-il demain ?
Wat voor weer wordt het morgen? — vat fōr vér vort Heut *mor*·Rheun

Il fait…	*Het is …*	Heut is …
brumeux	*mistig*	*mis*·tĭRh
chaud	*warm*	varm
ensoleillé	*zonnig*	*zo*·nĭRh
froid	*koud*	kaot
nuageux	*bewolkt*	bœ·*volkt*
très chaud	*zeer warm*	zér varm

Il gèle.	*Het is vriesweer*	Heut is *frīs*·vér
Ça glisse.	*Het is glad*	Heut is Rhlat

Il…	*Het…*	Heut…
y a une tempête	*stormt*	stormt
gèle	*vriest*	frīst
neige	*sneeuwt*	snéout
pleut	*regent*	*ré*·Rheunt
vente	*waait*	vāyt
Où puis-je acheter un… ?	*Waar kan ik een … kopen?*	vār kan ĭk eun … *kō*·peu
imperméable	*regenjas*	*ré*·Rheun·yas
parapluie	*paraplu*	pa·ra·*plū*

les bizarreries du temps

Il pleut des cordes.
Het regent pijpestelen. Heut *ré*·Rheunt *pey*·peu·sté·leun
(litt : il pleut des tuyaux de pipe)

Il gèle à pierre fendre.
Het vriest dat het kraakt. Heut frīst dat Heut krākt
(litt : il gèle si fort que ça éclate)

flore et faune

planten & dieren

Quel(le) est cet(te)… ?	*Welke … is die?*	*vèl*·keu … is dī
arbre	*boom*	bōm
fleur	*bloem*	bloum
oiseau	*vogel*	*fō*·Rheul
plante	*plant*	plant

Quel est cet animal ?
Welk dier is dat? vèlk dīr is dat

À quoi cela sert-il ?
Waarvoor wordt het gebruikt? vār·*fōr* vort Heut Rhœ·*breuykt*

Les fruits sont-ils comestibles ?
Is de vrucht eetbaar? is deu fruRht *ét*·bār

Y en a-t-il beaucoup ?
Bestaan er veel van? bœ·*stān* eur fél fan

le pays des grenouilles

Vous entendrez sans doute les Néerlandais et les Flamands appeler leur pays le *kikkerlandje* *ki*·keur·lan·tyeu (litt : petit pays des grenouilles). Le climat tempéré est souvent caractérisé par un temps frais et changeant, des étés doux et des précipitations uniformément réparties sur l'année – d'excellentes conditions, dit-on, pour la reproduction des grenouilles. Cependant, le temps semble se réchauffer aux Pays-Bas, à la faveur du *klimaatverandering* klī·*māt*·feur·*an*·deu·ring (changement climatique). Bien sûr, *het weer* Heut vér (le temps), et de plus en plus le *broeikaseffect* *brouy*·kas·é·fèkt (réchauffement de la planète, litt : effet de serre), sont des sujets de conversation parfaits pour briser la glace.

Est-ce une espèce… ?	*Is het een … soort?*	is Heut eun … sōrt
dangereuse	*gevaarlijk*	Rhœ·*vār*·leuk
menacée	*met uitsterven bedreigd*	mèt *euyt*·stèr·veun bœ·*dreyRht*
protégée	*beschermd*	bœ·*sRhèrmt*
venimeuse	*giftig*	*Rhif*·tĭRh
bruyère	*heide*	*Hey*·deu
narcisse	*narcis*	*nar*·sis
pin	*den*	dèn
réserve naturelle	*natuurreservaat* **n**	na·*tū*·ré·sèr·vāt
saule (étêté)	*(knot)wilg*	(*knot*·)vilRh
taillis	*kreupelbos*	*kreu*·peul·bos
tertre	*terp*	tèrp
tourbe	*turf*	turf
tulipe	*tulp*	tulp
lamantin	*zeekoe*	*zé*·kou
mouton	*schaap* **n**	sRhāp
oie(s)	*gans/ganzen*	Rhans/*Rhan*·zeun
oiseaux migrateurs	*trekvogels*	*trèk*·fō·Rheuls
phoque	*zeehond*	*zé*·Hont
renard	*vos*	vos
vache	*koe*	kou

Pour le vocabulaire de la géographie, de l'agriculture et les noms des animaux et des plantes, voir le **dictionnaire**, p.211.

vocabulaire de base

essentiële uitdrukkingen

petit-déjeuner	*ontbijt* **n**	ont·*beyt*
déjeuner	*middagmaal* **n**/*lunch*	*mi*·daRh·māl/leunch
dîner	*avondmaal* **n**/*diner* **n**	*ā*·vont·māl/dī·*né*
collation	*snack/ tussendoortje*	snèk/snak **PB/B**/ tu·seun·*dōr*·tyeu
plat du jour	*dagschotel*	*daRh*·sRhō·teul
manger	*eten*	*é*·teu
boire	*drinken*	*drin*·keu
Je voudrais…	*Ik wil graag …*	ĭk vil RhrāRh …
S'il vous plaît.	*Alstublieft.* **pol**	al·stū·*blīft*
Merci.	*Dank u.* **pol**	dank ū

paradis culinaire

La Belgique fait les délices des gourmets – selon les connaisseurs, sa cuisine serait presque, voire aussi fabuleuse que la cuisine française. Elle perpétue en effet la *joie de vivre* du royaume médiéval de Bourgogne – la nourriture y est de première qualité, les portions sont copieuses et l'on y mange (et boit) très bien. Les Flamands utilisent d'ailleurs le terme *Bourgondiër* bour·*Rhon*·dī·yeur (bourguignon) pour qualifier quelqu'un qui aime et apprécie leur nourriture, et cela dans un sens positif (un peu comme "gourmand").

où boire et manger ?

bruin café breuyn ka·*fé*
bruine kroeg *breuy*·neu krouRh
"café brun" – *café/kroeg* de style ancien, au mobilier en bois, ainsi nommé en raison de ses murs généralement brunis par la fumée de cigarette. L'atmosphère y est propice à la lecture et aux conversations sérieuses (et longues). Ils sont habituellement ouverts jusqu'à l'aube.

***café/kroeg* PB/B** ka·*fé*/krouRh
ce n'est pas un café, mais un pub – établissement servant principalement de la bière et autres alcools. Le café et les boissons non alcoolisées y sont secondaires. Beaucoup servent également des collations ou des repas simples. Le "café du coin" est appelé *stamkroeg* *stam*·krouRh, *stamcafé* *stam*·ka·fé ou *buurtcafé* *būrt*·ka·fé.

de muur deu mūr
"le mur" – aux Pays-Bas, rangée de distributeurs automatiques de snacks (chauds). Très populaires, ils permettent de se restaurer rapidement au milieu de la nuit (ou très tôt le matin), quand tout est fermé.

eetcafé *ét*·ka·fé
café où l'on va non seulement pour boire mais aussi pour bien manger sans devoir débourser autant qu'au restaurant. On peut y discuter autour d'un repas et de quelques verres. La carte est souvent fournie et la nourriture délicieuse. On y trouve normalement spécialités locales et plat du jour.

grand café *gra* ka·fé
café plus spacieux, pourvu de sièges confortables et d'un mobilier classique – on y sert de l'alcool, des boissons non alcoolisées et des repas. Endroit parfait pour un déjeuner ou un brunch stylé et détendu.

haringstand *Hā*·ring·stant
"stand de hareng" – hareng très frais de la meilleure qualité.

***koffiehuisje* n** *ko*·fī·*Heuy*·cheu
"maison du café" – spécialisée dans le café et autres boissons chaudes. On y sert gâteaux et pâtisseries, ainsi que des repas légers. Comparable à un *theehuisje* *té*·Heuy·cheu (salon de thé) ; parfois plus proche d'un bar à expressos ou d'une *broodjeszaak* *brō*·tyeus·zāk (sandwicherie).

où boire et manger ?

koffieshop *ko*·fī·shop
"coffee shop" – café autorisé à vendre des drogues douces, comme la *nederwiet* *né*·deur·vīt (litt : "herbe des Pays-Bas"). On y sert aussi du café et des gâteaux – mais renseignez-vous sur les ingrédients, ou vous mordrez dans un *space cake* (gâteau au haschisch) sans le savoir !

pannenkoekenhuisje **n** *pa*·neu·*kou*·keu·*Heuy*·cheu
crêperie (pancake) – institution néerlandaise.

patatkraam/frietkot **PB/B** pa·*tat*·krām/*frrīt*·kot
baraque à frites – petit commerce spécialisé en frites belges. Il peut s'agir d'une simple cabane, d'un véhicule utilitaire ou d'une petite boutique (souvent appelée *frituur* frī·*tūrr*), vendant des frites à emporter ou des en-cas frits.

praatcafé **n B** *prāt*·ka·fé
pub spécialement aménagé et configuré pour favoriser la conversation autour d'un verre (avec ou sans alcool). Collations ou repas légers sont souvent proposés.

proeflokaal *prouf*·lō·kāl
maison de dégustation qui dépendait jadis des distilleries – café ou pub offrant une grande variété de genièvre et de liqueurs (ou de bières) à la dégustation. Les employés, souvent des experts, peuvent orienter votre choix. Aux Pays-Bas, ils se spécialisent en général dans le *jenever* yeu·*né*·veur/jeu·*né*·veur **PB/B** (genièvre). En Belgique, c'est plutôt la *bier* bīr (bière), mais on y trouve aussi des *druppelkot* **n** *dru*·peul·kot ou *jeneverkot* **n** jeu·*né*·veur·kōt (baraque à genièvre) – une cabane, ou, le plus souvent, un pub à la carte de *jenever* déconcertante.

terras tè·*ras*
terrasse en extérieur – attribut de nombreux *cafés*, lieu idéal pour se détendre, regarder les passants, lire le journal ou retrouver des amis. Aux premiers signes du printemps, on s'y précipite pour prendre un bain de soleil. Nombre de terrasses sont couvertes et chauffées en hiver.

theatercafé té·*yā*·teur·ka·fé
café dans ou près du quartier des théâtres où l'on va avant et après le spectacle. Ils attirent généralement une clientèle mélangée chic et bohème : artistes essayant de percer, prétendus mannequins, écolos, jeunes cadres urbains, etc.

où se restaurer

restauratie

Pouvez-vous recommander un bar/restaurant ?
Kunt u een bar/restaurant aanbevelen? **pol** — kunt ū eun bar/rès·tō·*rant* *ān*·bœ·fé·leu

Où iriez-vous pour… ?	*Waar zou u heen gaan voor …?* **pol**	vār zao ū Hén Rhān fōr …
fêter un événement	*een feestelijke maaltijd*	eun *fés*·teu·leu·keu *māl*·teyt
manger des spécialités locales	*plaatselijke specialiteiten*	*plāt*·seu·leu·keu spé·chya·lī·*tey*·teun
faire un repas bon marché	*een goedkope maaltijd*	eun Rhout·*kō*·peu *māl*·teyt

Où iriez-vous pour manger… ?	*Waar zou u heen gaan om … te proeven?* **pol**	vār zao ū Hén Rhān om … tœ *prou*·veu
de la bonne cuisine indonésienne	*goed Indonesisch eten*	Rhout in·dō·*né*·sis *é*·teu
de la cuisine à la bière	*met bier bereide gerechten*	mèt bīr bœ·*rey*·deu Rhœ·*rèRh*·teun

J'aimerais réserver une table pour…	*Ik wil graag een tafel voor … reserveren.*	ĭk vil RhrāRh eun *tā*·féul fōr … ré·sèr·*vé*·reu
(2) personnes	*(twee) personen*	(tvé) peur·*sō*·neun
(8)h	*(acht) uur*	(aRht) ūr

expressions courantes

Wij zijn gesloten.	vey zeyn Rhœ·*slō*·teu	**Nous sommes fermés.**
We zitten vol.	veu *zi*·teu fol	**Nous sommes complets.**
Een momentje.	eun mō·*mèn*·tyeu	**Un instant.**

Servez-vous encore à manger ?
Is de keuken nog open? — is deu *keu*·keun noRh *ō*·peu

Combien de temps faut-il attendre ?
Hoelang moeten wij wachten? — Hou·*lang mou*·teu vey *vaRh*·teu

au restaurant

in het restaurant

Que me conseillez-vous ?
Wat kunt u aanbevelen? **pol** — vat kunt ū *ān*·bœ·fé·leu

Que sont-ils en train de manger ?
Wat hebben zij te eten? — vat *Hè*·beu zey tœ *è*·teu

Qu'y a-t-il dans ce plat ?
Wat zit er in dat gerecht? — vat zit eur in dat Rhœ·*rèRht*

Comment appelle-t-on ceci ?
Hoe heet het/dat? — Hou Hét Heut/dat

Je vais prendre ça.
Ik neem dat. — ĭk ném dat

Est-ce long à préparer ?
Duurt het lang om het te bereiden? — dūrt Heut lang om Heut tœ bœ·*rey*·deu

Est-ce en libre service ?
Is het zelfbediening? — is Heut *zèlf*·bœ·dī·ning

Le service est-il inclus dans le prix ?
Is bediening inbegrepen? — is bœ·*dī*·ning *in*·bœ·Rhré·peu

Est-ce que c'est offert ?
Zijn deze gratis? — zeyn *dé*·zeu *Rhrā*·tis

Pourrais-je avoir la carte des vins, s'il vous plaît ?
Mag ik de wijnkaart? — maRh ĭk deu *veyn*·kārt

Quelles bières avez-vous ?
Welke bieren heeft u? **pol** — *vèl*·keu *bī*·reun Héft ū

J'aimerais commander.
Ik wil graag bestellen. — ĭk vil RhrāRh bœ·*stè*·leu

les bonnes manières au restaurant

Pour appeler le serveur ou la serveuse, dites *Mijnheer* meyn·*Hér* (Monsieur) ou *Mevrouw* meu·*vrao* (Mademoiselle), ou encore *Juffrouw* *yu*·frao (Mademoiselle, pour une adolescente seulement – voir également p. 109).

Pensez à demander eau et pain, on ne les apporte pas automatiquement. Ils sont d'ailleurs souvent comptés en supplément. Pour demander à payer l'addition séparément, dites :

Kunnen we apart betalen alstublieft? **pol**

ku·neu veu a·*part* bœ·*tā*·leu al·stū·*blīft* — **Pouvons-nous payer séparément, s'il vous plaît ?**

Les pourboires ne sont ni obligatoires ni demandés – mais ils seront appréciés, bien sûr.

Je voudrais…, s'il vous plaît.	*Ik wil graag …*	ĭk vil RhrāRh …
la carte (en français)	*een menu (in het Frans)*	eun mœ·*nū* (in Heut frans)
la carte des boissons	*de drankkaart*	deu *dran*·kārt
une demi-portion	*een halve portie*	eun *Hal*·veu *por*·sī
le menu enfant	*de kindermenu*	deu *kin*·deur·mœ·nū
ce plat	*dat gerecht*	dat Rhœ·*rèRht*
un siège enfant	*een kinderstoel*	eun *kin*·deur·stoul
une spécialité locale	*een plaatselijke specialiteit*	eun *plāt*·seu·leu·keu spé·chya·lī·*teyt*
une table pour (5)	*een tafel voor (vijf)*	eun *tā*·feul fōrr (feyf)
une table fumeur	*roken*	*rō*·keu
une table non fumeur	*niet-roken*	*nīt*·rō·keu

Je le voudrais avec du/de la/de l'/sans…	*Ik wil het graag met/zonder …*	ĭk vil Heut RrrāRh mèt/*zon*·deur …
ail	*knoflook*	*knof*·lōk
citron	*citroen*	*sī*·*rroun*
crème	*room*	rōm
huile	*olie*	*ō*·lī
ketchup (de curry)	*(curry)ketchup*	(*ku*·rī·)*ké*·tcheup
ketchup (de tomates)	*(tomaten) ketchup*	(tō·*mā*·teun·) *ké*·tcheup
fromage	*kaas*	kās
mayonnaise	*mayonaise*	ma·yō·*né*·zeu
moutarde	*mosterd*	*mos*·teurt
noix	*noten*	*nō*·teun
poivre	*peper*	*pé*·perr
sauce au piment	*chili(saus)*	*chī*·lī(·saos)
sauce tartare	*tartaarsaus*	tar·*tār*·saos
sauce tomate	*tomatensaus*	tō·*mā*·teun·saos
sel	*zout*	zaot
sucre	*suiker*	*seuy*·keur
vinaigre	*azijn*	a·*zeyn*

Pour d'autres demandes spécifiques, voir **végétariens/ régimes spéciaux**, p. 181.

expressions courantes…

Waar wilt u zitten? **pol** vārr vilt ū *zi*·teu	**Où souhaitez-vous vous asseoir ?**
Wilt u al bestellen? **pol** vilt ū al bœ·*stè*·leu	**Voulez-vous commander ?**
Wat mag het zijn? vat maRh Heut zeyn	**Que souhaitez-vous ?**
Houdt u van …? **pol** Haot ū fan …	**Aimez-vous… ?**
Ik kan … aanbevelen. ĭk kan … *ān*·bœ·fé·leu	**Je vous recommande…**
Alstublieft. **pol** al·stū·*blīft*	**Voici pour vous !**
Eet smakelijk. ét *smā*·keu·leuk	**Bon appétit.**

déchiffrer le menu

Hors d'œuvre/ Hapjes	Hor·*deuy*·vreu/ *Hap*·yeus	amuse-bouche
Soep	soup	soupes
Voorgerechten	*fōr*·Rhœ·rèRh·teun	entrées
Salades	sa·*lā*·deus	salades
Hoofdgerechten	*Hōft*·Rhœ·rèRh·teun	plats principaux
Tussengerechten	*tu*·seun·Rhœ·rèRh·teun	entremets
Bijgerechten/	*bey*·Rhœ·rèRh·teun/	accompagnements
Desserts/ Nagerechten	dé·*sèrs*/ *nā*·Rhœ·rèRh·teun	desserts
Aperitieven	a·pé·rī·*tī*·veun	apéritifs
Dranken	*dran*·keun	boissons
Frisdranken	*fris*·dran·keun	boissons non alcoolisées
Sterke Dranken	*stèr*·keu *dran*·keun	spiritueux
Bier	bīr	bières
Mousserende Wijn **PB/**	mou·*sé*·reun·deu veyn/	vins mousseux
Schuimwijn **B**	*sRheuym*·veyn	vins mousseux
Witte Wijn	*vi*·teu veyn	vins blancs
Rode Wijn	*rō*·deu veyn	vins rouges
Dessertwijn	dé·*sèrt*·veyn	vins de dessert
Likeuren	lī·*keu*·reun	digestifs/liqueurs

à table

aan tafel

Puis-je avoir un(e)/l'...	*Mag ik ... alstublieft?* **pol**	maRh ĭk ... al·stū·*blīft*
addition	*de rekening*	deu *ré*·keu·ning
couvert	*bestek*	bœ·*stèk*
nappe	*een tafellaken*	eun *tā*·feul·lā·keun
serviette	*een servet*	eun sèr·*vèt*
verre (à vin)	*een (wijn)glas*	eun (*veyn*·)Rhlas

Je n'ai pas commandé cela.
Ik heb dit niet besteld. — ĭk Hèp dit nīt bœ·*stèlt*

Il y a une erreur dans l'addition.
Er zit een fout in de rekening. — eurr zit eun faot in deu *ré*·keu·ning

parler gastronomie

over eten praten

Ce plat est vraiment délicieux.
Dit gerecht is erg lekker. — dit Rhœ·*rèRht* is èrRh *lè*·keurr

J'aime beaucoup la cuisine locale.
Ik vind de plaatselijke keuken erg lekker. — ĭk fint deu *plāt*·seu·leu·keu *keu*·keun èrRh *lè*·keur

Délicieux !
Heerlijk/Lekker! — *Hér*·leuk/*lè*·keur

À s'en lécher les doigts !
Om de vingers bij af te likken! — om deu *fing*·eurs bey af tœ *li*·keu

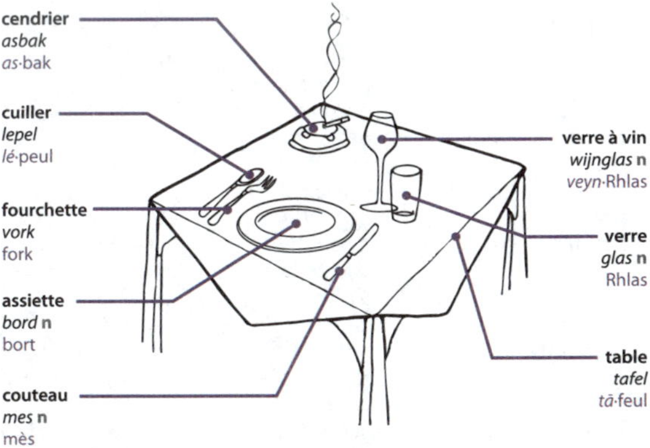

Mes compliments au chef.

Mijn complimenten aan de chef. — meyn kom·plī·*mèn*·teun ān deu chèf

Je n'ai plus faim.

Ik heb genoeg gegeten. — ĭk Hèp Rhœ·*nouRh* Rhœ·*Rhé*·teu

C'est…	*Dit is …*	dit is …
brûlé	*aangebrand*	*ān*·Rhœ·brant
délicieux	*fantastisch*	fan·*tas*·tīs
(trop) épicé	*(te) pikant*	(tœ) pī·*kant*
(trop) froid	*(te) koud*	(tœ) kaot
gâté	*bedorven*	bœ·*dor*·veun
rassis	*oudbakken*	aot·*ba*·keun

cuissons et préparations

bereidingswijzen

Je le voudrais…	*Ik wil het graag …*	ĭk vil Heut RhrāRh …
Je ne le veux pas…	*Ik wil het niet …*	ĭk vil Heut nīt …
avec l'assaisonnement sur le côté	*met de slasaus opzij*	mèt deu *slā*·saos op·*zey*
avec la sauce/ mayonnaise à part	*met de saus/ mayonnaise apart*	mèt deu saos/ ma·yō·*né*·zeu a·*part*
bien cuit	*goed doorbakken*	Rhout dōr·*ba*·keun
bouilli	*gekookt*	Rhœ·*kōkt*
cuit à la vapeur	*gestoomd*	Rhœ·*stōmt*
frit	*gefrituurd*	Rhœ·frrī·*tūrt*
fumé	*gerookt*	Rhœ·*rōkt*
grillé	*gegrild*	Rhœ·*Rhrilt*
à point	*redelijk* **PB**	*ré*·deu·leuk
	doorbakken	dōr·*ba*·keun
	à point **B**	a·*pouā*
en purée	*als puree*	als pū·*ré*
réchauffé	*opgewarmd*	*op*·Rhœ·varmt
saignant	*kort gebakken* **PB**	kort Rhœ·*ba*·keun
	saignant **B**	sé·*nya*
sauté	*gebakken*	Rhœ·*ba*·keun

boissons non alcoolisées

alcoholvrije dranken

eau gazeuse	*spa rood* **PB**	spa rōt
	spuitwater **B**	*speuyt*·vā·teur
eau minérale	*mineraal-water*	mī·né·*rāl*·vā·teur
eau plate	*spa blauw* **PB**	spa blao
	plat water **B**	plat *vā*·teur
babeurre	*karnemelk* **PB**	*kar*·neu·mèlk
	botermelk **B**	*bō*·teur·mèlk
boisson fraîche	*frisdrank*	*fris*·drank
eau (chaude)	*(warm) water*	(varm) *vā*·teur
jus (d'orange)	*(sinaasappel)sap*	(sī·*nās*·a·peul·)sap
lait chocolaté (chaud)	*(warme) chocolade-melk*	(*var*·meu) chō·kō·*lā*·deu·mèlk
limonade	*limonade*	lī·mō·*nā*·deu
(une tasse de) thé/café	*(een kopje) thee/koffie*	(eun *kop*·yeu) té/*ko*·fī
avec/sans…	*met/zonder …*	mèt/*zon*·deur …
crème fouettée	*slagroom*	*slaRh*·rōm
citron	*citroen*	sī·*troun*
lait	*melk*	mèlk
lait condensé	*koffiemelk*	*ko*·fī·mèlk
sucre	*suiker*	*seuy*·keur

à l'heure du café

au lait	*met melk*	mèt mèlk
décaféiné	*decaf*	*dé*·kaf
fort	*sterk*	stèrk
glacé	*met ijs*	mèt eys
léger	*licht*	liRht
noir	*zwart*	zvart

boissons alcoolisées

alcoholische dranken

La vodka, le whisky, le rhum, la téquila, le gin tonic, le Campari et les cocktails (le Bloody Mary par exemple) portent les mêmes noms qu'en français ; vous ne devriez donc pas avoir de mal à passer commande. Vous aurez peut-être envie d'étudier la terminologie du genièvre ou des bières locales en raison du nombre considérable de variétés proposées (pour les bières et le genièvre, voir le **lexique culinaire**, p. 183).

apéritif	*borrel*	*bo*·reul
bière	*bier*	bīr
champagne	*champagne*	cham·*pa*·nyeu
cocktail	*cocktail*	*kok*·teyl
eau-de-vie	*brandewijn* **PB**	*bran*·deu·veyn
	cognac **B**	kō·*nyak*
genièvre	*jenever*	yeu·*né*·veur **PB**
		jeu·*né*·veur **B**
liqueur aux œufs	*advocaat*	at·vō·*kāt*
schnaps à base d'herbe	*Beerenburg*	*bé*·reun·burRh
un verre de (whisky)	*een glas (whisky)*	eun Rhlas (*vis*·kī)
un(e) bouteille/verre de vin…	*een fles/glas …*	eun flès/Rhlas …
blanc	*witte wijn*	*vi*·teu veyn
de dessert	*dessertwijn*	dé·*sèrt*·veyn
mousseux	*mousserende wijn* **PB**	mou·*sé*·reun·deu veyn
	schuimwijn **B**	*sRheuym*·veyn
rosé	*rosé*	rō·*zé*
rouge	*rode wijn*	*rō*·deu veyn
un(e) … de bière	*een … bier*	eun … bīr
bouteille	*fles*	flès
petite bouteille	*flesje*	*flè*·cheu
pichet	*karaf*	ka·*raf*
verre	*glas*	Rhlas

Voir également le **lexique culinaire**, p. 183, et le **dictionnaire**.

au bar

aan de bar

Excusez-moi !
Excuseer mij! — èk·skū·*zér* mey

C'est mon tour.
Het is mijn beurt. — Heut is meyn beurt

Je voudrais (du genièvre au citron).
Voor mij (een citroenjenever). — fōr mey (eun sī·*troun*·yeu·*né*·veur/ sī·*troun*·jeu·*né*·veur) **PB/B**

La même chose, s'il vous plaît.
Hetzelfde alstublieft. **pol** — Heut·*zèlf*·deu al·stū·*blīft*

Sans glace, s'il vous plaît.
Zonder ijs asltublieft. **pol** — *zon*·deur eys al·stū·*blīft*

Quel est le pourcentage d'alcool ?
Hoeveel alcohol zit hierin? — Hou·*vél* al·kō·*Hol* zit Hīr·*in*

Je t'offre un verre.
Ik trakteer je op een drankje. — ĭk trak·*tér* yeu op eun *drank*·yeu

Qu'aimerais-tu boire ?
Wat wil je drinken? — vat vil yeu *drin*·keu

Je ne bois pas d'alcool.
Ik drink geen alcohol. — ĭk drink Rhén al·kō·*Hol*

C'est ma tournée.
Mijn rondje. — meyn *ron*·tyeu

Servez-vous à manger ici ?
Serveert u hier maaltijden? **pol** — sèr·*vért* ū Hīr *māl*·tey·deun

plus qu'une bière

een biertje	eun *bīr*·tyeu	**verre normal de bière**
een fluitje	eun *fleuy*·tyeu	**grand verre étroit de bière**
een kleintje pils **PB**	eun *kleyn*·tyeu pils	**petit verre de bière**
een pilsje	eun *pil*·cheu	**verre normal de bière**
een pintje **B**	eun *pin*·tyeu	**verre normal de bière**

expressions locales

Wat zal het zijn? vat zal Heut zeyn	**Que prendrez-vous ?**
Ik denk dat je genoeg op hebt. ĭk dènk dat yeu Rhœ·*nouRh* op Hèpt	**Je pense que tu en as eu assez.**

boire un verre

drinken

Santé !	
Proost!	prōst
Je me sens très bien !	
Ik voel me heerlijk!	ĭk foul meu *Hérr*·leuk
Je crois que j'ai bu un verre de trop.	
Ik denk dat ik er eentje teveel op heb.	ĭk dènk dat ĭk eur *én*·tyeu tœ·*vél* op Hèp
Je me sens saoûl(e).	
Ik voel me dronken.	ĭk foul meu *dron*·keu
Je me sens mal.	
Ik voel me ziek.	ĭk foul meu zīk
Où sont les toilettes ?	
Waar is het toilet?	vār is Heut toa·*lèt*
Je suis fatiguée, je ferais mieux de rentrer.	
Ik ben moe. Ik ga liever naar huis.	ĭk bèn mou ĭk Rhā *lī*·veur nār Heuys
Pouvez-vous m'appeler un taxi ?	
Kunt u een taxi voor me bellen? **pol**	kunt ū eun *tak*·sī fōr meu *bè*·leu
Vous ne devriez pas conduire.	
Je zou niet rijden.	yeu zao nīt *mo*·Rheu *rey*·deu

faire les courses

eten inkopen

Quelle est la spécialité locale ?
Wat is het streekgerecht? — vat is Heut *strék*·Rhœ·rèRht

Quelle est la bière locale ?
Wat is het streekbier? — vat is Heut *strék*·bīr

Qu'est-ce que c'est ?
Wat is dat? — vat is dat

Je peux goûter ?
Kan ik het eens proeven? — kan ĭk Heut éns *prou*·veu

Puis-je avoir un sac, s'il vous plaît ?
Mag ik een draagtasje alstublieft? **pol** — maRh ĭk eun *drāRh*·ta·cheu al·stū·*blīft*

Je n'ai pas besoin de sac, merci.
Ik heb geen draagtasje nodig, dank u. **pol** — ĭk Hèp Rhén *drāRh*·ta·cheu *nō*·dĭRh dank ū

Combien coûte (un kilo de fromage) ?
Hoeveel kost (een kilo kaas)? — Hou·*vél* kost (eun *kī*·lo kās)

comment le voulez-vous ?

bouilli	*gekookt*	Rhœ·*kōkt*
cru	*rauw*	rao
cuit (litt : préparé)	*bereid*	bœ·*reyt*
en conserve	*ingemaakt*	*in*·Rhœ·mākt
frais	*vers*	vèrs
fumé	*gerookt*	Rhœ·*rōkt*
saumuré	*gepekeld*	Rhœ·*pé*·keult
séché	*gedroogd*	Rhœ·*drōRht*
surgelé	*ingevroren*	*in*·Rhœ·frō·reun

Je voudrais…	*Ik wil graag …*	ĭk vil RhrāRh …
un mélange/ assortiment	*een mengsel*	eun *mèng*·seul
votre sélection	*uw selectie* **pol**	ū sé·*lèk*·sī
J'en voudrais…	*Ik wil graag …*	ĭk vil RhrāRh …
(1) de chaque	*(één) van elk*	(én) fan èlk
(2) comme ça	*(twee) van dat soort*	(tvé) fan dat sōrt
(200) grammes	*(tweehonderd) gram*	(tvé·*Hon*·deurt) Rhram
une demi-livre	*een half pond*	eun Half pont
une livre	*een pond*	eun pont
un kilo	*een kilo*	eun *kī*·lō
(2) kilos	*(twee) kilo*	(tvé) *kī*·lō
une demi-douzaine	*een half dozijn*	eun Half dō·*zeyn*
une douzaine	*een dozijn*	eun dō·*zeyn*
un morceau	*een stuk*	eun stuk
(3) morceaux	*(drie) stuks*	(drrī) stuks
une tranche	*een plak* **PB**	eun plak
	een snee **B**	eun sné
(6) tranches	*(zes) plakken* **PB**	(zès) *pla*·keun
	(zes) sneetjes **B**	(zès) *sné*·tyeus
une boîte de conserve	*een blik*	eun blik
une bouteille	*een fles*	eun flès
un bocal	*een pot* **PB**	eun pot
	een bokaal **B**	eun bō·*kāl*
un paquet	*een pak*	eun pak
(juste) un peu	*een (klein) beetje*	eun (kleyn) *bé*·tyeu
plus	*meer*	mér
quelques-uns	*enkele*	*èn*·keu·leu
celui-là	*die*	dī
celui-ci	*deze*	*dé*·zeu
Moins.	*Minder.*	*min*·deur
Un peu plus.	*Een beetje meer.*	eun *bé*·tyeu mér
C'est assez.	*Dat is genoeg.*	dat is Rhœ·*nouRh*

Pour les aliments, consultez le **lexique culinaire**, p. 183, et le **dictionnaire**, p. 211.

(En) Avez-vous… ?	*Heeft u …?* **pol**	Héft ū …
quelque chose	*iets*	īts
de moins cher	*goedkopers*	Rhout·*kō*·peurs
d'autres	*nog andere*	noRh *an*·deu·reu
Où puis-je trouver le rayon… ?	*Waar vind ik …?*	vār fint ĭk …
boucherie	*het vlees*	Heut flés
fruits et légumes	*de groente-en fruitafdeling*	deu *Rhroun*·teu·èn·*freuyt*·af·dé·ling
poissonnerie	*de visafdeling*	deu *fis*·af·dé·ling
produits laitiers	*de zuivel-produkten*	deu *zeuy*·veul·prō·duk·teun
surgelés	*de diepvries-produkten*	deu *dīp*·frīs·prō·duk·teun
volaille	*het gevogelte*	Heut Rhœ·*vō*·Rheul·teu

où faire ses courses ?

boucherie	*slagerij*	*slā*·Rhœ·rey
boulangerie	*bakker* **PB**	*ba*·keur
	bakkerij **B**	ba·keu·*rey*
chocolatier	*chocolatier*	chō·kō·la·*tyé*
épicerie	*kruidenier*	kreuy·deu·*nīr*
magasin diététique	*dieetwinkel*	dī·*yèt*·vin·keul
magasin ouvert 24h/24	*nachtwinkel*	*naRht*·vin·keul
magasin de vins	*slijterij* **PB**	*sley*·teu·rey
et spiritueux	*drankenhandel* **B**	*dran*·keun·Han·deul
marché	*markt*	markt
pâtisserie	*banketbakker* **PB**	ban·*kèt*·ba·keur
	patisserie **B**	pa·ti·seu·*rī*
poissonnerie	*vishandel*	*vis*·Han·deul
primeur	*groenteboer*	*Rhroun*·teu·bour
supermarché	*supermarkt*	*sū*·peur·markt

ustensiles de cuisine

keukenbenodigdheden

Pourrais-je vous emprunter un(e)… ?	*Kan ik alstublieft een … lenen?* **pol**	kan ĭk al·stū·*blīft* eun … *lé*·neu
J'ai besoin d'un(e)…	*Ik heb een … nodig.*	ĭk Hèp eun … *nō*·dĭRh
casserole	*pan* **PB**	pan
	kookpot **B**	*kōk*·pot
couteau	*mes*	mès
planche à découper	*snijplank*	*sné*·plank
poêle à frire	*koekenpan* **PB**	*kou*·keu·pan
	pan **B**	pan

Pour d'autres ustensiles de cuisine, voir le **dictionnaire**, p. 211.

Hollande/Pays-Bas, à qui l'avantage ?

Vous avez souvent entendu et probablement utilisé le terme "Hollande" pour parler des Pays-Bas. Peut-être vous êtes-vous également demandé quel était le terme exact – après tout, un pays, aussi ouvert soit-il, doit avoir un nom officiel !

Ce nom est en fait *Nederland* *né*·deur·lant. Le mot *Holland* *Ho*·lant, à proprement parler, se rapporte aux provinces *Noord Holland* nōrt *Ho*·lant (Hollande septentrionale) et *Zuid Holland* zeuyt *Ho*·lant (Hollande méridionale). Il s'agit cependant d'un mot fréquemment employé pour désigner l'ensemble du pays, la Hollande (jadis indépendante) ayant été rattachée aux Provinces-Unies au 16e siècle pour former ce que sont aujourd'hui les Pays-Bas. De la même façon, on utilise indistinctement aux Pays-Bas les noms *Nederlander* *né*·deur·lan·deur et *Hollander* *Ho*·lan·deur pour parler d'un Néerlandais, ou encore les adjectifs *Nederlands* *né*·deur·lants et *Hollands* *Ho*·lants pour parler de ce qui est néerlandais. Par contre, la langue néerlandaise n'a qu'une seule dénomination : *Nederlands* *né*·deur·lants !

commander

bestellingen

Y a-t-il un restaurant… à proximité ?	*Is er hier een … restaurant in de buurt?*	is eur Hīr eun … rès·tō·*rant* in deu būrt
halal	*halal*	Ha·*lal*
kasher	*kosher*	*kō*·cheur
végétarien	*vegetarisch*	vé·Rhé·*tā*·ris

Avez-vous des plats (végétariens) ?
Heeft u (vegetarische) maaltijden? **pol** — Héft ū (vé·Rhé·*tā*·ri·seu) *māl*·tey·deun

Je ne mange pas de…
Ik eet geen … — ĭk ét Rhén …

Est-ce préparé dans/avec… ?
Is het bereid in/met …? — is Heut bœ·*reyt* in/mèt …

Est-ce que ce sont des œufs de ferme ?
Zijn dit scharreleieren? — zeyn dit *sRha*·reul·*ey*·yeu·reun

Pourriez-vous préparer un repas sans… ?	*Zou u een maaltijd zonder … kunnen klaarmaken?* **pol**	zao ū eun *māl*·teyt *zon*·deur … *ku*·neu *klār*·mā·keu
beurre	*boter*	*bō*·teur
bouillon de poisson	*visbouillon*	*fis*·bou·yon
bouillon de viande	*vleesbouillon*	*flés*·bou·yon
huile	*olie*	*ō*·lī
œufs	*eieren*	*ey*·yeu·reun
poisson	*vis*	fis
porc	*varkensvlees*	*far*·keuns·flés
viande rouge	*rood vlees*	rōt flés
volaille	*gevogelte*	Rhœ·*fō*·Rheul·teu

Est-ce… ?	*Is het …?*	is Heut …
allégé en graisse	*vetarm*	*fèt*·arm
allégé en sucre	*suikerarm*	*seuy*·keur·*arrm*
décaféiné	*cafeïnevrij/ decaf*	ka·fé·*ī*·neu·frey/ *dé*·kaf
génétiquement modifié	*genetisch-gemodificeerd*	Rhé·*né*·tis Rhœ·mō·dī·fī·*sért*
bio	*organisch*	or·*Rhā*·nis
sans gluten	*glutenvrij*	*Rhlū*·teun·frey
sans produit animal	*zonder dierlijke producten*	*zon*·deur *dīr*·leu·keu prō·*duk*·teun
sans sel	*zoutloos*	*zaot*·lōs
sans sucre	*suikervrij*	*seuy*·keur·*frey*

allergies et régimes spéciaux

speciale diëten & allergieën

Je suis un régime spécial.
Ik volg een speciaal dieet. — ĭk folRh eun spé·*chyāl* dī·*yét*

Je suis végétalien(ne)/végétarien(ne).
Ik volg een veganist/ vegetarisch dieet. — ĭk folRh eun vé·Rha·*nist/* vé·Rhé·*tā*·ris dī·*yét*

Je suis allergique au(x)/à la…	*Ik ben allergisch voor …*	ĭk bèn a·*lèr*·Rhīs fōrr …
chocolat	*chocolade*	chō·kō·*lā*·deu
crustacés	*schaaldieren*	sRhāl·dī·reun
fruits de mer	*schaal- en schelpdieren*	sRhāl èn *sRhèlp*·dī·reun
gélatine	*gelatine*	jeu·la·*tī*·neu
glutamate de sodium	*MSG*	èm·ès·*Rhé*
gluten	*gluten*	*Rhlū*·teun
miel	*honing*	*Hō*·ning
noix	*noten*	*nō*·teun
œufs	*eieren*	*ey*·yeu·reun
produits laitiers	*zuivel-producten*	*zeuy*·veul·prō·duk·teun

Ce lexique culinaire englobe la plupart des ingrédients et des plats courants tant aux Pays-Bas qu'en Belgique, ainsi que certaines de leurs spécialités. Les mets portant plusieurs noms font l'objet de renvois. Les plats indonésiens devenus fréquents aux Pays-Bas sont indiqués par **Ind.** Nous employons les symboles **PB/B** pour les noms qui varient, respectivement, aux Pays-Bas et en Belgique. Le genre des noms néerlandais n'est indiqué que pour les noms neutres, alors suivis de **n**, et non pour les noms masculins ou féminins (pour de plus amples précisions sur le genre en néerlandais, voir **grammaire de A à Z**). Les noms au pluriel sont signalés par **pl**.

A

aardappels *ārt*·a·peuls *pommes de terre*
— op z'n Vlaams op zeun vlāms *pommes de terre à la flamande – cuites au four avec des oignons, des feuilles de laurier et du bouillon de bœuf (Flandres)*
aardbeien *ārt*·bey·yeun *fraises*
aardnoot *ārt*·nōt *arachide/cacahuète*
abdijbier ap·*tey*·bīr *bière d'abbaye – produite dans les abbayes non trappistes ou dans d'autres brasseries, dont certaines sont associées (parfois uniquement par leur nom) à des abbayes, telles Affligem, Corsendonck, Grimbergen, Leffe et Tongerlo*
abrikoos a·brī·*kōs* *abricot*
advocaat at·vō·*kāt* *sorte de liqueur aux œufs*
afgeroomde melk *af*·Rhœ·rōm·deu mèlk *lait écrémé*
ajuin a·*yeuyn* *oignon (voir également* **ui***)*
alcoholarm bier al·kō·*Hol*·arm bīr *bière à faible teneur en alcool*
alcoholvrij bier al·kō·*Hol*·frey bīr *bière sans alcool*
amandel a·*man*·deul *amande*
amandelbroodje n a·*man*·deul·brō·tyeu *brioche fourrée aux amandes*
ananas *a*·na·nas *ananas*
andalouse an·da·*lou*·zeu *sauce andalouse – sauce piquante à base de mayonnaise, de poivrons, d'oignon, de sauce tomate et de jus de citron*
andijvie an·*dey*·vī *chicorée*
anijs a·*neys* *anis vert*
ansjovis an·*cho*·vis *anchois*
apennoot *ā*·peu·nōt *arachide/cacahuète*
à point a·*pouā* *à point (Belgique)*
appel *a*·peul *pomme*
appelbol *a*·peul·bol *pomme masquée – pâtisserie chaude ronde, aux pommes*
appelflap *a*·peul·flap *chausson aux pommes*
appelgebak n *a*·peul·Rhœ·*bak* *tarte aux pommes*
appeljenever *a*·peul·yeu·*né*·veur/*a*·peul·jeu·*né*·veur **PB/B** *genièvre à la pomme*
appelmoes *a*·peul·mous *compote de pommes*
appelpannenkoek *a*·peul·*pa*·neu·kouk *pancake aux pommes accompagnée de jus de citron et de sucre caramélisé*
appelsien a·peul·*sīn* *orange (Belgique)*
appeltaart *a*·peul·tārt *tarte aux pommes*
arachideolie a·ra·*Rhī*·deu·ō·lī *huile d'arachide*
artisjok ar·tī·*chok* *artichaud*
asperge a·*spèr*·jeu *asperge*
—s op Vlaamse wijze a·*spèr*·jeus op *vlām*·seu *vey*·zeu *asperges à la flamande – asperges blanches nappées d'une sauce au beurre fondu et aux œufs*
aubergine ō·bèr·*jī*·neu *aubergine*
augurk ao·*Rhurk* *cornichon*
avocado a·vō·*kā*·dō *avocat*
azijn a·*zeyn* *vinaigre*

B

baars bārs *brème*
babbelut ba·beu·*lut* *caramel*

balletjes n pl *ba·leu·tyeus* *petites boulettes de viande (souvent dans la soupe)*
bami Ind *bā·mī* *nouilles*
— **goreng Ind** *Rhō·rèng* *nouilles frites aux légumes, au porc et aux crevettes ; souvent servies avec un œuf sur le plat ou des lanières d'omelette*
— **hap** *Hap* *croquette rectangulaire fourrée aux nouilles*
— **rames Ind** *ra·mès* *nouilles saupoudrées de condiments*
banaan *ba·nān* *banane*
banketletter *ban·kèt·lè·teur* *pâte d'amande*
Barbar *bar·bèr* *bière blonde au miel (Belgique)*
basilicum *ba·zī·lī·keum* *basilic*
bataat *ba·tāt* *patate douce*
beenham *bén·Ham* *jambon de pays*
beignet *bé·nyé* *beignet*
belegd broodje n *bœ·lèRht brō·tyeu* *sandwich garni (souvent demi-baguette)*
belegen kaas *bœ·lé·Rheun kās* *fromage affiné pendant 16 semaines*
beschuit *bœ·sRheuyt* *biscotte (souvent ronde)*
beslag n *bœ·slaRh* *pâte à frire*
bessen *bè·seun* *baies*
bessenjenever *bè·seun·yeu·né·veur/ bè·seun·jeu·né·veur* **PB/B** *genièvre de cassis*
beuling *beu·ling* *voir* **bloedworst**
biefstuk *bīf·stuk* *steak*
— **tartaar** *tarr·tār* *tartare de bœuf*
bier n *bīrr* *bière*
bière brut *byèr brūt* *bière mousseuse comme le champagne, tel le Brut des Flandres de la brasserie Deus (Belgique)*
bier op fles *bīr op flès* *bière en bouteille*
bier van 't vat *bīr fant vat* *bière pression*
bieslook *bīs·lōk* *ciboulette*
biet *bīt* *betterave*
(rode) bietjes n pl *(rō·deu) bī·tyeus* *betterave rouge*
bitterballen *bi·teur·ba·leun* *boulettes de viande épicées émiettées et frites*
blad n *blat* *feuille*
bladerdeeg n *blā·deur·déRh* *pâte feuilletée*
bladgroenten *blat·Rhroun·teun* *légumes verts*
blanche *blanch* *appellation (d'origine française) pour* **witbier** *(Belgique)*
bleekselderij *blék·seul·deu·rey* *voir* **selderij**
blikgroenten *blik·Rhroun·teun* *légumes en conserve*
blinde vink *blin·deu fink* *paupiette de veau ou de bœuf*
bloedworst *blout·vorst* *boudin noir – aussi appelé* **beuling** *ou* **pens** *en Belgique*
bloem *bloum* *farine • fleur*
bloemkool *bloum·kōl* *chou-fleur*
Blond *blont* *terme utilisé pour parler de la variante ambrée des bières pouvant être déclinées en variétés* **Blond** *(blonde) et* **Donker** *(brune), comme certaines bières trappistes (Belgique) ; parfois également utilisé pour désigner une bière de couleur claire, comme la* **witbier**
boeren- *bou·reun·* *fermier • de la ferme*
boerenjongens *bou·reun·yong·euns* *raisins secs aux épices et à l'eau-de-vie*
boerenkool *bou·reun·kōl* *chou frisé*
boerenmeisjes *bou·reun·mey·cheus* *abricots aux épices et à l'eau-de-vie*
boerenomelet *bou·reun·ō·meu·lèt* *omelette aux légumes et au lard*
bokbier *bok·bīr* *bière de saison néerlandaise – Grolsch brasse la Lentebok (bière de printemps) et la Herfstbok (bière d'automne)*
bolleke *bo·leu·keu* *"petite balle" – les Anversois commandent leur bière De Koninck en faisant référence à la forme du verre dans lequel elle est servie*
bolus *bō·lus* *galette (pâtisserie néerlandaise)*
bonbons *bon·bons* *chocolats (Hollande)*
bonen *bō·neun* *haricots*
borrel *bo·reul* *boisson alcoolisée • apéritif*
borrelhapjes n pl *bo·reul·Hap·yeus* *amuse-gueule servis avec de l'alcool*
borst *borst* *poitrine (viande)*
bosbessen *bos·bè·seun* *myrtilles*
bosuitjes n pl *bos·euy·tyeus* *oignons de printemps (aussi appelés* **lente-uitjes***)*
boter *bō·teur* *beurre*
boterbabbelaar *bō·teur·ba·beu·lār* *caramel dur au beurre*

boterham bō·teur·Ham *sandwich (avec des tranches de pain)*
boterletter bō·teur·lè·teur *pâtisserie*
botermelk bō·teur·mèlk *babeurre (Belgique)*
bouillon bou·yon *consommé*
bouletten bou·lè·teun *grosses boulettes de viande (Flandres)*
bout baot *cuisse (viande)*
braambessen brām·bè·seun *mûres*
Brabantse koffietafel brā·bant·seu ko·fī·tā·feul *repas façon buffet, composé de divers pains, fromages, viandes froides, pâtes à tartiner sucrées et salées, tartes et gâteaux*
brandewijn bran·deu·veyn *eau-de-vie*
brood n brōt *pain*
broodje n brō·tyeu *petit pain*
bruidstaart breuyts·tārrt *gâteau de mariage*
bruin bier breuyn bīrr *bière brune – aussi appelée* **oud bruin** *(litt : vieille brune)*
Brusselse wafel bru·seul·seu vā·feul *grosse gaufre rectangulaire légère servie sur une assiette saupoudrée de sucre glace, de crème fouettée et/ou de fruits*
Brussels lof n bru·seuls lof *voir* **witloof**
Bush bouch *bière la plus forte, à 12° (à ne pas confondre avec la bière américaine Busch) – est également proposée en bière de Noël, Bush de Noël (Belgique)*

C

cacao ka·kao/ka·ka·ō **PB/B** *cacao*
cake kék *gâteau*
caramelpudding ka·ra·mèl·pu·ding *crème au caramel*
cashewnoot ka·chou·nōt *noix de cajou*
champignons cham·pī·nyons *champignons de Paris*
charcuterie char·kut·rrī *charcuterie fine*
chili chī·lī *piment*
chilisaus chī·lī·saos *sauce au piment*
chipolataworst chī·pō·lā·ta·vorst *chipolata*
chips chips *chips*
chocolade cho·kō·lā·deu *chocolat*
chocoladejenever chō·kō·lā·deu·yeu·né·veur/chō·kō·lā·deu·jeu·né·veur **PB/B** *genièvre au chocolat*
chocoladereep chō·kō·lā·deu·rép *barre chocolatée*
chocomel chō·kō·mèl *boisson chocolatée en bouteille – demandez qu'elle soit* **warme** *(chaude) ou* **koude** *(froide)*
citroen sī·troun *citron*
citroenjenever sī·troun·yeu·né·veur/sī·troun·jeu·né·veurr **PB/B** *genièvre au citron*
cocktailsaus kok·tél·saos *sauce à base de mayonnaise, de ketchup, de whisky, de poivre et de crème*
commisiekaas kō·mī·sī·kās *mimolette néerlandaise – fromage au lait de vache à la croûte orange*
confituur kon·fī·tūr *confiture • marmelade (Flandres)*
courgette kour·jèt *courgette*
crème fraîche krém frèch *crème battue fraîche (Belgique) – plus proche de la crème sure aux Pays-Bas*
croque-monsieur krok meu·syeu *sandwich grillé au fromage et au jambon – le* **croque-madame** krok ma·dam *est surmonté d'un œuf, tandis que le* **croque Hawaï** krok ha·ouay *est servi avec une tranche d'ananas*
curryworst ku·rī·vorst *longue saucisse de viande hachée frite (Flandres) – appelée* **frikandel** *en Hollande*

D

dadel dā·deul *date (fruit)*
daging Ind da·Rhing *bœuf*
dagschotel daRh·sRhō·teul *plat du jour (également appelé* **plat du jour***)*
deeg n déRh *pâte*
Delirium Tremens dé·lī·rī·yeum tré·mèns *bière blonde forte à 9° – vendue dans des bouteilles évoquant la céramique et décorées d'éléphants roses (Belgique)*
dessert n dè·sèrt *dessert – également appelé* **nagerecht**
doner kebab deu·neur keu·bap *voir* **shoarma**
dooier dō·yeur *jaune d'œuf*
doorbakken dōr·ba·keun *bien cuit*
doperwten dop·èrv·teun *petits pois*
droog drōRh *sec*
drop drrop *bonbon au réglisse*

druiven dreuy·veun *raisins* – **blauwe druiven** blao·eu dreuy·veun *(raisins noirs) ou* **witte druiven** vi·teu dreuy·veun *(raisins blancs)*
Dubbel du·beul *"double" – bière trappiste ou d'abbaye présentant une teneur en alcool supérieure à celle de la* **Single** *mais inférieure à celle de la* **Tripel**
duif deuyf *pigeon*
Duvel dü·veul *"diable" – bière dorée forte unique à 8,5°, à la consistance ferme et nette et aux arômes de houblon frais et fruités (Belgique)*

E

Edammerkaas é·da·meur·kās *fromage rond d'Édam – pèse traditionellement 1,7 kg*
eend ént *canard*
ei/eieren n/n pl ey/ey·yeu·reun *œuf/œufs*
eierdooier ey·yeur·dō·yeurr *jaune d'œuf*
eierplant ey·yeur·plant *aubergine (voir également* **aubergine**)
eiwit n ey·vit *blanc d'œuf*
erwtensoep èrv·teun·soup *soupe de pois épaisse accompagnée de saucisse fumée et de lard (également appelée* **snert**)
erwtjes èrv·tyeus *petits pois*
escargots es·kar·Rhōs *escargots (Belgique)*
everzwijn n é·veur·zveyn *sanglier*
extra belegen kaas èk·stra beu·lé·Rheun kās *fromage affiné pendant 7 mois*

F

fazant fa·zant *faisan*
filet fī·lé *filet*
flan fla *flan*
flensje n flèn·cheu *petite crêpe fine*
flessebier n flè·seu·bīr *bière en bouteille*
forel fo·rrèl *truite*
frambozen fran·bō·zeun *framboises*
frambozenbier n fran·bō·zeun·bīr *bière à la framboise – traditionnellement à base de* **Lambic** *(Belgique)*
Friese kaas frī·seu kās *fromage à pâte dure aromatisé au cumin et aux clous de girofle*
Friese nagelkaas frrī·seu nā·Rheul·kās *"fromage frison aux clous de girofle" – fromage épicé à la texture ferme*
friet/frieten/frit/frites frrīt/frrī·teun/frrit/frrīt *frites – aussi appelées* **patat** *en Hollande*
frikandel frrī·kan·dèl *longue saucisse de viande hachée frite (Hollande) – appelée* **curryworst** *en Flandre • boulette de viande épicée ou viande hachée (Belgique)*
frisdrank frris·drrank *boisson sans alcool*
fruit n frreuyt *fruit*
fruitbier frreuyt·bīrr *bière fruitée*

G

gado-gado Ind ga·dō·ga·dō *légumes cuits à la vapeur et œuf dur servis avec de la sauce à la cacahuète et du riz*
ganache ga·nach *mélange de chocolat, de crème fraîche et de beurre de cacao aromatisé au café, à la cannelle ou à la liqueur*
gans Rhans *oie*
garnalen Rharr·nā·leun *crevettes*
garnalenkroket Rharr·nā·leun·krrō·kèt *croquettes frites garnies de crevettes (grises)*
garnering Rharr·né·rring *garnissage*
gazeus Rha·zeus *gazeux*
gebak n Rhœ·bak *gâteaux et pâtisseries*
gebakken Rhœ·ba·keun *sauté • frit*
gebarbecued Rhœ·barr·beu·kūt *grillé au barbecue*
gebraad n Rhœ·brrāt *rôti*
gebraden Rhœ·brrā·deun *rôti*
— **aan 't spit** ānt·spit *rôti à la broche*
gedroogd Rhœ·drōRht *séché*
geflambeerd Rhœ·flam·bérrt *flambée*
gefrituurd Rhœ·frrī·türrt *frit*
gegratineerd Rhœ·Rhrra·tī·nérrt *gratiné*
gegrild Rhœ·Rhrrilt *cuit au grill*
gehakt n Rhœ·Hakt *haché*
gehaktballetjes n pl Rhœ·Hakt·ba·leu·tyeus *petites boulettes de viande*
geit Rheyt *chèvre*
geitenkaas Rhey·teu·kās *fromage de chèvre*
gekoeld Rhœ·koult *congelé*
gekonfijt fruit n Rhœ·kon·feyt frreuyt *fruit confit*
gekookt Rhœ·kōkt *bouilli*

À TABLE

gekruid (met …) Rhœ·*kreuyt* (mèt …) *assaisonné (avec…)*
gemarineerd Rhœ·ma·rrī·*nért* *mariné*
gember *Rhèm*·beur *gingembre*
gemberpannenkoek *Rhèm*·beur·*pa*·neu·kouk *pancake aux petits morceaux de gingembre et au sirop de gingembre*
gemengd Rhœ·*mèngt* *assorti • mixte*
gemengde salade Rhœ·*mèng*·deu sa·*lā*·deu *salade mixte*
gepaneerd Rhœ·pa·*nért* *pané*
gepocheerd Rhœ·po·*chért* *poché*
geraspt Rhœ·*raspt* *râpé*
gerookt Rhœ·*rrōkt* *fumé*
gerookte Goudse kaas Rhœ·*rōk*·teu *Rhaot*·seu kās *"fromage de Gouda fumé" – fromage à pâte dure en forme de saucisse, fumé lentement dans des fours en brique*
geroosterd Rhœ·*rō*·steurt *rôti*
— **brood n** brrōt *toast*
gesauteerd Rhœ·sō·*tért* *sauté*
gesmolten Rhœ·*smol*·teun *fondu*
gesmoord Rhœ·*smōrt* *braisé*
gesneden Rhœ·*sné*·deun *coupé • tranché*
gestoofd Rhœ·*stōft* *à l'étuvée*
gestoomd Rhœ·*stōmt* *à la vapeur*
getapt beer Rhœ·*tapt* birr *bière pression*
gevogelte n Rhœ·*vō*·Rheul·teu *volaille*
gevuld Rhœ·*vult* *farci*
gezouten Rhœ·*zao*·teun *salé*
gianduja jan·*dou*·cha *pâte de chocolat et de noisettes*
glazuur n Rhla·*zūr* *glaçage*
goed doorbakken Rhout dōrr·*ba*·keun *bien cuit*
Goudse kaas *Rhaot*·seu kās *"fromage de Gouda" – fromage néerlandais populaire*
graanjenever *Rhrān*·yeu·né·veur/ *Rhrān*·jeu·né·veur **PB/B** *voir* **jenever**
granaatappel Rhra·*nāt*·a·peul *grenade*
griesmeelpudding *Rhrīs*·mél·pu·ding *pudding de semoule souvent servi avec une sauce aux baies*
groene paprika *Rhrou*·neu *pa*·prī·ka *poivron vert*
groentebouillon *Rhroun*·teu·bou·*yon* *bouillon de légumes • fond de légumes*
groenten *Rhroun*·teun *légumes*
groentenkrans *Rhroun*·teu·krans *"couronne de légumes" – assortiment de légumes chauds servis avec un repas*
Gueuze *Rheu*·zeu *mélange d'au moins deux bières* **Lambic**, *résultant en une variété plus mousseuse (Belgique)*
gyros *Rhī*·ros *voir* **shoarma**

H

Haagse bluf *HāRh*·seu bluf *blancs d'œufs battus en neige servis avec du jus de groseilles rouges ou de baies*
haan Hān *coq*
haas Hās *lièvre*
hagelslag *Hā*·Rheul·slaRh *granulés au chocolat*
half doorbakken Half dōr·*ba*·keun *à point – en Belgique* **à point**
ham Ham *jambon*
hammetje n *Ha*·meu·tyeu *jambon entier à l'os*
hapjes n pl *Hap*·yeus *amuse-bouche • en-cas • amuse-gueule*
harde kaas *Har*·deu kās *fromage à pâte dure*
hardgekookt ei n *Hart*·Rhœ·kōkt ey *œuf dur*
haring *Hā*·ring *hareng*
— **met groene bonen** mèt *Rhrou*·neu *bō*·neun *hareng accompagné de haricots verts, de lard et de pommes de terre*
haringsla *Hā*·ring·slā *salade froide de hareng haché accompagné de pommes de terre à l'eau ou d'autres légumes cuits et de mayonnaise – souvent servi sur un petit pain*
hartig/hartelijk *Har*·tīRh/*Har*·teu·leuk **PB/B** *relevé • épicé*
havermout *Hā*·veur·maot *flocons d'avoine*
havermoutpap *Hā*·veur·maot·pap *bouillie de flocons d'avoine*
hazelnoot *Hā*·zeul·nōt *noisette*
heet Hét *chaud (température) • épicé*
hersenen/hersentjes *Hèr*·seu·neun/ *Hèr*·seun·tyeus *cervelle*
hert n Hèrt *cerf*
hesp Hèsp *jambon (Belgique)*

hete bliksem Hé·teu blik·seum *"éclair chaud" – purée néerlandaise à base de pommes de terre, de pommes, d'oignons et de lard*
Hollandse nieuwe Ho·lant·seu niou·eu *filet de hareng – première prise de la saison (à partir de la fin mai)*
honing Hō·ning *miel*
hoofdgerecht n Hōft·Rhœ·rèRht *plat de résistance*
hoorntje n Hōrn·tyeu *pâtisserie en forme de corne remplie de crème anglaise • cône de crème glacée*
hutspot Huts·pot *purée de pommes de terres, d'oignons et de carottes*
huzarensla Hū·zā·reun·slā *salade de viande et de pommes de terre*

I

ijs n eys *glace • crème glacée*
ingeblikt in·Rhœ·blikt *mis en conserve*
ingemaakt in·Rhœ·mākt *en conserve*
— **zuur n** zūr *marinades*
inktvis inkt·vis *encornet*

J

jachtschotel yaRht·sRhō·teul *"ragoût des chasseurs" – plat au four à base de viande et de pommes de terre*
jam jèm *jambon*
janhagel yan·Hā·Rheul *petit gâteau aux amandes, à la cannelle et autres épices*
jenever yeu·né·veur/jeu·né·veur **PB/B** *genièvre (aussi appelé* **graanjenever***) – traditionnellement distillé à partir de baies de genièvre, plus ou moins fort et aux goûts variés*
jeneverbessen jeu·né·veur·bè·seun/ jeu·né·veur·bè·seun **PB/B** *baies de genièvre*
jong yong *jeune*
— **belegen kaas** bœ·lé·Rheun kās *fromage affiné pendant 8 semaines*
jonge jenever yong·eu yeu·né·veur/yong·eu jeu·né·veur **PB/B jenever** *jeune*
jonge kaas yong·eu kās *"fromage jeune" – fromage affiné pendant 4 ou 5 semaines*
jus jū *sauce • jus (de la viande)*
— **d'orange** do·ranch *jus d'orange (Hollande)*

K

kaas kās *fromage*
kaasaardappelen kās·ārt·a·peu·leun *pommes de terre au four nappées de fromage fondu*
kaasblokjes n pl kās·blok·yeus *dés de fromage (souvent servis avec de la moutarde pour accompagner un verre)*
kaaskroketten kās·krō·kè·teun *croquettes frites, avec une garniture au fromage crémeuse*
kaasplank kās·plank *plateau de fromages*
kabeljauw ka·beul·yao *cabillaud*
kalfsoesters kalfs·ous·teurs *médaillons de veau*
kalfsvlees kalfs·flés *veau*
kalkoen kal·koun *dinde*
kammosselen ka·mo·seu·leun *pétoncles*
kaneel ka·nél *cannelle*
kappertjes n pl ka·peur·tyeus *câpres*
karakollen ka·ra·ko·leun *escargots (Belgique)*
karbonade kar·bō·nā·deu *côte/côtelette – également appelé* **kotelet**
karnemelk kar·neu·mèlk *babeurre*
kastanjes kas·tan·yeus *châtaignes*
kekers ké·keurs *voir* **kikkererwten**
Kernhemkaas kèrn·neum·kās *fromage à pâte molle à la texture tendre*
kersen kèr·seun *cerises*
kerstomaatjes kèrs·tō·mā·tyeus *tomates cerises*
kervel kèr·veul *cerfeuil*
ketchap kè·tyap *sauce soja (Indonésien)*
kibbeling ki·beu·ling *dés de cabillaud frits*
kikkerbilletjes n pl ki·keur·bi·leu·tyeus *cuisses de grenouille*
kikkererwten ki·keur·èrv·teun *pois chiche*
kip kĭp *poulet*
klapstuk n klap·stuk *côte de bœuf*
knakworst knak·vorst *saucisse de Francfort*
knoedel knou·deul *quenelle*
knoflook knof·lōk *ail – aussi appelé* **look**
knolraap knol·rāp *chou rave*
knolselderij knol·sèl·deu·rey *céleri-rave*
koek kouk *biscuit • gâteau*
koekje n kouk·yeu *biscuit • petit gâteau*
koenjit Ind koun·yit *curcuma*
koffie ko·fi *café*

koffiemelk ko·fī·mèlk *crème au goût légèrement amer similaire au lait concentré, servie avec le café*
koffie verkeerd ko·fī feur·kért *café avec une dose généreuse de lait, semblable au café au lait*
kokosnoot kō·kos·nōt *noix de coco*
komijn kō·meyn *cumin*
komkommer kom·ko·meur *concombre*
konfituur kon·fi·tūr *confiture*
konijn n ko·neyn *lapin*
— **met pruimen** mèt preuy·meun *lapin aux pruneaux (Flandres)*
koninginnehapje n kō·ning·Rhi·neu·Hap·yeu *vol-au-vent (Flandres) – voir également* **pasteitje**
kool kōl *chou*
koolrabi kōl·rā·bī *chou-rave*
kopstoot kop·stōt *"coup de tête" – mélange de* **jenever** *et de bière*
korst korst *croûte*
korstdeeg n korst·déRh *pâte à croustades*
kort gebakken kort Rhœ·ba·keun *saignant – voir aussi* **saignant**
kotelet ko·teu·lèt *voir* **karbonade**
koud kaot *froid*
— **buffet n** bū·fèt *buffet de plats froids*
koude voorgerechten n pl kao·deu fōrr·Rhœ·rèRh·teun *entrées froides*
kraanwater/kraantjeswater n PB/B krrān·vā·teur/krrān·tyeus·vā·teur *eau du robinet*
krab krap *crabe*
kreeft kréft *homard*
krenten krèn·teun *raisin*
krentenbrood n krèn·teu·brrōt *pain aux raisins*
krentewegge krèn·teu·ve·Rheu *brioche aux raisins traditionnellement servie avec le café*
Kriek krīk *bière à la cerise – traditionnellement à base de* **Lambic**, *également appelée Oude Kriek (vieille Kriek) ou Kriek Lambic*
krieken krī·keun *cerises amères*
kroepoek Ind krou·pouk *beignets de crevettes ou de crabe*
krokant B krō·kant *chips*
kroket krō·kèt *croquette (souvent fourrée à la viande ou au fromage)*
kroketjes n pl krō·ké·tyeus *croquettes de pommes de terre frites*
kropsla krop·slā *laitue*
kruiden kreuy·deun *fines herbes*
kruidenkaas kreuy·deun·kās *fromage aux fines herbes*
kruidenpannenkoek kreuy·deun·pa·neu·kouk *pancake aux fines herbes*
kruidenthee kreuy·deu·té *tisane*
kruidnagels kreuyt·nā·Rheuls *clous de girofle*
kruimeldeeg n kreuy·meul·déRh *pâte brisée*
kruisbessen kreuys·bè·seun *groseilles à maquereaux*
krulsla krul·slā *laitue frisée*
kuiken n keuy·keun *poussin*
Kwak kouak *bière ambrée à 8° aux arômes de terre, davantage connue pour son verre à fond rond et son support en forme d'étrier que pour son goût (Belgique)*
kwark kouark *fromage blanc*
kwarktaart kouark·tārt *gâteau au fromage fait avec du* **kwark**
kwartel kouar·teul *caille*
kweepeer koué·pér *coing*

L

lam n lam *agneau*
Lambic lan·bīk *bière proche du vin brassée dans la région de Bruxelles avec des levures sauvages ; les brasseries Belle-Vue, Lindemans, Timmermans et Mort Subite sont parmi les plus connues*
Leerdammerkaas lér·da·meur·kās *fromage à pâte dure présentant des trous de la taille d'une cerise et un léger goût de noix (également appelé* **Maasdammerkaas***)*
Leidse kaas leyt·seu kās *"fromage de Leyde" – fromage à pâte dure épicé au cumin ou aux graines de carvi*
lekkerbekje n lè·keur·bèk·yeu *aiglefin frit*
lende lèn·deu *rognons*
lendebiefstuk lèn·deu·bīf·stuk *contre-filet • faux-filet • aloyau*
lente-uitjes n lèn·teu·euy·tyeus *oignons nouveaux (aussi appelés* **bosuitjes***)*
lever lé·veur *foie*
levertjes n pl lé·veur·tyeus *petits foies (par exemple de poulet)*

licht liRht *léger • allégé*
— **beer** bīr *bière légère – bière à faible teneur en alcool (pour les conducteurs)*
likeur lī·*keur* *liqueur*
limoen lī·*moun* *citron vert*
linzen *lin*·zeun *lentilles*
loempia Ind *loum*·pī·ya *gros rouleau de printemps (les petits sont appelés* **mini-loempias** mī·nī·loum·pī·yas*)*
look lōk *ail*
Luikse wafel leuyk·seu *vā*·feul *gaufre liégeoise – grosse gaufre au sucre, mangée chaude*

M

Maasdammerkaas *mās*·da·meur·kās *fromage présentant des trous de la taille d'une cerise et un léger goût de noix (également appelé* **Leerdammerkaas***)*
maatjes n pl mā·tyeus *"petits amis" – variété de hareng*
magere melk *mā*·Rhœ·reu mèlk *lait écrémé*
makreel mak·*rél* *maquereau*
maïs māys/ma·*yīs* **PB/B** *maïs*
marmelade mar·meu·*lā*·deu *confiture*
marsepein mar·seu·*peyn* *pâte d'amande*
mayonaise ma·yō·*né*·zeu *mayonnaise*
Mechelse asperges *mé*·Rheul·seu as·*pèr*·Rhus *asperges blanches – spécialité de la ville belge de Malines*
medaillon n mé·da·*yon* *médaillon (viande)*
melk mèlk *lait*
meloen meu·*loun* *melon*
met ... mèt ... *avec...*
met koolzuur/prik mèt *kōl*·zürr/prrik *gazeux*
mie Ind mī *nouilles*
mierikswortel *mī*·riks·vor·teul *raifort*
moerbei *mour*·bey *mûre*
moorkop *mōr*·kop *profiterole ronde (Hollande)*
mosselen *mo*·seu·leun *moules, généralement cuisinées dans du vin blanc, accompagnées de frites*
mosterd *mos*·teurt *moutarde*
(gestampte) muisjes n pl (Rhœ·*stamp*·teu) *meuy*·cheus *granulés à l'anis*
munt munt *menthe*
muntthee *munt*·té *thé à la menthe*

N

nagerecht n pl *nā*·Rhœ·rèRht *dessert*
nasi Ind *na*·sī *riz*
— **goreng Ind** *Rhō*·rèng *riz frit avec des oignons, du porc, des crevettes et des épices, surmonté d'un œuf sur le plat ou de lanières d'omelette*
— **rames Ind** *rā*·meus *plat à base de riz à l'eau garni de légumes et viandes variés*
niertjes n *nīr*·tyeus *rognons*
noedels *nou*·deuls *nouilles*
noordzeegarnalen *nōrt*·zé·Rhar·nā·leun *petite crevette grise au goût caractéristique, que l'on trouve dans la mer du Nord – vous pouvez les acheter fraîches à la criée, les décortiquer et les arroser d'un verre de bière*
noot nōt *noix*
nootmuskaat nōt·mus·*kāt* *noix de muscade*
nougatine nou·Rha·*tīn* *pâte malléable à base de sucre, de sirop, d'amandes ou de noisettes concassées ou broyées*

O

oester *ous*·teur *huître*
olie *ō*·lī *huile*
oliebol *ō*·lī·bol *croustillon*
olienoot *ō*·lī·nōt *arachide/cacahuète*
olijf o·*leyf* *olive*
olijfolie o·*leyf*·ō·lī *huile d'olive*
omelet ō·meu·*lèt* *omelette*
ontbijtgranen ont·*beyt*·Rhrā·neun *céréales*
ontbijtkoek ont·*beyt*·kouk *pain d'épices – appelé* **peperkoek** *en Belgique*
ossehaas *o*·seu·Hās *filet de bœuf*
ossestaart *o*·seu·stārt *queue de bœuf*
ossetong *o*·seu·tong *langue de bœuf*
oud aot *mûr • vieux*
oud bruin aot breuyn *"vieux brun" – bière brune (voir aussi* **bruin beer***)*
oude jenever *ao*·deu yeu·*né*·veur/*ao*·deu jeu·*né*·veur **PB/B** *vieux genièvre*
oude kaas *ao*·deu kās *fromage affiné pendant au moins 1 an*

P

paard pārt *cheval*
paardefilet *pār*·deu·fī·lé *filet de cheval*

paddestoelen pa·deu·stou·leun *champignons*
paling pā·ling *anguille*
— in 't groen int Rhroun *"anguille verte" – anguille à la sauce aux épinards (Flandres)*
Palm palm *bière belge typique, au goût prononcé et de couleur ambre*
pannenkoek pa·neu·kouk *pancake*
(rode/groene) paprika (rō·deu/Rhrou·neu) pa·prī·ka *poivron (rouge/vert)*
parelhoen pā·reul·Houn *pintade*
passievrucht pa·sī·fruRht *fruit de la passion*
pasteitje n pa·stey·tyeu *vol-au-vent – appelé* **koninginnehapje** *en Belgique*
patat pa·tat *frites (Hollande)*
patrijs pa·treys *perdrix*
pedis Ind peu·dīs *épicé*
peer pér *poire*
pens pèns *tripes*
peper pé·peur *poivre*
peperkoek pé·peur·kouk *voir* **ontbijtkoek**
pepernoten pé·peur·nō·teun *pain d'épices • nonnettes*
perzik pèr·zik *pêche*
peterselie pé·teur·sé·lī *persil*
peultjes n pl peul·tyeus *pois mange-tout*
peulvrucht peul·fruRht *légume à cosse*
pide pī·dé *pizza turque*
pikant pī·kant *épicé*
pils pils *bière basse fermentation – la Stella Artois de Louvain est connue dans le monde entier, mais il existe d'autres pilsners aussi bonnes, comme Maes, Primus et Jupiler ; en Hollande, on trouve Heineken, Amstel, Grolsch et Oranjeboom*
pinda pin·da *arachide/cacahuète*
pindasaus pin·da·saos *sauce à la cacahuète*
pisang Ind pī·sang *banane*
pistachenoot pīs·tach·nōt *pistache*
pita pī·ta *sandwich de pain pita garni, style oriental*
pitabrood n pī·ta·brōt *pain pita*
plak plak *tranche (Hollande)*
plat du jour pla du jourr *voir également* **dagschotel**
poffert po·feurt *variante néerlandaise du kugelhof – petit gâteau aux raisins servi avec le café*
poffertjes n pl po·feur·tyeus *pets de nonne – petites crêpes soufflées servies avec du beurre et du sucre glace (Hollande)*
pompoen pom·poun *citrouille*
portie por·sī *portion/dose*
— gemengd Rhœ·mèngt *assortiment d'amuse-bouche, souvent fromage, salami, olives, etc.*
pralines pra·lī·neus *chocolats*
prei prey *poireau*
prinsesseboontjes n pl prin·sè·seu·bōn·tyeus *haricots verts*
pruimen preuy·meun *pruneaux • prunes*
puree pū·ré *purée*
puur pūr *pur/nature (alcool)*

R

raap/rapen rāp/rā·peun *rave(s)*
rabarber ra·bar·beur *rhubarbe*
radijs ra·deys *radis*
rauw rao *cru*
redelijk gebakken ré·deu·leuk Rhœ·ba·keun *à point*
ree(bout) ré(·baot) *cerf*
reep (chocolade) rép (chō·kō·lā·deu) *barre (chocolatée)*
ribstuk n rip·stuk *entrecôte*
rijp reyp *mûr*
rijst reyst *riz*
rijstebrij/rijstpap PB/B reys·teu·brrey/reyst·pap *riz au lait – habituellement servi avec du sucre roux*
rijsttafel reys·tā·feul *"table de riz" – assortiment de plats indonésiens épicés, comme le bœuf braisé, les brochettes et les côtes de porc, servis avec du riz blanc*
rijstvla reyst·vlā *riz au lait crémeux sucré*
rivierkreeft rī·vīr·kréft *écrevisse*
rode biet rō·deu bīt *betterave*
rode kool rō·deu kōl *chou rouge*
rode paprika rō·deu pa·prī·ka *poivron rouge*
roerei n rou·rey *œuf brouillé*
rog roRh *raie*
roggebrood n rro·Rhœ·brrōt *pain de seigle*
rollade ro·lā·deu *tranches de viande roulées maintenues par de la ficelle et cuites à basse température au four*

rolmops rol·mops *rollmops*
romig rō·mīRh *crémeux*
rood rōt *saignant – en Belgique* **saignant**
roodbaars rōt·bārs *aiglefin dela mer du Nord*
rood bier rōt bīr *bière rouge – semblable au vin par sa couleur, comme la Rodenbach (Belgique)*
rookkaas rō·kās *fromage fumé*
room rōm *crème*
roomijs rōm·eys *crème glacée*
roomkaas rōm·kās *fromage crème*
roti kip rō·tī kip *poulet rôti au curry servi avec des pommes de terres, des haricots longs, des germes de soja et une crêpe à la farine de pois chiches (Surinam)*
rozijnen ro·zey·neun *raisins secs*
rund n runt *bœuf*
Russisch ei n ru·sis ey *œuf tranché servi avec un mélange de légumes*

S

saignant sé·nya *saignant – également appelé* **kort gebakken**
salade sa·lā·deu *salade*
sambal Ind sam·bal *pâte au piment rouge*
— **badjak Ind** ba·djak *pâte au piment marron foncé à base d'oignon, au goût léger et sucré*
— **oelek Ind** ou·lek *sauce au piment rouge épicée*
sap n sap *jus*
sardientjes n pl sar·dīn·tyeus *sardines*
saté sa·té *"brochette" – brochette de bœuf, de poulet ou de porc passée au barbecue (parfois couverte de sauce à la cacahuète)*
saucijs sao·seys *saucisse (Hollande)*
saucijzebroodje n sao·sey·jeu·brrō·tyeu *friand – appelé* **worstebrood** *en Belgique*
saus saos *sauce*
savooikool sa·vōy·kōl *chou de Milan*
schaal- en schelpdieren n pl sRhāl èn sRhèlp·dī·reun *crustacés*
schaap n sRhāp *mouton*
schelvis sRhèl·vis *aiglefin*
schenkel sRhèn·keul *jarret*
schimmelkaas sRhi·meul·kās *fromage similaire au roquefort*
schol sRhol *limande*
schorsenelen sRhor·seu·né·leun *salsifis*
schouderstuk n sRhao·deur·stuk *épaule (viande)*
selderij sèl·deu·rey *céleri*
shoarma chou·ar·ma *pain pita libanais et turc garni d'agneau cuit sur une broche verticale et découpé en fines lamelles (également appelé* **gyros** *ou* **doner kebab***)*
sinaasappel sī·nās·a·peul *orange*
Single sing·eul *"simple" – bière trappiste ou d'abbaye présentant la plus faible teneur en alcool*
siroop sī·rōp *sirop*
sjalotjes n pl cha·lo·tyeus *échalotes*
sla slā *laitue • salade*
slaatje slā·tyeu *salade*
slagroom slaRh·rōm *crème fouettée*
slakken sla·keun *escargots – appelés* **escargots** *en Belgique*
slasaus slā·saos *assaisonnement • vinaigrette*
smeerkaas smér·kās *fromage à tartiner*
snee sné *tranche*
snert snèrt *voir* **erwtensoep**
snijbonen sney·bō·neun *haricot mange-tout*
snoep snoup *bonbons • friandises*
soep soup *soupe*
soesjes n pl sou·cheus *choux à la crème*
sojamelk sō·ya·mèlk *lait de soja*
sojasaus sō·ya·saos *sauce au soja – salée (***zout***) ou sucrée (***zoet***)*
sojascheuten sō·ya·sRheu·teun *voir* **taugé**
Spaanse pepers spān·seu pé·peurs *"poivrons espagnols" – piments*
spa blauw spa blao *eau minérale plate*
spa rood spa rōt *eau minérale gazeuse*
specerijen spé·seu·rey·yeun *épices*
speculaas/speculoos spé·ku·lās/spé·ku·lōs *petit gâteau épicé*
speenvarken n spén·var·keun *cochon de lait*
spek n spèk *lard*
spekpannenkoek spèk·pa·neu·kouk *pancake croustillante au lard*
sperziebonen spèr·zī·bō·neun *haricots verts*
spiegelei n spī·Rheul·ey *œuf sur le plat • œuf miroir (dont le jaune est entier)*
spinazie spī·nā·zī *épinards*

spruitjes n pl *spreuy*·tyeus *choux de Bruxelles*
spuitwater n *speuyt*·vā·teur *eau minérale gazeuse (soda)*
stamppot *stam*·pot *pommes de terre et légumes écrasés – appelé* **stoemp** *en Belgique*
sterk stèrk *fort (goût)*
sterke dranken *stèr*·keu *dran*·keun *spiritueux*
steurgarnaal *steur*·Rhar·nāl *bouquet*
St Jacobsschelp sint·*yā*·kops·sRhèlp *coquille Saint-Jacques*
stoemp stoump *pommes de terre écrasées à la mode flamande, voir* **stamppot**
— **met prei** mèt prey *pommes de terre écrasées crémeuses avec des poireaux et de l'oignon*
stokbrood n *stok*·brōt *baguette*
stokvis *stok*·fis *morue séchée*
stoofschotel *stōf*·sRhō·teul *pot-au-feu*
stoofvlees n *stōf*·vlés *ragoût de bœuf traditionnellement servi avec des frites – aussi appelé* **Vlaamse stoofkarbonade**
strandgapers *strant*·Rhā·peurrs *coquillages*
strooppannenkoek *strōp*·pa·neu·kouk *pancake servie avec un sirop brun extrait de la betterave à sucre*
suiker *seuy*·keur *sucre*

T

taart tārt *tarte*
tahoe *tā*·Hou *tofu*
taptemelk *tap*·teu·mèlk *lait écrémé*
tartaarsaus tar·*tār*·saos *sauce tartare*
taugé tao·*jé* *germes de soja – appelés* **sojascheuten** *en Belgique*
thee té *thé*
— **met citroen** mèt sī·*troun* *thé au citron*
timbaaltje n tim·*bāl*·tyeu *petit moule rond pour préparer les puddings, les purées de légumes, etc. • tous les plats préparés dans un moule de ce type*
tofoe *tō*·fou *tofu*
tomaten tō·*mā*·teun *tomates*
tompoes tom·*pous* *genre de mille-feuilles*
tong tong *langue*
tonijn tō·*neyn* *thon*
toost tōst *toast*
tosti *tos*·tī *sandwich mince toasté – appelé* **croque-monsieur** *en Belgique*
Trappist tra·*pist* *bière trappiste (la Belgique compte 6 brasseries trappistes – Achel, Chimay, Orval, Rochefort, Westmalle et Westvleteren ; les Pays-Bas n'en ont qu'une – La Trappe)*
Tripel *tri*·peul *"triple" – bière trappiste ou d'abbaye dorée à forte teneur en alcool (refermentée dans la bouteille)*
truffels *tru*·feuls *truffes (champignon)*
tuin- *teuyn*· *du jardin*
tuinbonen *teuyn*·bō·neun *fèves*
tuinkers *teuyn*·kèrs *cresson*

U

ui/uien euy/*euy*·yeun *oignon/oignons (voir également* **ajuin***)*
uitsmijter *euyt*·smey·teur *pain tranché, accompagné de viande froide, couvert d'un œuf sur le plat et servi avec une garniture*

V

van 't schap fant sRhap *"de l'étal" – expression pour commander une bière à température ambiante (Belgique)*
varkenshaasje n *far*·keuns·Hā·cheu *filet de porc*
varkenspoot *far*·keuns·pōt *pied de porc*
varkensvlees n *far*·keuns·vlés *porc*
veenbes *vén*·bès *canneberge*
venkel *fèn*·keul *fenouil*
venusschelpen *vé*·nus·sRhèl·peun *praire • palourde*
Verboden Vrucht feur·*bō*·deun fruRht *"fruit défendu" – bière forte sombre de la famille Hoegaarden (Belgique)*
verjaardagstaart feur·*yār*·daRhs·tārt *gâteau d'anniversaire*
verloren brood n feur·*lō*·reun brōt *"pain perdu" – flamand pour* **wentelteefjes**
vermicelli ver·mī·*chè*·lī *vermicelles – fines nouilles souvent ajoutées à la soupe*
vers vèrs *frais*
vijg feyRh *figue*
vis fis *poisson*
vla vlā *crème (dessert)*

vlaai flāy *genre de clafoutis – peut contenir des fruits, de la crème ou du chocolat*
Vlaams/Vlaamse vlāms/vlām·seu *flamand*
Vlaamse frites vlām·seu frīt *frites faites dans la pomme de terre entière et trempées dans la mayonnaise*
Vlaamse stoofkarbonade vlām·seu stōf·kar·bō·nā·deu *voir* **stoofvlees**
vlammetjes n pl vla·meu·tyeus *rouleaux de printemps épicés*
vlees n vlés *viande*
vleeswaren vlés·vā·reun *charcuterie – aussi appelé* **charcuterie** *en Belgique*
vogelnestje n fō·Rheul·nè·cheu *"nid d'oiseaux" – pain de viande aux œufs*
volkorenbrood n fol·kō·reun·brōt *pain complet*
voorgerecht n fōr·Rhœ·rèRht *entrées*
vruchten-/fruit-… fruRh·teun·/freuyt·… *… aux fruits*
vruchtenvlaai fruRh·teun·vlāy *clafoutis aux fruits de la région de Limburg, aux cerises ou aux groseilles*

W

wafel vā·feul *gaufre*
walnoten val·nō·teun *noix*
warm varm *chaud*
— **buffet n** bū·fèt *buffet chaud*
warme chocolade var·meu chō·kō·lā·deu *chocolat chaud (boisson)*
warme voorgerechten n pl var·meu fōr·Rhœ·rèRh·teun *entrées chaudes*
water n vā·teur *eau*
waterkers vā·teur·kèrs *cresson*
watermeloen vā·teur·mœ·loun *melon d'eau*
waterzooi vā·teur·zōy *soupe crémeuse aux pommes de terre, légumes et poulet ou poisson (Flandres)*
wentelteefjes n pl vèn·teul·téf·yeus *tranches de pain trempées dans un mélange de lait, d'œufs, de cannelle et de sucre, frites dans une poêle huilée – appelé* **verloren brood** *en Flandres*
wijn veyn *vin*
wijngaardslakken veyn·Rhārt·sla·keun *voir* **slakken**
wild n vilt *sauvage*
witbier vit·bīr *bière belge originale au blé*
witlofsla vit·lof·slā *salade de* **witloof** *cru*
witlof/witloof vit·lof *endive – aussi appelée* **Brussels lof**
— **met kaas en ham** mèt kās èn Ham **witloof** *enroulée dans du jambon et cuite au four dans une sauce au fromage crémeuse – traditionnellement servie avec une purée de pommes de terre*
witteke vi·teu·keu *terme employé pour désigner le* **jenever** *pur (par opposition à ceux aux fruits)*
witte kool vi·teu kōl *chou blanc*
worst vorst *saucisse*
worstebrood n vor·steu·brōt *voir* **saucijzebroodje**
worstjes n pl vor·cheus *petites saucisses*
wortel vor·teul *carotte*

Z

zacht zaRht *doux*
zachte kaas zaRh·teu kās *fromage à pâte molle*
zachtgekookt ei n zaRht·Rhœ·kōkt ey *œuf mollet*
zalm zalm *saumon*
zandgebak/zanddeeg n zant·Rhœ·bak/zant·déRh *pâte sablée*
zeebaars zé·bārs *bar*
zeebrasem zé·brā·seum *dorade*
zeeduivel zé·deuy·veul *lotte*
zeewier n zé·vīr *algue*
zoet zout *sucré*
zoetzuur zout·zūr *sucré-salé*
zonder … zon·deur … *sans…*
zout zaot *salé*
zure bom zū·reu bom *gros cornichon*
zure haring zū·reu Hā·rring *hareng saur – voir aussi* **rolmops**
zure room zū·reu rōm *crème aigre*
zuur zūr *aigre • acide*
zuurkool zūr·kōl *choucroute*
zwezerik zvé·zeu·rik *ris (généralement de veau)*

l'essentiel

noodgevallen

À l'aide !	*Help!*	Hèlp
Stop !	*Stop!*	stop
Partez ! (général)	*Ga weg!*	Rhā vèRh
Dégage ! (plus fort)	*Rot op!*	rot op
Au voleur !	*Dief!*	dīf
Au feu !	*Brand!*	brant
Regarde !	*Kijk uit!*	keyk euyt
Attention !	*Pas op!*	pas·*op*
Appelez… !	*Bel …!*	bèl …
une ambulance	*een ambulance*	eun am·bū·*lans*
un médecin	*een dokter*	eun *dok*·teur
la police	*de politie*	deu pō·*lī*·sī

panneaux de signalisation

Politiebureau	pō·*lī*·sī·bū·*rō*	**Commissariat de police**
Spoedafdeling	*spout*·af·dé·ling	**Urgences**
Ziekenhuis	*zī*·keun·Heuys	**Hôpital**

C'est une urgence.
Het is een noodgeval. — Heut is eun *nōt*·Rhœ·val

Il y a eu un accident.
Er is een ongeluk gebeurd. — eur is eun *on*·Rhœ·luk Rhœ·*beurt*

Pourriez-vous m'aider, s'il vous plaît ?
Kunt u mij alstublieft helpen? **pol** — kunt ū mey al·stū·*blīft* *Hèl*·peu

Puis-je utiliser votre téléphone ?
Kan ik uw telefoon gebruiken? **pol** — kan ĭk ū té·lé·*fōn* Rhœ·*breuy*·keu

Il/Elle fait un(e)…	*Hij/Zij heeft een …*	Hey/zey Héft eun …
crise d'asthme	*aanval van astma*	ān·val fan *ast*·ma
crise cardiaque	*hartaanval*	*Hart*·ān·val
crise d'épilepsie	*aanval van epilepsie*	*ān*·val fan é·pī·lèp·*sī*
réaction allergique	*allergische reactie*	a·*lèr*·Rhī·seu ré·*yak*·sī

Elle va accoucher.
Zij bevalt. zey bœ·*valt*

Je suis perdue.
Ik ben verdwaald. ĭk bèn feur·*dvālt*

Où sont les toilettes ?
Waar zijn de toiletten? vār zeyn deu toa·*lè*·teun

Est-ce sûr la nuit ?
Is het 's nachts veilig? is Heut snaRhts *fey*·lĭRh

Est-ce sûr pour les personnes seules ?
Is het veilig op je eentje? is Heut *fey*·lĭRh op yeu *én*·tyeu

Est-ce sûr pour les… ?	*Is het veilig voor …?*	is Heut *fey*·lĭRh fōrr …
femmes	*vrouwen*	*frao*·eun
homosexuels	*homosexuelen*	Hō·mō·sèk·sū·*é*·leun
voyageurs	*reizigers*	*rey*·zi·Rheurrs

police

de politie

Où est le commissariat de police ?
Waar is het politiebureau? vār is Heut pō·*lī*·sī·bū·*rō*

Je veux déposer plainte pour délit/crime.
Ik wil aangifte doen van een overtreding/misdrijf. ĭk vil *ān*·Rhif·teu doun fan eun ō·veur·*tré*·ding/*mis*·dreyf

C'était lui/elle.
Hij/Zij was het. Hey/zey vas Heut

Je suis assuré.
Ik heb een verzekering. ĭk Hèp eun feur·*zé*·keu·ring

ce que la police pourra dire

U wordt beschuldigd van … **pol**	ū vort bœ·*sRhul*·dĭRht fan …	**Vous êtes accusé de/d'…**
aanranding	*ān*·ran·ding	**viol/agression**
diefstal	*dīf*·stal	**vol**
het bezitten van drugs	Heut bœ·*zi*·teun fan druRhs	**possession de susbtances illégales**
openbare zedenschennis	*ō*·peun·bā·reu *zé*·deun·sRhè·nis	**atteinte aux mœurs**
verstoring van de openbare orde	feur·*stō*·ring fan deu *ō*·peun·bā·reu *or*·dé	**atteinte à l'ordre public**
winkeldiefstal	*vin*·keul·dīf·stal	**vol à l'étalage**
U wordt ervan beschuldigd … **pol**	ū vort eur·*van* bœ·*sRhul*·dĭRht …	**Vous êtes accusé...**
geen (geldig) visum te hebben	Rhén (*Rhèl*·dĭRh) *vī*·zeum tœ *Hè*·beu	**de ne pas avoir de visa (valide)**
langer te zijn gebleven dan het visum toelaat	*lang*·eur tœ zeyn Rhœ·*blé*·veun dan Heut *vī*·zeum *tou*·lāt	**d'avoir dépassé la durée de séjour permise par le visa**
Het is een …	Heut is eun …	**C'est une amende pour…**
boete voor een snelheids-overtreding	*bou*·teu fōr eun *snèl*·Heyts·ō·veur·*tré*·ding	**excès de vitesse**
parkeerboete	par·*kér*·bou·teu	**stationnement interdit**

On m'a…	*Ik ben …*	ĭk bèn …
Il/Elle a été…	*Hij/Zij is …*	Hey/zey is …
agressé(e)	*aangevallen*	*ān*·Rhœ·va·leu
violé(e)	*verkracht*	feur·*kraRht*
volé(e)	*bestolen*	bœ·*stō*·leu
Il/Elle a essayé de me/m'….	*Hij/Zij probeerde me …*	Hey/zey prō·*bér*·deu meu …
agresser	*aan te vallen*	ān tœ *va*·leu
violer	*te verkrachten*	tœ feur·*kraRh*·teu
voler	*te bestelen*	tœ bœ·*sté*·leu

On m'a volé mon/ma....	*Mijn ... is gestolen.*	meyn ... is Rhœ·*stō*·leu
J'ai perdu mon/ma...	*Ik heb mijn ... verloren.*	ĭk Hèp meyn ... feur·*lō*·reu
argent	*geld*	Rhèlt
carte de crédit	*kredietkaart*	kré·*dīt*·kārt
passeport	*paspoort*	*pas*·pōrt
portefeuille	*portemonnee*	por·teu·mo·*né*
sac	*tas*	tas
sac à dos	*rugzak*	*ruRh*·zak
sac à main	*handtas*	*Han*·tass

Pourrais-je avoir un interprète (français), s'il vous plaît ?
Mag ik alstublieft een (Franstalige) tolk? **pol** — maRh ĭk al·stū·*blīft* eun (frans·*tā*·li·Rheu) tolk

De quoi suis-je accusé(e) ?
Waar word ik van beschuldigd? — vār vort ĭk fan bœ·*sRhul*·dĭRht

Je ne savais pas que je faisais quelque chose de mal.
Ik was er mij niet van bewust dat ik iets verkeerd deed. — ĭk vas eur mey nīt fan bœ·*vust* dat ĭk īts fèr·*kért* dét

Ce n'est pas moi.
Ik heb het niet gedaan. — ĭk Hèp Heut nīt Rhœ·*dān*

Je veux contacter mon ambassade/consulat.
Ik wil contact opnemen met mijn ambassade/ consulaat. — ĭk vil kon·*takt* op·*né*·meu mèt meyn am·ba·*sā*·deu/ kon·sū·*lāt*

Puis-je avoir un avocat (parlant français) ?
Mag ik alstublieft een (Franstalige) advocaat ? **pol** — maRh ĭk al·cheu·*blīft* eun (frans·*tā*·li·Rheu) at·vō·*kāt*

Cette substance est pour ma consommation personnelle.
Deze drugs zijn voor persoonlijk gebruik. — *dé*·zeu druRhs zeyn fōr peur·*sōn*·leuk Rhœ·*breuyk*

J'ai une ordonnance pour cette substance.
Ik heb een recept/ voorschrift voor deze medicatie. **PB/B** — ĭk Hèp eun ré·*sèpt*/ *fōr*·sRhrift fōr *dé*·zeu mé·dī·*kā*·sī

consulter un professionnel de santé

bij de dokter

Où se trouve le … le plus proche ?	*Waar is de dichtsbijzijnde …?*	vār is deu *diRhts*·bey·zeyn·deu …
dentiste	*tandarts*	*tan*·darts
médecin	*dokter*	*dok*·teur
service d'urgence	*spoedafdeling*	*spout*·af·dé·ling
opticien	*opticien*	op·tī·*chyun*
pharmacien (de nuit)	*(nacht)apotheek*	(*naRht*·)a·pō·*ték*

Où se trouve le/l'… le plus proche ?	*Waar is het dichtsbijzijnde …?*	vār is Heut *diRhts*·bey·zeyn·deu …
centre médical	*medisch centrum*	*mé*·dis *sèn*·treum
hôpital	*ziekenhuis*	*zī*·keun·Heuys

Je cherche un médecin (qui parle français).
Ik heb een dokter nodig (die Frans spreekt). ĭk Hèp eun *dok*·teur *nō*·dĭRh (dī frans sprékt)

Puis-je voir une femme médecin ?
Zou ik een vrouwelijke dokter kunnen zien? zao ĭk eun *frao*·eu·leu·keu *dok*·teur *ku*·neu zīn

Le docteur peut-il venir ici ?
Kan de dokter naar hier komen? kan deu *dok*·teur nār Hīr *kō*·meu

Existe-t-il un numéro d'urgence 24h/24 ?
Is er een noodnummer voor buiten de normale uren? is eur eun *nōt*·nu·meur fōr *beuy*·teun deu nor·*mā*·leu *ū*·reun

Je suis à court de médicaments.
Mijn medicijnen zijn op. meyn mé·dī·*sey*·neun zeyn op

Voici mes médicaments habituels.

Dit zijn mijn gebruikelijke medicijnen. — dit zeyn meyn Rhœ·*breuy*·keu·leu·keu mé·dī·*sey*·neun

Mon enfant pèse (20 kg).

Mijn kind weegt (twintig) kilo. — meyn kint véRht (*tvin*·tĭRh) *kī*·lō

Quelle est la posologie exacte ?

Wat is de juiste voorschrijving? — vat is deu *yeuy*·steu fōr·*sRhey*·ving

Je ne veux pas de transfusion sanguine.

Ik wil geen bloedtransfusie. — ĭk vil Rhén *blout*·trans·fū·zī

Veuillez utiliser une nouvelle seringue.

Gebruik alstublieft een nieuwe injectiespuit. **pol** — Rhœ·*breuyk* al·stū·*blīft* eun *nī*·oueu in·*yèk*·sī·speuyt

J'ai ma propre seringue.

Ik heb mijn eigen injectiespuit. — ĭk Hèp meyn *é*·Rheun in·*yèk*·sī·speuyt

Je suis vacciné contre…	*Ik ben ingeënt tegen …*	ĭk bèn *in*·Rhœ·ènt *té*·Rheun …
Il/Elle est(e) vacciné contre…	*Hij/Zij is ingeënt tegen …*	Hey/zey is *in*·Rhœ·ènt *té*·Rheun …
l'hépatite A/B/C	*hepatitis A/B/C*	Hé·pā·*tī*·tīs ā/bé/sé
le tétanos	*tetanus*	*té*·ta·nus
la typhoïde	*typhus*	*tī*·fus

J'ai besoin de nouvelles…	*Ik heb … nodig.*	ĭk Hèp … *nō*·dĭRh
lentilles de contact	*nieuwe contactlenzen*	*nī*·oueu kon·*takt*·lèn·zeun
lunettes	*een nieuwe bril*	eun *nī*·ou·eu bril

Mon ordonnance comporte…

Mijn recept/voorschrift is … **PB/B** — meyn ré·*sèpt*/*fōr*·sRhrift is …

Combien cela coûte-t-il ?

Hoeveel kost het? — Hou·*vél* kost Heut

Puis-je avoir un reçu pour mon assurance ?

Kan ik een kwitantie hebben voor mijn verzekering?	kan ĭk eun kvī·*tan*·sī *Hè*·beu fōr meyn feur·*zé*·keu·ring

ce que le docteur pourra dire

Wat is het probleem? vat is Heut pro·*blém*	**Qu'est-ce qui ne va pas ?**
Waar doet het pijn? vār dout Heut peyn	**Où avez-vous/as-tu mal ?**
Heeft u koorts? **pol** Héft ū kōrts	**Avez-vous de la fièvre ?**
Hoe lang duurt dit al? **pol** Hou lang dūrt dit al	**Depuis combien de temps êtes-vous dans cet état ?**
Heeft u dat nog ooit gehad? **pol** Héft ū dat noRh öyt Rhœ·*Hat*	**Cela vous est-il déjà arrivé ?**

Drinkt u? **pol**	drinkt ū	**Est-ce que vous buvez ?**
Gebruikt u drugs? **pol**	Rhœ·*breuykt* ū druRhs	**Est-ce que vous vous droguez ?**
Rookt u? **pol**	rōkt ū	**Est-ce que vous fumez ?**

Bent u ergens allergisch voor? **pol** bènt ū *èr*·Rheuns a·*lèr*·Rhīs fōr	**Êtes-vous allergique ?**
Neemt u medicijnen? **pol** némt ū mé·dī·*sey*·neun	**Êtes-vous sous traitement ?**
Bent u seksueel actief? **pol** bènt ū sèk·sū·*él* ak·*tīf*	**Avez-vous des rapports sexuels ?**
Heeft u onbeschermde seks gehad? **pol** Héft ū *on*·bœ·sRhèrm·deu sèks Rhœ·*Hat*	**Avez-vous eu des rapports non protégés ?**
Voor hoelang bent u op reis? **pol** fōr Hou·*lang* bènt ū op rreys	**Combien de temps voyagez-vous ?**

ce que le docteur pourra dire

Ik verwijs u door naar een specialist. **pol**
ĭk feur·*veys* ū dōr nār eun spé·chya·*list* — **Je vais vous recommander à un spécialiste.**

U moet in het ziekenhuis opgenomen worden. **pol**
ū mout in Heut *zī*·keun·Heuys *op*·Rhœ·nō·meun *vor*·deu — **Vous devez être hospitalisé(e).**

U moet het laten onderzoeken wanneer u weer thuis bent. **pol**
ū mout Heut *lā*·teu on·deur·*zou*·keu va·*nér* ū vér teuys bènt — **Consultez un médecin dès votre retour.**

U moet naar huis gaan voor de behandeling. **pol**
ū mout nār Heuys Rhān fōr deu bœ·*Han*·deu·ling — **Vous devriez rentrer chez vous pour suivre un traitement.**

U bent een hypochonder! **pol**
ū bènt eun Hī·pō·*Rhon*·deur — **Vous êtes hypochondriaque !**

symptômes et condition physique

symptomen en lichaamlijke toestanden

Je suis malade.
Ik ben ziek. — ĭk bèn zīk

J'ai mal ici.
Hier doet het pijn. — Hīr dout Heut peyn

Mon enfant est (très) malade.
Mijn kind is (erg) ziek. — meyn kint is (èrRh) zīk

Je me suis blessé(e).
Ik ben gewond. — ĭk bèn Rhœ·*vont*

Il/Elle s'est blessé(e).
Hij/Zij is gewond. — Hey/zey is Rhœ·*vont*

J'ai vomi.
Ik heb overgegeven. — ĭk Hèp ō·veur·Rhœ·*Rhé*·veu

Il/Elle a vomi.
Hij/Zij heeft overgegeven. — Hey/zey Héft ō·veur·Rhœ·*Rhé*·veu

URGENCES

Je me sens… *Ik voel me …* ĭk foul meu …

bizarre	*raar*	rār
déprimé(e)	*gedeprimeerd*	Rhœ·dé·prī·*mért*
faible	*zwak*	zvak
fiévreux/se	*koortsachtig*	*kōrts*·aRh·tĭRh
mieux	*beter*	*bé*·teur
moins bien	*slechter*	*slèRh*·teur
nauséeux/se	*misselijk*	*mi*·seu·leuk
stressé(e)	*gestresseerd*	Rhœ·strè·*sért*

Je me sens anxieux/J'ai le tournis.
Ik ben angstig/duizelig. **m et f** ĭk bèn *ang*·stĭRh/*deuy*·zeu·lĭRh

J'ai tantôt chaud, tantôt froid.
Ik heb het koud en warm. ĭk Hèp Heut kaot èn varm

Je suis déshydraté(e).
Ik ben gedehydrateerd. ĭk bèn Rhœ·dé·Hī·dra·*tért*

Je n'arrive pas à dormir.
Ik kan niet slapen. ĭk kan nīt *slā*·peu

Je me suis évanoui(e).
Ik ben flauw gevallen. ĭk bèn flao Rhœ·*va*·leu

Je crois que c'est dû à mon traitement.
Ik denk dat het aan mijn medicijnen ligt. ĭk dènk dat Heut ān meyn mé·dī·*sey*·neun lĭRht

Je suis sous traitement pour…
Ik neem medicijnen voor … ĭk ném mé·dī·*sey*·neun fōr …

Il/Elle est sous traitement pour…
Hij/Zij neemt medicijnen voor … Hey/zey némt mé·dī·*sey*·neun fōr …

J'ai (un/une) …
Ik heb (een) … ĭk Hèp (eun) …

Il/Elle a (un/une) …
Hij/Zij heeft (een) … Hey/zey Héft (eun) …

J'ai récemment eu un(e)/du/de la/de l'…
Ik heb onlangs (een) … gehad. — ĭk Hèp on·*langs* (eun) … Rhœ·*Hat*

Il/Elle a récemment eu un(e)/du/de la/de l'…
Hij/Zij heeft onlangs (een) … gehad. — Hey/zey Héft on·*langs* (eun) … Rhœ·*Hat*

affection cardiaque	*hartkwaal*	*Hart*·kvāl
asthme	*astma*	*ast*·ma
bronchite	*bronchitis*	bron·*Rhī*·tis
constipation	*constipatie*	kon·stī·*pā*·sī
crise cardiaque	*hartaanval*	*Hart*·ān·val
diabète	*diabetes/ suikerziekte*	dī·ya·*bé*·tès/ *seuy*·keur·zīk·teu
diarrhée	*diarree*	dī·ya·*ré*
douleurs	*pijn*	peyn
eczéma	*eczema*	èk·*zé*·ma
entorse	*verstuiking*	feur·*steuy*·king
épilepsie	*epilepsie*	é·pī·lèp·*sī*
exanthème	*huiduitslag*	*Heuyt*·euyt·slaRh
fièvre	*koorts*	kōrts
fracture	*breuk*	breuk
gastrite	*maagontsteking*	*māRh*·ont·sté·king
grippe	*griep*	Rhrīp
hypertension/ hypotension	*hoge/lage bloeddruk*	*Hō*·Rheu/*lā*·Rheu *blou*·druk
infection	*ontsteking*	ont·*sté*·king
intoxication alimentaire	*voedsel-vergiftiging*	*fout*·seul·feur·*Rhif*·ti·Rhing
mal aux dents	*kiespijn* PB / *tandpijn* B	*kīs*·peyn / *tant*·peyn
mal au dos	*rugpijn*	*ruRh*·peyn
mal à la gorge	*keelpijn*	*kél*·peyn
mal à la tête	*hoofdpijn*	*Hōft*·peyn
mal à l'estomac	*maagpijn*	*māRh*·peyn
nausée	*misselijkheid*	*mi*·seu·leuk·Heyt
pneumonie	*longontsteking*	*long*·ont·sté·king
rhume	*verkoudheid*	feur·*kaot*·Heyt
toux	*hoest*	Houst

ce que le docteur pourra dire

Gebruikt u een anticonceptiemiddel? pol	
Rhœ·*breuykt* ū eun an·tī·kon·*sèp*·sī·mi·deul	**Utilisez-vous un moyen de contraception ?**
Bent u ongesteld? pol	
bènt ū on·Rhœ·*stèlt*	**Êtes-vous réglée ?**
Bent u zwanger? pol	
bènt ū *zvang*·eur	**Êtes-vous enceinte ?**
Wanneer was u laatst ongesteld? pol	
va·*nér* vas ū lātst on·Rhœ·*stèlt*	**Quand avez-vous eu vos règles pour la dernière fois ?**
U bent zwanger. pol	
ū bènt *zvang*·eur	**Vous êtes enceinte.**

santé au féminin

gynaecologie

Je suis enceinte.	*Ik ben zwanger.*	ĭk bèn *zvang*·eur
Je prends la pilule.	*Ik neem de pil.*	ĭk ném deu pil

Je crois que je suis enceinte.
Ik denk dat ik zwanger ben. — ĭk dènk dat ĭk *zvang*·eur bèn

Je n'ai pas eu mes règles depuis (6) semaines.
Ik ben al (zes) weken niet ongesteld geweest. — ĭk bèn al (zès) *vé*·keun nīt on·Rhœ·*stèlt* Rhœ·*vést*

J'ai remarqué une grosseur ici.
Ik heb hier een gezwel gevoeld. — ĭk Hèp Hīr eun Rhœ·*zvèl* Rhœ·*foult*

Avez-vous un remède contre (les douleurs menstruelles) ?
Heeft u iets tegen (menstruatiepijn)? pol — Héft ū īts *té*·Rheun (mèn·strū·*ā*·sī·peyn)

J'ai un(e)…	*Ik heb een …*	ĭk Hèp eun …
champignon	*schimmelinfectie*	*sRhi*·meul·in·fèk·sī
cystite	*blaasontsteking*	*blās*·ont·sté·king
infection urinaire	*infectie van de urine-wegen*	in·*fèk*·sī fan deu ū·*rī*·neu·vé·Rheun

J'ai besoin d'un(e)...	*Ik heb ... nodig.*	ĭk Hèp ... *nō*·dĭRh
moyen de contraception	*een anti-conceptiemiddel*	eun an·tī·kon·*sep*·sī·mi·deul
pilule du lendemain	*de morning after pil*	deu *mōr*·ning *āf*·teur pil
test de grossesse	*een zwanger-schapstest*	eun *zvang*·eur·sRhaps·test

allergies

allergieën

Je suis allergique à la/à l'/au(x)...	*Ik ben allergisch voor ...*	ĭk bèn a·*lèr*·Rhīs fōr ...
Il/Elle est allergique à la/à l'/au(x)...	*Hij/Zij is allergisch voor ...*	Hey/zey is a·*lèr*·Rhīs fōr ...
antibiotiques	*anti-biotica*	an·tī·bī·*yō*·tī·ka
anti-inflammatoires	*ontstekings-remmende medicijnen*	ont·*sté*·kings·*rè*·meun·deu mé·dī·*sey*·neun
aspirine	*aspirine*	as·pī·*rī*·neu
abeilles	*bijen*	*bey*·yeun
codéine	*codeine*	kō·dé·*ī*·neu
pénicilline	*penicilline*	pé·nī·sī·*lī*·neu
pollen	*pollen*	*po*·leun
médicament à base de soufre	*zwavel-houdende medicijnen*	*zvā*·veul·*Hao*·deun·deu mé·dī·*sey*·neun

J'ai une allergie de la peau.	*Ik heb een huidallergie.*	ĭk Hèp eun *Heuyt*·a·lèr·Rhī

antihistaminiques	*anti-histaminica*	an·tī·His·ta·*mī*·nī·ka
inhalateur	*inhalator*	in·Hā·*lā*·tor
injection	*injectie*	in·*yèk*·sī

Pour les allergies alimentaires, voir les rubriques **régimes spéciaux et allergies**, p. 182.

parties du corps

lichaamsdelen

J'ai mal à/au… .
Mijn … doet pijn. meyn … dout peyn

Je ne peux pas bouger mon/ma…
Ik kan mijn … niet bewegen. ĭk kan meyn … nīt bœ·*vé*·Rheun

J'ai une crampe à/au…
Ik heb kramp in mijn … ĭk Hèp kramp in meyn …

Mon/Ma … est enflé(e).
Mijn … is gezwollen. meyn … is Rhœ·*zvo*·leun

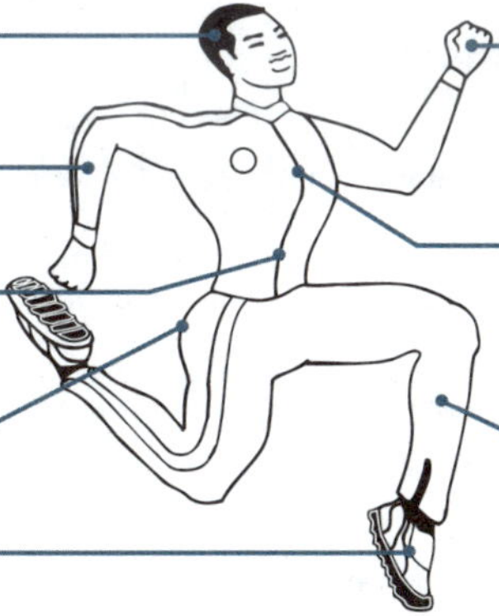

Pour les autres parties de corps, voir le **dictionnaire**, p. 211.

médecines douces

alternatieve behandelingen

Je n'utilise pas (la médecine occidentale).
Ik gebruik geen (Westerse geneeskunde). — ĭk Rhœ·*breuyk* Rhén (*vès*·teur·seu Rhœ·*nés*·kun·deu)

Je préfère la/l'…	*Ik verkies …*	ĭk feur·*kīs* …
Puis-je consulter quelqu'un qui pratique la/l'… ?	*Kan ik iemand raadplegen die aan … doet?*	kan ĭk *ī*·mant *rāt*·plé·Rheu dī ān … dout
acupuncture	*acupunctuur*	a·kū·punk·*tūr*
naturopathie	*natuur-geneeskunde*	na·*tūr*·Rhœ·nés·kun·deu
réflexologie	*reflexologie*	ré·flèk·sō·lō·*Rhī*

à la pharmacie

in de apotheek

J'ai besoin d'un remède contre (le mal de tête).
Ik heb iets nodig tegen (hoofdpijn). — ĭk Hèp īts *nō*·dĭRh *té*·Rheun (*Hōft*·peyn)

Ai-je besoin d'une ordonnance pour (des antihistaminiques) ?
Heb ik een recept/voorschrift nodig voor (antihistaminica)? PB/B — Hèp ĭk eun rey·*sèpt*/*fōr*·sRhrift *nō*·dĭRh fōr (an·tī·His·ta·*mī*·nī·ka)

J'ai une ordonnance.
Ik heb een recept/voorschrift. PB/B — ĭk Hèp eun ré·*sèpt*/*fōr*·sRhrift

Combien de fois par jour ?
Hoeveel keer per dag? — Hou·*vél* kér peur daRh

Cela provoque-t-il des somnolences ?
Word ik er slaperig van? — vort ĭk eur *sla*·peu·rĭRh fan

ce que le pharmacien pourra dire

Twee/Drie keer per dag. tvé/drrī kérr peurr daRh	**Deux/Trois fois par jour.**
Voor/Met/Na het eten. vōrr/mèt/na Heut é·teun	**Avant/Pendant/ Après le repas.**
Heeft u dit al eerder ingenomen? **pol** Héft ū dit al *érr*·deurr *in*·Rhœ·nō·meu	**En avez-vous déjà pris auparavant ?**
U moet deze medicijnen innemen tot het einde. **pol** ū mout *dé*·zeu mé·dī·*sey*·neun in·*né*·meu tot zeu Heut eyn·deu	**Vous devez suivre le traitement jusqu'au bout.**

anti-diarrhéique	*middel tegen diarree* **n**	*mi*·deul *té*·Rheun dī·ya·*rré*
antidouleurs	*pijnstillers*	*peyn*·sti·leurrs
antiseptique	*ontsmettend middel* **n**	ont·*smè*·teunt *mi*·deul
bandage	*verband* **n**	feurr·*bant*
contraceptifs	*anticonceptie-middelen* **n pl**	an·tī·kon·*sèp*·sī·mi·deu·leun
laxatifs	*laxeermiddelen* **n pl**	lak·*sérr*·mi·deu·leun
anti-moustiques	*insectverdrijvend middel* **n**	*in*·sèkt·feurr·*drrey*·veunt *mi*·deul
sels réhydratants	*rehydratatie-oplossing*	rré·Hī·drra·*tā*·sī·op·lo·sing
somnifères	*slaappillen*	*slā*·pi·leun

Pour d'autres termes pharmaceutiques, voir le **dictionnaire**.

chez le dentiste

bij de tandarts

J'ai…	*Ik heb …*	ĭk Hèp …
une carie	*een gaatje*	eun *Rhā*·tyeu
une dent cassée	*een gebroken tand*	eun Rhœ·*brrō*·keun tant
mal aux dents	*kiespijn* **PB**	*kīs*·peyn
	tandpijn **B**	*tant*·peyn

J'ai perdu un plombage.
Ik heb een vulling verloren. — ĭk Hèp eun *fu*·ling feur·*lō*·reu

Mon dentier est cassé.
Ik heb mijn kunstgebit gebroken. — ĭk Hèp meyn *kunst*·Rhœ·bit Rhœ·*brō*·keu

J'ai mal aux gencives.
Mijn tandvlees doet pijn. — meyn *tant*·flés dout peyn

Je ne veux pas qu'on me l'arrache !
Ik wil niet dat hij getrokken wordt! — ĭk vil nīt dat Hey Rhœ·*tro*·keun vort

Aïe !
Au! — ao

Je voudrais un(e)…	*Ik heb een … nodig.*	ĭk Hèp eun … *no*·dĭRh
anesthésie	*verdoving*	feur·*dō*·ving
plombage	*vulling*	*fu*·ling

ce que pourra dire le dentiste

Doe je mond ver open.
dou yeu mont fèr *ō*·peu — **Ouvrez grand la bouche.**

Dit doet helemaal geen pijn.
dit dout Hé·leu·*māl* Rhén peyn — **Vous ne sentirez rien.**

Bijt hierop.
beyt *Hī*·rop — **Mordez.**

Niet bewegen.
nīt bœ·*vé*·Rheu — **Ne bougez pas.**

Spoelen alsjeblieft.
spou·leun al·chœ·*blīft* — **Rincez.**

Kom terug, ik ben nog niet klaar!
kom tœ·*ruRh* ĭk bèn noRh nīt klār — **Revenez, je n'ai pas encore terminé.**

DICTIONNAIRE > français/néerlandais

Le présent dictionnaire précise si les termes sont des noms **N**, adjectifs **adj**, verbes **v**, adverbes **adv**, prépositions **prép**, pronoms **pron**, s'ils sont au singulier **sg** ou au pluriel **pl**, ou s'il s'agit d'une forme familière **fam** ou de politesse **pol**. Le genre du nom néerlandais n'est indiqué que pour les noms neutres, alors suivis de **n**. Lorsqu'un mot présente une forme différente au masculin et au féminin, les deux possibilités sont données, et indiquées par **m/f** (pour de plus amples précisions sur le genre en néerlandais, voir **grammaire**). Nous avons également employé les symboles **PB/B** pour les mots qui diffèrent, respectivement, aux Pays-Bas et en Belgique. Pour le vocabulaire lié aux aliments, voir le **lexique culinaire**.

A

à *aan* ān
— **bord** *aan boord* ān bōrt
— **part** *afzonderlijk* af·*zon*·deur·leuk
abcès *gezwel* **n** Rhœ·*zvèl*
abeille *bij* bey
abricot *abrikoos* a·brī·*kōs*
abrupt(e) (falaise) *steil* steyl
accident *ongeval* **n** *on*·Rhœ·val
— **d'avion** *vliegtuigongeluk* **n** *flīRh*·teuyRh·on·Rhœ·luk
— **de voiture** *aanrijding* *ān*·rey·ding
accord *toestemming* tou·*stèm*·ing
• **être d'accord** *overeenkomen* ō·veur·*én*·kō·meu
accoutumance *verslaving* veur·*slā*·ving
accueillir *verwelkomen* feur·*vèl*·kō·meu
acheter *kopen* *kō*·peu
acteur/actrice *acteur/actrice* **m/f** ak·*teur*/ak·*trī*·seu
actualités *actualiteiten* ak·tü·a·lī·*tey*·teun
acuponcture *acupunctuur* a·kū·punk·*türr*
adaptateur *adapter* a·*dap*·teur
addition (restaurant) *rekening* *ré*·keu·ning
adieu *afscheid* **n** *af*·sRheyt
admettre (accepter) *toelaten* *tou*·Rhé·veu• **(laisser entrer)** *toelaten* *tou*·lā·teu
administrateur *bestuurder* bœ·*stūr*·deur
administration *administratie* at·mī·nī·*strā*·sī
adresse *adres* **n** a·*drès*
adulte **n** *volwassene* fol·*va*·seu·neu
aéroport *luchthaven* *luRht*·Hā·veun
affaires *zaken* *zā*·keun • **homme/femme d'affaires** *zakenman/zakenvrouw* **m/f** *zā*·keun·man/*zā*·keun·vrao • **voyage d'affaires** *zakenreis* *zā*·keun·reys
âge *leeftijd* *léf*·teyt
agence de voyages *reisbureau* **n** *reys*·bū·rrō
agence immobilière *makelaarskantoor* **n** *mā*·keu·lārs·kan·tōr
agenda *agenda* a·*Rhèn*·da
agent de police *politieagent* pō·*lī*·sī·a·*Rhènt*
agent immobilier *makelaar* *mā*·keu·lār
agneau (viande) *lamsvlees* **n** *lams*·vlés
agréable *prettig* *pré*·tīRh
agriculture *landbouw* *lant*·bao
aide *hulp* Hulp
aider *helpen* *Hèl*·peu
aiguille (couture/seringue) *naald* nālt
ail *knoflook* *knof*·lōk
aile *vleugel* *fleu*·Rheul
aimer *houden van* *Hao*·deu fan
air *lucht* luRht • **avec air conditionné** *met airconditioning* mèt *ér*·kon·di·cheu·ning
Allemagne *Duitsland* *deuyts*·lant
aller *gaan* Rhān
— **faire des courses** *gaan winkelen* Rhān *vin*·keu·leu
— **-retour** *retourtje* **n**/*heen- en terugreis* **PB/B** rœ·*tour*·tyeu/ *Hén*·èn·tœ·*ruRh*·reys
— **simple** *enkele reis* *èn*·keu·leu reys
allergie *allergie* a·lèr·*Rhī*
allocation chômage *werkloosheidsuitkering* *vèrk*·lōs·Heyts·euyt·ké·ring
allongé, être *liggen* *li*·Rheu
allumé (électricité) *aangedraaid* *ān*·Rhœ·drāyt

A

français/néerlandais

allumettes *lucifers* *lū*·sī·fèrs
alpinisme *bergsport* *bèrRh*·sporrt
altitude *hoogte* *HōRh*·teu
amande *amandel* a·*man*·deul
amant(e) *minnaar/minares* **m/f** *mi*·nār/mi·nā·*rès*
ambassade *ambassade* am·ba·*sā*·deu
ambassadeur/ambassadrice *ambassadeur/ambassadrice* **m/f** am·ba·sa·*deur*/am·ba·sa·*drī*·seu
ambulance *ambulance* am·bū·*lans*
amende *boete* *bou*·teu
amer *bitter* *bi*·teur
ami(e) *vriend/vriendin* **m/f** vrīnt/vrīn·*din*
• **petit(e) ami(e)** *vriend/vriendin* vrīnt/vrīn·*din*
amour *liefde* *līf*·deu
ampoule (cloque) *blaar* blār
• **(électricité)** *gloeilamp* *Rhlouy*·lamp
(s')amuser *(zich) amuseren/plezier hebben* (zīRh) a·mū·*sé*·reu/plé·*zīr* *Hè*·beu
analgésique *pijnstiller* *peyn*·sti·leur
analyse de sang *bloedtest* *blou*·test
ananas *ananas* *a*·na·nas
ancien *oud* aot
anémie *bloedarmoede* *blout*·ar·mou·deu
animal *dier* **n** dīr
animé (lieu) *druk* druk
année *jaar* **n** yār
anniversaire *verjaardag* feur·*yār*·daRh
annuaire téléphonique *telefoonboek* **n** té·lé·*fōn*·bouk
annuler *annuleren* a·nū·*lé*·reu
antibiotiques *antibiotica* **n pl** an·tī·bī·*yo*·tī·ka
antique **n** *antiek* an·*tīk*
antiseptique **adj** *ontsmettend* ont·*smè*·teunt
antivol (vélo) *fietsslot* **n** *fīt*·slot
apoplexie *beroerte* bœ·*rour*·teu
appareil auditif *gehoorapparaat* **n** Rhœ·*Hōr*·a·pa·rāt
appareil photo *fototoestel* **n** *fō*·tō·tou·stèl
appartement *flat/appartement* **n PB/B** flèt/a·par·tœ·*mènt*
appel (téléphone) **n** *telefoongesprek* **n** té·lé·*fōn*·Rhœ·sprèk • **centre d'appels** *telefooncentrum* **n** té·lé·*fōn*·sèn·treum
— **en PCV** *gesprek voor rekening van de ontvanger* Rhœ·*sprèk* fōr *ré*·keu·ning fan deu ont·*vang*·eurr
appeler (dans la rue) *roepen* *rou*·peu
• **(téléphone)** *bellen* *bè*·leu
apporter *brengen* *brèng*·eu
apprécier (quelqu'un) *(om iemand) geven* (om *ī*·mant) *Rhé*·veu
apprenti *stielman* *stīl*·man
approbation *toestemming* *tou*·stè·ming
après *na* nā
— **-demain** *overmorgen* *ō*·veur·mor·Rheun
— **-midi** *middag/namiddag* **PB/B** *mi*·daRh/*nā*·mi·daRh
aquaculture *watercultuur* *vā*·teur·kul·tūr
araignée *spin* spin
arbitre **n** *scheidsrechter* *sRheyts*·rèRh·teurr
arbre *boom* bōm
archéologique *archeologisch* ar·Rhé·ō·*lō*·Rhis
architecture *architectuur* ar·Rhī·tèk·*tūr*
argent (métal) **N** *zilver* **n** *zil*·veur
• **(monnaie)** *geld* **n** Rhèlt
— **liquide** *losgeld* **n**/*baar geld* **n PB/B** bār Rhèlt/los Rhèlt
argumenter *weerleggen* vèr·lè·Rheu
arme *geweer* **n** Rhœ·*vér*
armoire *kast* kast
arrêt *halte* *Hal*·teu
— **cardiaque** *hartstilstand* *Hart*·stil·stant
— **de bus** *bushalte* *bus*·Hal·teu
— **de tram** *tramhalte* *tram*·Hal·teu
(s')arrêter *stoppen* *sto*·peu
arrêter (police) *arresteren* a·rès·*té*·reu
arrière **n** *achterkant* *aRh*·teur·kant
arrivée *aankomst* *ān*·komst
arriver *aankomen* *ān*·kō·meu
art *kunst* kunst
artisan *handarbeider/handarbeidster* **m/f** *Hant*·ar·bey·deur/*Hant*·ar·beyt·steur
artisanat *handwerk* **n** *Hant*·vèrk
artiste *artiest* ar·*tīst*
ascenseur *lift* lift
Asie *Azië* *ā*·zī·yeu
asperge *asperge* a·*spèr*·Rheu
aspirine *aspirine* as·pī·*rī*·neu
assassiner *vermoorden* feur·*mōr*·deu
(s')asseoir *zitten* *zi*·teu
assez *genoeg* Rhœ·*nouRh*
assiette *bord* **n** bort
assoiffé *dorstig* *dors*·tīRh
assurance *verzekering* feur·*zé*·keu·ring
asthme *astma* *ast*·ma
atelier (discussion) *discussiebijeenkomst* dis·*kū*·sī·bey·én·komst • **(lieu)** *werkplaats* *vèrk*·plāts
athlétisme *atletiek* at·lé·*tīk*

atmosphère *atmosfeer* at·mos·*fér*
attaque cardiaque *hartaanval* *Hart*·ān·val
attendre *wachten* *vaRh*·teu
attrayant *aantrekkelijk* ān·*trè*·keu·leuk
auberge de jeunesse *jeugdherberg* *yeuRht*·Hèr·bèrRh
aube (jour) *dageraad* *dā*·Rhœ·rrāt
aubergine *aubergine* ō·bèr·*Rhī*·neu
aucun *geen* Rhén
au-dessus de *boven* *bō*·veun
au revoir *Dag.* daRh
aujourd'hui *vandaag* van·*dāRh*
aussi *ook* ōk
autel *altaar* **n** *al*·tārr
autobus *bus* bus
autocar *touringcar* *tou*·rring·karr
automne *herfst* Hèrrfst
autorisation *vergunning* feurr·*Rhu*·ning
autoroute *autoweg/snelweg* *ao*·tō·vèRh /*snèl*·vèRh
auto-stop, faire de l' *liften* *lif*·teu
autre *ander* *an*·deur
avant **prép** *voor* fōr
— -hier *eergisteren* *ér*·Rhis·teu·reun
avec *met* mèt
avenir *toekomst* *tou*·komst • **à l'avenir** *in de toekomst* in deu *tou*·komst
aventure *avontuur* **n** a·von·*tūr*
avenue *laan* lān
avertir *waarschuwen* *vār*·sRhū·oueu
aveugle **adj** *blind* blint
avion *vliegtuig* **n** *flīRh*·teuyRh
aviron (sport) *roeien* **n** *rou*·yeu • **(rame)** *roeieriem* *rouy*·rīm
avocat (fruit) *avocado* a·vō·*kā*·dō • **(profession)** *advocaat* at·vō·*kāt*
avoir **v** *hebben* *Hè*·beu
— besoin de *nodig hebben* *nō*·dīRh *Hè*·beu
— de la chance *geluk hebben* Rhœ·*luk* *Hè*·beu
— le mal de mer *zeeziek zijn* *zé*·zīk zeyn
— très faim *hongerig* *Hong*·eu·rīRh zeyn
avortement *abortus* a·*bor*·tus

B

bagage *bagage* ba·*Rhā*·jeu • **étiquette à bagage** *bagage-etiket* **n** ba·*Rhā*·jeu·é·tī·*kèt*
— abandonné *achtergelaten bagage* *aRh*·teur·Rhœ·lā·teun ba·*Rhā*·jeu
baguettes (couverts) *eetstokjes* **n pl** *ét*·stok·yeus
balcon *balkon* **n** bal·*kon*
ballon *bal* bal
bain *bad* **n** bat • **salle de bains** *badkamer* *bat*·kā·meur
baiser **N** *kus* kus
banane *banaan* ba·*nān* • **sac banane** *heuptasje* **n** *Heup*·ta·cheu
bandage *verband* **n** veur·*bant*
banlieue *buitenwijk* *beuy*·teun·veyk
banque *bank* bank
baptême *doopsel* **n** *dōp*·seul
bar (café) *bar* bar • **travail dans un bar** *werk als barbediende* **n** vèrk als *barr*·bœ·dīn·deu
barbe *baard* bārt
barbier *barbier* bar·*bīr*
barrage *waterkering* *vā*·teur·ké·ring
barre chocolatée *reep chocolade* rép chō·kō·*lā*·deu
bas **adj** *laag* lāRh • **en bas de** *onderaan* on·deur·*ān* • **vers le bas** *naar beneden* nār bœ·*né*·deun • **(vêtement)** **n** *kousen* *kao*·seun
bateau *boot* bōt
— à moteur *motorboot* *mō*·tor·bōt
bâtiment *gebouw* **n** Rhœ·*bao*
batterie (général) *batterij* ba·teu·*rey* • **(musique)** *drumstel* **n** *drum*·stèl • **(voiture)** *accu* a·*kū*
beau *mooi* mōy
— -père *schoonvader* *sRhōn*·vā·deur
beaucoup *veel* fél
belge **adj** *Belgisch* *bèl*·Rhis
Belge **n** *Belg* bèlRh
Belgique *België* *bèl*·Rhī·yeu
belle-mère *schoonmoeder* *sRhōn*·mou·deur
bénévole **n** *vrijwilliger* frey·*vi*·li·Rheur • **faire du bénévolat** *vrijwilligen* frey·*vi*·li·Rheu
berge *waterkant* *vā*·teur·kant
betterave *rode biet* *rō*·deu bīt
beurre *boter* *bō*·teur
bibliothécaire *bibliothecaris* bi·blyō·té·*kā*·rrs
bibliothèque *bibliotheek* bi·blyō·*ték*
bicyclette *fiets* fīts
bien **adj** *fijn* feyn • **adv** *goed* Rhout
bien-être *welzijn* **n** *vèl*·zeyn
bientôt *gauw* Rhao

bière *bier* **n** bīr • **tirer de la bière** *bier tappen* bīr *ta*·peu
— **pression** *getapt bier* **n** Rhœ·*tapt* bīr
bijoux *juwelen* yū·*vé*·leun
bilingue *tweetalig* tvé·*tā*·līRh
billard *biljart* **n** *bil*·yart
billet (argent) *bankbiljet* **n** *bank*·bil·yèt • **(train)** *kaartje* **n/***ticket* **n PB/B** *kār*·tyeu/ti·*kèt* • **billetterie automatique** *kaartjesautomaat* kār·tyeus·ao·tō·*māt* • **contrôleur de billets** *kaartjesknipper* kār·tyeus·*kni*·peurr
biscotte *beschuit* bœ·*sRheuyt*
biscuit *koekje* **n** *kouk*·yeu
bizarre *raar* rār
blague *grap* Rhrap
blanc *wit* vit • **vin blanc** *witte wijn* vi·teu veyn
blanchisserie *wasserij* va·seu·*rrey*
blessé *gekwetst* Rhœ·*kvètst*
blessure *kwetsuur* kvèt·*sūr*
bleu (couleur) **adj** *blauw* blao • **(hématome) N** *blauwe plek* *blao*·eu plèk
bloqué (accès/route) *afgesloten* *af*·Rhœ·slō·teun
bocal *pot/bokaal* **PB/B** pot/bō·*kāl*
bœuf (viande) *rundvlees* **n** *runt*·flés
bol *kom* kom
boire *drinken* *drin*·keu
bois (forêt) *bos* **n** bos • **(matériau)** *hout* **n** Haot
boisson (général) *drank* drank
— **alcoolisée** *drank/drankje* **n** drank/ *dran*·kyeu
— **non alcoolisée** *frisdrank* *fris*·drank
boîte *doos* dōs • **ouvre-boîte** *blikopener* *blik*·ō·peu·neur
— **aux lettres** *brievenbus* *brī*·veu·bus
— **de chocolats** *doos bonbons/pralines* **PB/B** dōs bon·*bons*/pra·*lī*·neus
— **de conserve** *blik* **n** blik
— **de nuit** *nachtclub* *naRht*·klup
bon *goed* Rhout
— **marché** *goedkoop* Rhout·*kōp*
bonbon *snoep* snoup
bondé *stampvol* *stamp*·fol
bonheur *geluk* **n** Rhœ·*luk*
bonhomme de neige *sneeuwpop* *snéou*·pop
bonjour *Dag* daRh • *Hallo* Ha·*lō*
billetterie *kaartjesautomaat* *kār*·tyeus·ao·tō·*māt*
bosse *knobbel* *kno*·beul
botaniste *kruidkundige* kreuyt·*kun*·di·Rheu
botte (chaussure) *laars* lārs • **bottes pl** *laarzen* **pl** *lār*·zeun
bouche *mond* mont
bouché (tuyau) *verstopt* feur·*stopt*
boucher n *slager* *slā*·Rheurr
boucherie *slagerij* slā·Rhœ·*rey*
bouchon *stop* stop • **bouchons d'oreilles** *oorstopper* *ōr*·sto·peur
boucles d'oreille *oorringen* *ō*·ring·eun
boue *modder* *mo*·deur
bougie *kaars* kārs
bouilli *gekookt* Rhœ·*kōkt*
bouillon *bouillon* bou·*yon*
bouillotte *warmwaterkruik* varm·*vā*·teur·kreuyk
boulangerie *bakker/bakkerij* **PB/B** *ba*·keur/ba·keu·*rey*
boule de neige *sneeuwbal* *snéou*·bal
bouteille *fles* flès
boutique n *winkel* *vin*·keul • **faire les boutiques** *winkelen* *vin*·keu·leu
boussole *kompas* **n** kom·*pas*
boutiques, faire les *winkelen* *vin*·keu·leu
bouton *knoop* knōp
boxe (sport) *boksen* **n** *bok*·seun
braquer (crime) *overvallen* ō·veur·*va*·leu
bras *arm* arm
briquet *aansteker* *ān*·sté·keur
brosse *borstel* *bor*·steul
— **à cheveux** *haarborstel* *Hār*·bor·steul
— **à dents** *tandenborstel* *tan*·deun·bor·steul
brûlant *heet* Hét
brûlé *verbrand* feur·*brant*
brûler *branden* *bran*·deu
brumeux *mistig* *mis*·tīRh
brun *bruin* breuyn
brut *rauw* rao
bruyant *lawaaierig* la·*vā*·yeu·rīRh
bûche *brandhout* **n** *brant*·Haot
bureau *kantoor* **n** kan·*tōr* • **employé de bureau** *kantoorambtenaar* kan·*tōr*·amp·te·nār
— **de change** *wisselkantoor* **n** *vi*·seul·kan·tōr
— **d'enregistrement des bagages** *incheckbalie* *in*·chèk·ba·lī
— **de poste** *postkantoor* **n** *post*·kan·tōr
bus (ville) *stadsbus* *stats*·bus • **arrêt de bus** *bushalte* *bus*·Hal·teu

C

ça *het* Heut
cabine *kleedkamer* *klét*·kā·meur
— d'essayage *paskamer* *pas*·kā·meur
— de téléphérique *cabine van een kabelbaan* ka·*bī*·neu fan eun *kā*·beul·bān
— téléphonique *telefooncel* té·lé·*fōn*·sèl
câble *kabel* **n** *kā*·beul
cacahuète *pinda* *pin*·da
cadeau *geschenk* **n** Rhœ·*sRhènk*
— de mariage *huwelijkscadeau* **n** Hū·veu·leuks·ka·*dō*
cadenas *hangslot* **n** *Hang*·slot
cafard (insecte) *kakkerlak* *ka*·keur·lak • **(déprime, blues)** *slechte bui* *slèRh*·teu beuy
café (boisson) *koffie* *ko*·fī • **(lieu)** *koffiehuisje* **n**/*brasserie* **PB/B** *ko*·fī·Heuy·cheu/bra·seu·*rī*
caisse (boîte) *kist* kist • **(supermarché)** *kassa* *ka*·sa
caissier/caissière *kassier/kassierster* **m/f** ka·*sīr*/ka·*sīr*·steur
calculatrice *rekenmachine* *ré*·keun·ma·chī·neu
calendrier *kalender* ka·*lèn*·deur
calepin *notitieboekje* **n** nō·*tī*·sī·bouk·yeu
calme *stil* stil
caméra *camera* *kā*·mé·ra
camion *vrachtwagen* *fraRht*·vā·Rheun
campagne *platteland* **n** pla·teu·*lant*
camper *kamperen* kam·*pé*·reu
camping *camping* *kèm*·ping/*kam*·ping **PB/B** • **magasin de matériel de camping** *kampeerwinkel* kam·*pér*·vin·keul • **place de camping** *kampeerplaats* kam·*pér*·plāts • **terrain de camping** *campingsterrein/camping* *kèm*·pings·tè·reyn/*kam*·ping **PB/B**
canal (général) *kanaal* **n** ka·*nāl* • **(en ville)** *gracht* RhraRht • **maison au bord d'un canal** *grachtenhuis* **n** *RhraRh*·teun·Heuys
canard *eend* ént
cancer *kanker* *kan*·keur
canot de sauvetage *reddingsboot* *rè*·dings·bōt
capitaine *kapitein* ka·pī·*teyn*
caravane *caravan* *ké*·reu·vèn/ka·ra·*van* **PB/B**
carotte *wortel* *vor*·teul
carpette *kleed* **n**/*mat* **PB/B** klét/mat
carte *kaart* kārt
— de crédit *kredietkaart* kré·*dīt*·kārt
— d'embarquement *instapkaart* *in*·stap·kārt
— d'identité *identiteitsbewijs* **n** ī·dèn·tī·*teyts*·bœ·veys
— de téléphone *telefoonkaart* té·lé·*fōn*·kārt
— -mémoire *geheugenkaart* Rhœ·*Heuy*·Rheun·kārt
— postale *ansichtkaart/postkaart* **PB/B** *an*·ziRht·kārt/*post*·kārt
— routière *wegenkaart* *vé*·Rheun·kārt
cartes à jouer *speelkaarten* *spél*·kār·teun
cascade *waterval* *vā*·teur·val
casque *helm* Hèlm
cassé *gebroken* Rhœ·*brō*·keun
casser *breken* *bré*·keu
casserole *pan/kookpot* **PB/B** pan/*kōk*·pot
cassette vidéo *videofilm* *vī*·dé·yō·film
cathédrale *katedraal* ka·té·*drāl*
CD *cd* sé·*dé*
ceinture de sécurité *veiligheidsriem* *fey*·lïRh·Heyts·rīm
célébration *viering* *fī*·ring
célèbre *bekend* bœ·*kènt*
célibataire *vrijgezel* *frey*·Rhœ·zèl
cellule photographique *lichtmeter* *liRht*·mé·teur
celui-ci *deze* **f et m**/*dit* **n** *dé*·zeu/dit
celui-là *die* **f et m**/*dat* **n** dī/dat
cendrier *asbak* *as*·bak
cent *honderd* *Hon*·deurt • **pour cent** *procent* prō·*sènt*
centre *centrum* **n** *sèn*·treum
— commercial *winkelcentrum* **n** *vin*·keul·sèn·treum
— d'appels *telefoonkantoor* **n** té·lé·*fōn*·kan·tōr
— de gym *fitnesscentrum* **n** *fit*·neus·sèn·treum
— -ville *stadscentrum* **n** *stat*·sèn·treum
céréales (petit-déj) *ontbijtgranen* **n pl** ont·*beyt*·Rhrrā·neun
cerise *kers* kèrs
certificat *certificaat* **n** sèr·tī·fī·*kāt*
— de naissance *geboorteakte* Rhœ·*bōr*·teu·ak·teu
ce soir *vanavond* van·*ā*·vont
chacun *iedereen* ī·deu·*rén*
chaîne *ketting* *kè*·ting
— de montagnes *bergketen* *bèrRh*·ké·teun
— de vélo *fietsketting* *fīts*·kè·ting

chaise *stoel* stoul
— haute *kinderstoel* *kin*·deur·stoul
châle *sjaal* chāl
chaleur *hitte* *Hi*·teu
chambre *kamer/slaapkamer* *kā*·meur/ *slāp*·kā·meur • **numéro de chambre** *kamernummer* **n** *kā*·meur·nu·meur
— à air *binnenband* *bi*·neun·bant
— à louer *kamer te huur* *kā*·meur tœ Hūr
— double *tweepersoonskamer* *tvé*·peur·sōns·kā·meur
— simple *éénpersoonskamer* *én*·peur·sōns·kā·meur
champ *veld* **n** fèlt
— de bataille *slagveld* **n** *slaRh*·fèlt
champignon *paddestoel* *pa*·deu·stoul
championnat *kampioenschap* **n** kam·pī·*youn*·sRhap
chance *kans* kans • **avoir de la chance** *geluk hebben* Rhœ·*luk* *Hè*·beu • **être chanceux** *boffen* *bo*·feu
changement *verandering* feur·*an*·deu·ring
— climatique *klimaatverandering* klī·*māt*·feur·*an*·deu·ring
changer (de l'argent) *(geld) wisselen* (Rhèlt) *vi*·seu·leu
chanson *lied* **n** līt
chanter *zingen* *zing*·eu
chanteur *zanger/zangeres* **m/f** *zang*·eur/zang·eu·*rès*
chapeau *hoed* Hout
chaque *elke* *èlk*·keu
chariot *rolwagentje* **n** *rol*·vā·Rheun·tyeu
charmant *charmant* char·*mant*
charpentier *timmerman* *ti*·meur·man
chasse *jacht* yaRht
châsse *schrijn* **n** sRhreyn
chat *kat* kat
château *kasteel* **n** kas·*tél*
chaud *warm* varm
chauffage *verwarming* feur·*var*·ming
chauffé (lieu) *verwarmd* feur·*varmt*
chaussettes *kousen* *kao*·seun
chaussures *schoenen* *sRhou*·neun • **magasin de chaussures** *schoenenzaak* *sRhou*·neun·zāk
— de randonnée *wandellaarzen* *van*·deul·*lār*·zeun
chef cuisinier *chef-kok* chèf·*kok*
chemin *pad* **n**/*weg* pat/vèRh
chemise *hemd* **n** Hèmt
chemisette *hemdje* **n** *Hèm*·tyeu
chemisier *bloes* blous
chèque *cheque* chèk
— de voyage *reischeque* *reys*·chèk
chercher *zoeken* *zou*·keu
cheval *paard* **n** pārt
chevauchée *rondrit* *rond*·rit
cheveux *haar* **n sg** Hār • **brosse à cheveux** *haarborstel* *Hār*·bor·steul • **coupe de cheveux** *kapsel* **n** *kap*·seul
cheville *enkel* *èn*·keul
chèvre *geit* Rheyt
chewing-gum *kauwgom* *kao*·Rhom
cher (argent) *duur* dūr
chez *bij* bey
chien *hond* Hont
— d'aveugle *geleidehond* Rhœ·*ley*·deu·Hont
chocolat *chocolade* chō·kō·*lā*·deu
choisir *kiezen* *kī*·zeu
chômage *werkloosheid* *vèrk*·lōs·Heyt • **au chômage** *werkloos* *vèrk*·lōs
chou *kool* kōl
— -fleur *bloemkool* *bloum*·kōl
chouette **adj** *leuk* leuk
chute *val* fal
cigare *sigaar* sī·*Rhār*
cigarette *sigaret* sī·Rha·*rèt*
cimetière *kerkhof* **n** *kèrk*·Hof
cinéma *bioscoop* bī·yos·*kōp*
circuit pédestre *wandelroute* *van*·deul·*rou*·teu
ciseaux *schaar* **sg** sRhār
citoyenneté *staatsburgerschap* **n** *stāts*·bur·Rheur·sRhap
citron *citroen* sī·*troun*
— vert *limoen* lī·*moun*
citrouille *pompoen* pom·*poun*
clair (couleur) *licht* liRht
classe (catégorie) *klas/klasse* klas/*kla*·seu • **système de classes** *klassesysteem* **n** kla·seu·sīs·*tém*
classique *klassiek* kla·*sīk*
clavier *toetsenbord* **n** *tout*·seun·bort
clé *sleutel* *sleu*·teul
client *klant* klant
clôture *omheining* om·*Hey*·ning
cochon *varken* **n** *far*·keun
cœur *hart* **n** Hart
coffre-fort *kluis* kleuys
coiffeur *kapper* *ka*·peur
colis *pak* **n**/*pakket* **n** pak/pa·*kèt*
collants (vêtement) *panty* *pèn*·tī/*pan*·tī **PB/B sg**

colle *lijm* leym
collège *college* **n** ko·*lé*·jeu
collègue *collega* ko·*lé*·Rha
collier *halsketting* *Hals*·kè·ting
colline *heuvel* *Heuy*·veul
collyre *oogdruppels* **pl** *ōRh*·dru·peuls
combien *hoeveel* Hou·*vél*
comédie *komedie* ko·*mé*·dī
commande *bestelling* bœ·*stè*·ling
commander *bestellen* bœ·*stè*·leu
commencer *starten* *star*·teu
comment *hoe* Hou
commerce *handel* *Han*·deul
commissariat de police *politiebureau* **n** pō·*lī*·sī·bū·*rō*
commission *commissie* ko·*mī*·sī
commotion cérébrale *hersenschudding* *Hèr*·seun·sRhu·ding
Communauté flamande *Vlaamse Gemeenschap* *vlām*·seu Rhœ·*mén*·sRhap
communication (profession) *communicatie* ko·mū·nī·*kā*·sī
communion (religion) *communie* ko·*mū*·nī
compagnie aérienne *luchtvaartmaatschappij* *luRht*·vārt·māt·sRha·pey
compagnon *metgezel* *mèt*·Rhœ·zèl
compétition (sport) *wedstrijd* *vèt*·streyt
complet (réservations) *volgeboekt* *fol*·Rhœ·boukt • **(entier)** *vol/volzet* fol/fol·*zèt* **PB/B** • **pain complet** *volkorenbrood* **n** fol·*kō*·reun·brōt
comprendre *begrijpen* bœ·*Rhrey*·peu
compris (inclus) *inbegrepen* *in*·bœ·Rhré·peun
compte bancaire *bankrekening* *bank*·ré·keu·ning
compter *tellen* *tè*·leu
comptoir (bar) *toog* tōRh
concombre *komkommer* kom·*ko*·meur
conférence *conferentie* kon·fé·*rèn*·sī
conférencier *spreker* *spré*·keurr
confession (religion) *biecht* bīRht
confiance, faire *vertrouwen* feur·*trao*·eu
confirmer (réservation) *bevestigen* bœ·*vès*·ti·Rheu
confiture *jam/confituur* **PB/B** jèm/kon·fī·*tūr*
confortable *comfortabel* kom·for·*tā*·beul
congélateur *ijskast* *eys*·kast
conjonctivite *bindvliesontsteking* *bint*·flīs·ont·sté·king
connaître (quelqu'un) *kennen* *kè*·neu
connexion (transport) *verbinding* feur·*bin*·ding
conseil *advies* **n** at·*vīs*
conservateur adj *conservatief* kon·sèr·va·*tīf*
consigne (gare) *bagagedepot/bagagekluis* ba·*Rhā*·jeu·dé·*pō*/ba·*Rhā*·jeu·kleuys
constipation *constipatie* kon·stī·*pā*·sī
construire *bouwen* *bao*·eu
consulat *consulaat* **n** kon·su·*lāt*
contagieux *besmettelijk* bœ·*smè*·teu·leuk
contraceptifs *anticonceptiemiddelen* an·tī·kon·*sèp*·sī·mi·deu·leun
contrôleur de billets *kaartjesknipper* kār·tyeus·*kni*·peur
contusion *kneuzing* *kneu*·zing
cool *leuk* leuk
corde *touw* **n** tao
— à linge *waslijn* *vas*·leyn
corner (football) *hoek* Houk
corps *lichaam* **n** *li*·Rhām
correct *juist* yeuyst
corrompre *omkopen* *om*·kō·peu
corrompu *corrupt* ko·*rupt*
corruption *corruptie/omkoperij* ko·*rup*·sī/ om·kō·peu·*rey*
costume *pak* **n**/*kostuum* **n** **PB/B** *pak*/kos·*tūm*
côté *kant* kant • **à côté de** *naast* nāst • **de l'autre côté** *tegenover* té·Rheun·*ō*·veur
côte (géographie) *kust* kust
coton *katoen* **n** ka·*toun*
— -tiges *wattenstaafjes* va·teu·*stāf*·yeus
cou *nek* nèk
couche (bébé) *luier* *leuy*·yeur
— d'ozone *ozonlaag* *ō*·zon·lāRh
coucher de soleil *zonsondergang* zons·*on*·deur·Rhang
couchette *slaapplaats* *slāp*·plāts
— d'un bateau *hut* Hut
— d'un train *couchette* kou·*chèt*
coudre *naaien* *nā*·yeu
couleur *kleur* kleur
couloir *vloer* flour • **(d'un avion)** *gangpad* **n** *Rhang*·pat
coup de soleil *zonnesteek* *zo*·neu·sték
coupable *schuldig* *sRhul*·dīRh
coupe de cheveux *kapsel* **n** *kap*·seul
coupe-ongles *nagelknipper* *nā*·Rheul·kni·peur
couper *snijden* *sney*·deu
couple *paar* **n** pār
coupure *snede* *sné*·deu
courageux *moedig* *mou*·dīRh

C

français/néerlandais

courant N *stroom* strōm
courgette *courgette* kour·*jèt*
courrier (lettres/circuit postal) *post* post
— express *exprespost* èks·*près*·post
— par avion *luchtpost* *luRht*·post
— recommandé *aangetekende post* *ān*·Rhœ·té·keun·deu post
— simple *gewone post* Rhœ·*vō*·neu post
courir *rennen/lopen* **PB/B** *rè*·neu/*lō*·peu
course (sport) *wedstrijd* *vèt*·streyt
— hippique *paardenwedrennen* *pār*·deun·vèt·rè·neun
courses (magasin) *boodschappen* *bōt*·sRha·peun
court **adj** *kort* kort
court de tennis *plein* **n**/*tennisbaan* pleyn/ *tè*·nis·bān
coût *kost* kost
couteau *mes* **n** mès
— de poche *zakmes* **n** *zak*·mès
coûter *kosten* *kos*·teu
couvent *klooster* **n** *klō*·steur
couverts *bestek* **n** bœ·*stèk*
couverture *deken* *dé*·keun
crâne *schedel* *sRhé*·deul
crème (lotion) *crème* krém • **(nourriture)** *room* rōm
— glacée *(room)ijs* **n** (*rōm*·)eys
— hydratante *vochtinbrengende crème* *foRht*·in·brèng·eun·deu krém
— solaire *zonnecrème* *zo*·neu·krém
crédit *krediet* **n** kré·*dīt* • **carte de crédit** *kredietkaart* kré·*dīt*·kārt
crevette *garnaal* Rhar·*nāl*
critique (art) N *kritiek* *kri*·tīk
croix (religion) *kruis* **n** kreuys
cru (steak) *kort gebakken* **PB**/*saignant* **B** kort Rhœ·*ba*·keun/*sé*·*nya*
cuillère *lepel* *lé*·peul • **petite cuillère** *theelepeltje* **n** *té*·lé·peul·tyeu
cuir *leer* **n** *lér*
— chevelu *hoofdhuid* *Hōft*·Heuyt
cuisine *keuken* *keu*·keun
cuisiner *koken* *kō*·keu
cuisinier *kok* kok • **chef cuisinier** *chef-kok* chèf·*kok*
cuisson *gaardheid* *Rārt*·Heyt
cure-dents *tandenstoker* *tan*·deun·stō·keur
CV *cv* **n** sé·*vé*
cyclisme (occasionnel) *fietsen* *fit*·seu • **(compétition)** *wielersport* *vī*·leur·sport
cycliste (occasionnel) *fietser* *fit*·seur • **(compétition)** *wielrenner* *vīl*·rè·neur

D

d'accord, être *overeenkomen* ō·veur·*én*·kō·meu
Danemark *Denemarken* *dé*·neu·mar·keun
dangereux *gevaarlijk/onveilig* Rhœ·*vār*·leuk/on·*fey*·līRh
dans *in* in
danse *dans* dans
danser *dansen* *dan*·seu
date *dag* daRh
— de naissance *geboortedutum* Rhœ·*bor*·teu·dā·teum
datte *dadel* *dā*·deul
de *van* fan
dé (jeu) *dobbelsteen* *do*·beul·stén
débit de tabac *sigarenhandel* sī·*Rhā*·reun·Han·deul
débordement *overstroming* *ō*·veur·stro·ming
décalage horaire *tijdsverschil* **n** *teyts*·feur·sRhil
décapsuleur *flesopener* *flès*·ō·peu·neur
déchets *afval* **n sg** *af*·val
— nucléaires *atoomafval* **n sg** a·*tōm*·af·val
— toxiques *toxisch afval* **n sg** *tok*·sis *af*·val
décider *beslissen* bœ·*sli*·seu
défectueux *defect* *dé*·fèkt
déforestation *ontbossing* ont·*bo*·sing
dégâts *schade* *sRhā*·deu
— provoqués par l'eau *waterschade* *vā*·teur·sRhā·deu
degrés (température) *graden* *Rhrā*·deun
dehors *buiten* *beuy*·teun
déjà *al* al
déjeuner *lunch/middagmaal* **n** lunch/ *mi*·daRh·māl • **petit-déjeuner** *ontbijt* **n** ont·*beyt*
délicieux *heel lekker* Hél *lé*·keur
demain *morgen* *mor*·Rheun • **après-demain** *overmorgen* *ō*·veur·mor·Rheun
demander *vragen* *vrā*·Rheu
démangeaison *jeuk* yeuk
démarreur *startkabels* **pl** *start*·kā·beuls
démissionner *ontslag nemen* ont·*slaRh* *né*·meu
démocratie *democratie* dé·mō·kra·*sī*
démonstration (étalage) *demonstratie* dé·mon·*strā*·sī

dent *tand* tant • **brosse à dents** *tandenborstel* *tan*·deun·bor·steul • **cure-dents** *tandenstoker* *tan*·deun·stō·keur • **mal aux dents** *kiespijn/tandpijn* **PB/B** *kīs*·peyn/*tant*·peyn
dentelle **n** *kant* kant
dentifrice *tandpasta* *tant*·pas·ta
dentiste *tandarts* *tan*·darts
déodorant *deodorant* dé·yō·dō·*rant*
départ *vertrek* **n** feur·*trèk* • **hall des départs** *vertrekhal* feur·*trèk*·Hal
dépression (humeur) *ontmoediging* *ont*·mou·di·Rhing • **(temps)** *verlaging* *feur*·la·Rhing
depuis (temps) *sinds* sins
dernier (final) *laatste* *laat*·steu • **(précédent)** *vorige* *fō*·ri·Rheu
derrière *achter* *aRh*·teur • **(corps)** *achterwerk* **n** *aRh*·teur·vèrk
descendant **n** *afstammeling* *af*·sta·meu·ling
descendre (bus, train) *uitstappen* *euyt*·sta·peu • **(escalier)** *aflopen* *af*·lō·peu
désert *woestijn* vous·*teyn*
dessert *dessert* **n** dè·*sér*
destination *bestemming* bœ·*stè*·ring
détaché *los* los
détaillé *gedetailleerd* Rhœ·dé·ta·*yért*
détails *details* **n pl** dé·*tays*
détendu (personne) *ontspannen* ont·*spa*·neun
détruit *stuk* stuk
deux *twee* tvé • **les deux** *beide* *bey*·deu — **fois** *tweemaal* *tvé*·māl
deuxième **adj** *tweede* *tvé*·deu — **classe** *tweede klas* *tvé*·deu klas
devant *voorop* vōr·*op*
deviner **v** *raden* *rā*·deu
diabète *suikerziekte/diabetes* *seuy*·keur·zīk·teu/dī·ya·*bé*·tis
diamant *diamant* dī·ya·*mant*
diaphragme (contraceptif) *pessarium* **n** pe·*sā*·rī·yeum
diapositives (pellicule) *diafilm* *dī*·ya·film
diarrhée *diarree* dī·ya·*ré*
dictionnaire *woordenboek* **n** *vōr*·deun·bouk
Dieu *god* Rhot
différent *verschillend* feur·*sRhi*·leunt
difficile *moeilijk* *mouy*·leuk
digue *dam/dijk* dam/deyk
dinde *kalkoen* kal·*koun*
dîner *diner* **n**/*avondmaal* **n** dī·*né*/*ā*·vont·māl
dioxyde de carbone *koolstofdioxide* kōl·stof·dī·yok·*sī*·deu • **émissions de dioxyde de carbone** *koolstofdioxide-uitstraling* kōl·stof·dī·yok·sī·deu·*euyt*·stra·ling
dire *zeggen* *zè*·Rheu
direct **adj** *rechtstreeks* rèRh·*stréks* • **ligne directe (téléphone)** *rechtstreekse lijn* rèRh·*strék*·seu leyn
directeur *directeur/directrice* **m/f** dī·rèk·*teur*/dī·rèk·*trī*·seu
direction (administration) *directie* di·*rèk*·sī • **(orientation)** *richting* *riRh*·ting
dirigeant *leider* *ley*·deur
discrimination *discriminatie* dis·krī·mī·*nā*·sī
dispute *ruzie* *rrū*·zī
(se) disputer *ruzie maken* *rrū*·zī *mā*·keu
disque (CD-Rom) *schijf* sRheyf
distribuer (cartes) *uitdelen* euyt·*dé*·leu
distributeur automatique (argent) *pin-automaat/geldautomaat* **PB/B** *pin*·ao·tō·māt/*Rhèlt*·ao·tō·māt
divorcé *gescheiden* Rhœ·*sRhey*·deun
docteur *dokter* *dok*·teurr
doigt *vinger* *fing*·eurr
donner *geven* *Rhé*·veu
dormir *slapen* *slā*·peu
dos (corps) *rug* ruRh • **sac à dos** *rugzak* *ruRh*·zak
douane *douane* dou·*ā*·neu
double *dubbel* *du*·beul • **chambre double** *tweepersoonskamer* *tvé*·peur·sōns·kā·meur • **lit double** *tweepersoonsbed* **n** *tvé*·peur·sōns·bèt
douche *douche* *dou*·cheu
douleur *pijn* peyn
douloureux *pijnlijk* *peyn*·leuk
douzaine *dozijn* **n** do·*zeyn*
draguer (flatter) *opvrijen* *op*·vrey·yeu
drap *laken* **n** *lā*·keun
drapeau *vlag* vlaRh
drogue *drugs* druRhs
droguerie *drogisterij* drō·Rhis·teu·*rey*
droit (étude/profession) *rechten* **n pl** *rèRh*·teun
droite, à *rechts* rèRhts
droits civiques *burgerrechten* *bur*·Rheu·rèRh·teun

droits de l'homme *mensenrechten* **n** mèn·seun·rèRh·teun
drôle *grappig* *Rhra*·pïRh
dur (solide) *hard* Hart
durable *duurzaam* *dūr*·zām
DVD *dvd* dé·vé·*dé*

E

eau *water* **n** *vā*·teur • **niveau de l'eau** *waterstand* *vā*·teur·stant
— chaude *warm water* **n** varm *vā*·teur
— -de-vie *brandewijn/cognac* **PB/B** *bran*·deu·veyn/ko·*nyak*
— du robinet *kraanwater* **n** *krān*·vā·teurr
— minérale *mineraalwater* **n** mī·né·*rāl*·vā·teur
— plate *spa blauw* **PB**/*plat water* **n B** spa blao/plat *vā*·teur
échanger *ruilen* *reuy*·leu
échappement (voiture) *uitlaat* *euyt*·lāt
échecs (jeu) *schaakspel* **n** *sRhāk*·spèl • **plateau d'échecs** *schaakbord* **n** *sRhāk*·bort
échographie *echografie* e·Rhō·Rhra·*fī*
école *school* sRhōl
— secondaire *middelbare school* *mi*·deul·bā·reu sRhōl
écouter *luisteren* *leuys*·teu·reu
écran labial *lippenbalm* *li*·peun·balm
écrire *schrijven* *sRhrey*·veu
écrivain *schrijver* *sRhrey*·veurr
éducation *opvoeding* *op*·fou·ding
— sexuelle *seksuele voorlichting* sèk·sū·*é*·leu *fōr*·lïRh·ting
égalité *gelijkheid* Rhœ·*leyk*·Heyt
— des chances *gelijke kansen* **pl** Rhœ·*ley*·keu *kan*·seun
église *kerk* kèrk
égoïste *egoïstisch* é·Rhō·*is*·tis
élection *verkiezing* feur·*kī*·zing
électricien *elektricien* é·lèk·trī·*chyun*
électricité *elektriciteit* é·lèk·trī·sī·*teyt*
elle *zij* zey • **elles** *zij* zey
éloigné *afgelegen* *af*·Rhœ·lé·Rheun
embrayage *koppeling* *ko*·peu·ling
embarquer (avion, bateau) *aan boord gaan* ān bōrt Rhān
embarrassé *gegeneerd* Rhœ·jé·*nért*
embouteillage *verkeersopstopping* feur·*kérs*·op·*sto*·ping
embrasser *kussen* *ku*·seu
émissions de dioxyde de carbone *koolstofdioxide-uitstraling* kōl·stof·dī·yok·sī·deu·euyt·*stra*·ling
émotif/émotive *emotioneel* é·mō·chyō·*nél*
empêcher *tegenhouden* *té*·Rheun·Hao·deu
empire (histoire) *heerschappij* Hér·sRha·*pey*
emploi du temps *tijdschema* **n** *teyt*·sRhé·ma
employé *werknemer* vèrk·*né*·meur
— de bureau *kantoorambtenaar* kan·*tōr*·amp·te·nār
employeur *werkgever* vèrk·*Rhé*·veur
emprunter *lenen* *lé*·neu
en bas de *onderaan* on·deur·*ān*
en colère *boos* bōs
en descendant *bergaf* bèrRh·*af*
en face de *tegenover* té·Rheun·*ō*·veur
en hauteur *omhoog* om·*HōRh*
en montant *bergop* bèrRh·*op*
encaisser (un chèque) *(een cheque) innen* (eun chèk) *i*·neu
enceinte adj *zwanger* *zvang*·eur
endroit *plaats* plāts
énergie nucléaire *kernenergie* *kèrn*·é·nèr·Rhī
enfant *kind* **n** kint • **petit-enfant** *kleinkind* **n** *kleyn*·kint • **siège enfant** *kinderstoul* *kin*·deur·stoul
enfants *kinderen* **n pl** *kin*·deu·reun • **garde d'enfants** *kinderoppasdienst* *kin*·deur·o·pas·dīnst
enlacer *omhelzen* om·*Hèl*·zeu
enregistrement *opname* *op*·nā·meu
enregistrer *opnemen* *op*·né·meu
enrhumé, être *verkouden zijn* feur·*kao*·deun zeyn
enseignement *onderwijs* **n** on·deur·*veys*
enseigner *leren* *lé*·reu
ensoleillé *zonnig* *zo*·nïRh
ensemble adj *samen* *sā*·meun
ensommeillé *slaperig* *slā*·peu·rïRh
entendre *horen* *hō*·reu
enterrement *begrafenis* bœ·*Rhrā*·feu·nis
entorse *verstuiking* feur·*steuy*·king
entraîner *trainen* *trey*·neu • **(s')entraîner** *oefenen* *ou*·feu·neu
entre *tussen* *tu*·seun
entrée *ingang* *in*·Rhang • **(prix)** *toegangsprijs* *tou*·Rhangs·preys
entrer *binnengaan* *bi*·neun·Rhān
entrepreneur (bâtiment) *aannemer* *ā*·né·meur

entretien *bespreking* bœ·*spré*·king
ennuyé *verveeld* feur·*vélt*
ennuyeux *saai/vervelend* **PB/B** sāy/feur·*vé*·leunt
environ *ongeveer* on·Rhœ·*vér*
environnement *milieu* **n** mil·*yeu*
envoyer *sturen* *stū*·reu
épais *dik* dĭk
épaule *shouder* *sRhao*·deur
épicier *kruidenierszaak* kreuy·deu·*nīrs*·zāk
épinard *spinazie* spī·*nā*·zī
épouse *echtgenote* *èRht*·Rhœ·nō·teu
équipe *ploeg* plouRh
équipement *uitrusting* *euyt*·rus·ting
— de plongée *duikuitrusting* *deuyk*·euyt·rus·ting
équitation *paardrijden* **n** *pārt*·rey·deun
erreur *vergissing* feur·*Rhi*·sing
erroné *fout* faot
escalade *rotsklimmen* **n** *rots*·kli·meun
escalier *trap* trap
— roulant *roltrap* *rol*·trap
escargot *slak* slak
escroc *oplichter* *op*·liRh·teur
espace *ruimte* *reuym*·teu
espèce menacée *bedreigde soort* bœ·*dreyRh*·deu sōrt
essais nucléaires *atoomtesten* a·*tōm*·tes·teun
essayer *proberen* prō·*bé*·reu
essence *benzine* bèn·*zī*·neu
• station-service *benzinestation* **n** bèn·*zī*·neu·sta·chyon
— sans plomb *loodvrije benzine* lōt·*vrey*·yeu bèn·*zī*·neu
est N *oosten* **n** *ō*·steun
esthéticien(ne) *schoonheidsspecialiste* *sRhōn*·Heyt·spé·chya·*lis*·teu
estomac *maag* māRh
et *en* èn
étage *verdieping* feur·*dī*·ping
étagère *plank* plank
étanche (bâtiment/structure) *waterdicht* vā·teur·*diRht*
état civil *wettelijke stand* *vè*·teu·leu·keu stant
été *zomer* *zō*·meur
éteint (électricité) *uit* euyt
étiquette à bagages *bagage-etiket* **n** ba·*Rhā*·jeu·é·tī·*kèt*
étoile *ster* stèr **• (4-) étoiles** *(vier)sterren* (vīrr·)*stè*·reun
étranger n *onbekende* on·bœ·*kèn*·deu
• à l'étranger *in het buitenland/ buitenlands* in Heut *beuy*·teun·lant/ *beuy*·teun·lants
être *zijn* zeyn **• bien-être** *welzijn* **n** *vèl*·zeyn
étroit *smal* smal
étudiant *student* stū·*dènt*
euro *euro/euro's* **sg/pl** *eu*·rō/*eu*·rōs
Europe *Europa* eu·*rō*·pa
euthanasie *euthanasie* eu·ta·na·*zī*
exactement *juist* yeuyst
excédent de bagages *overvracht* *ō*·veur·vraRht
excellent *uitmuntend* euyt·*mun*·teunt
exclu *niet inbegrepen* nīt *in*·bœ·Rhré·peun
excursion *tocht* toRht
— en bateau *boottocht* *bōt*·toRht
exemple *voorbeeld* **n** *fōr*·bélt
expédier (marchandises) *verzenden* feur·*zèn*·deu
expérience *ervaring* èr·*vā*·ring
— professionnelle *werkervaring* *vèrk*·èr·vā·ring
exploitation *uitbuiting* *euyt*·beuy·ting
exposition *tentoonstelling* teun·*tōn*·stè·ling

F

façade *gevel* *Rhé*·veul
facile *gemakkelijk* Rhœ·*ma*·keu·leuk
facture *rekening* *ré*·keu·ning
falaise *rotswand* *rots*·vant
faible *zwak* zvak
faire (choses palpables) *maken* *mā*·keu
• (choses impalpables) *doen* doun
— mal *pijn doen* peyn doun
fait main *handgemaakt* *Hant*·Rhœ·mākt
fatigué *moe* mou
fausse-couche *miskraam* *mis*·krām
faute (culpabilité) *fout* faot **• (football)** *overtreding* ō·veur·*tré*·ding
fauteuil roulant *rolstoel* *rrol*·stoul
famille *familie* fa·*mī*·lī **• nom de famille** *familienaam* fa·*mī*·lī·nām
félicitations *gelukwensen* Rhœ·*luk*·vèn·seun
féminin *vrouwelijk* *frao*·eu·leuk
femme *vrouw* frao
— au foyer *huisvrouw* **f** *Heuys*·vrao
— d'affaires *zakenvrouw* **f** *zā*·keun·vrao
fenêtre *raam* **n** rām
ferme *boerderij* bour·deu·*rey*
fermé *gesloten* Rhœ·*slō*·teun

fermer *sluiten* *sleuy*·teu
fermeture à glissière *rits* rits
fermier *boer/boerin* **m/f** bour/bou·*rin*
fer à repasser *strijkijzer* **n** *streyk*·ey·zeur
ferry *veerboot/ferry* **PB/B** *fér*·bōt/*fe*·rī
fête *feest/fuif* **PB/B** *fést*/feuyf
feu *vuur* **n** fūr
— tricolore *verkeerslicht* **n** feur·*kérs*·līRht
feuille *blad* **n** blat
fiançailles *verloving* feur·*lō*·ving
fiancé(e) **adj** *verloofd* feur·*lōft*
• **n** *verloofde* feur·*lōf*·deu
fiction *fictie* *fik*·sī
fièvre *koorts* kōrts
figue *vijg* feyRh
fil *draad* drāt
— de fer *ijzerdraad* *ey*·zeur·drāt
— dentaire *tandzijde* *tant*·zey·deu
fille (général) *meisje* **n** *mey*·cheu
• **(parenté)** *dochter* *doRh*·teur
fils (parenté) *zoon* zōn
film *film* film
filtré *gefilterd* Rhœ·*fil*·tèrt
fin *einde* **n** *eyn*·deu
finir *eindigen* *eyn*·di·Rheu
flamand **adj** *Vlaams* vlāms • **de langue flamande** *Vlaamstalig* *vlāms*·tā·līRh
flamand (langue) **N** *Vlaams* **n** vlāms
Flamand (personne) **N** *Vlaming* *vlā*·ming
Flandres *Vlaanderen* *vlān*·deu·reun
flash (appareil photo) *flits* flits
fleur *bloem* bloum
fleuriste *bloemist* blou·*mist*
flocons d'avoine *havermout* *Hā*·veur·maot
foie *lever* *lé*·veur
foncé (couleur) *donker* *don*·keur
football *voetbal* **n** *fout*·bal
force *kracht* kraRht
forêt *woud* **n** vaot
forme *vorm* form
fort **adj** **(bruit)** *luid* leuyt • **(puissant)** *sterk* stèrk
fou *gek* Rhèk
four micro-ondes *magnetron/ microgolfoven* **PB/B** *maRh*·né·tron/ *mī*·krō·Rholf·*ō*·veun
fourchette *vork* fork
fourmi *mier* mīr
fourneau *fornuis* **n** for·*neuys*
fournir *bezorgen* bœ·*zor*·Rheu
fragile *breekbaar* *brék*·bār
frais **adj** *vers* vèrs
frais de port *portkosten* *port*·kos·teun
fraise *aardbei* *ārt*·bey
framboise *framboos* fran·*bōs*
français **adj** *Frans* frans • **(langue)** **N** *Frans* **n** frans
Français(e) (personne) **N** *Fransman/ Fransvrouw* **m/f** *frans*·man/ *frans*·vrao
France *Frankrijk* *frank*·reyk
franchise de bagages *toegestane hoeveelheid bagage* *tou*·Rhœ·*stā*·neu Hou·*vél*·Heyt ba·*Rhā*·jeu
francophone *Franstalig* frans·*tā*·līRh
fraude *bedrog* **n** bœ·*droRh*
freins *remmen* *ré*·meun
frère *broer* brour
frire *bakken* *ba*·keu
frison (langue) *Fries* **n** frīs
frit *gebakken* Rhœ·*ba*·keun
froid **adj** *koel/koud* koul/kaot
fromage *kaas* kās
fromagerie *kaaswinkel* *kās*·vin·keul
frontière *grens* Rhrèns
frottis (gynécologie) *uitstrijkje* **n** *euyt*·streyk·yeu
fruit *fruit* **n** freuyt • **récolte de fruits** *fruitoogst* *freuyt*·ōRhst
— de la passion *passievrucht* *pa*·sī·fruRht
— sec *gedroogd fruit* **n** Rhœ·*drōRht* freuyt
fuite (écoulement) *lek* **n** lèk • **(évasion)** *vlucht* fluRht
fumer *roken* *rō*·keu

G

gagnant *winnaar* *vi*·nār
gagner *winnen* *vi*·neu
— de l'argent *verdienen* feur·*dī*·neu
galerie (art) *kunstgalerie* kunst·Rha·leu·*rī*
gant de toilette *washandje* **n** *vas*·Han·tyeu
gants *handschoenen* *hant*·sRhou·neun
garçon *jongen* *yong*·eun
Garçon ! *Mijnheer!* meyn·*Hér*
garage *garage* Rha·*rā*·jeu
garantie **N** *garantie* ga·*ran*·sī
garde-robe *klerenkast* *klé*·reun·kast
gardien de but *doelverdediger/keeper* *doul*·feur·dé·di·Rheur/*kī*·peur
gare *(trein)station* **n** (treyn·)sta·*chyon*
— routière *busstation* **n** *bus*·sta·chyon
garer (voiture) *parkeren* par·*ké*·reu
gastralgie *maagpijn* *māRh*·peyn
gâté (nourriture) *bedorven* bœ·*dor*·veun

gâteau de mariage *huwelijkstaart* *Hū*·veu·leuks·tārt • **petit gâteau** *koekje* **n** *kouk*·yeu
gauche *links* links • **à gauche** *links* links
gay (homosexuel) *homo* *Hō*·mō
gaz *gas* **n** Rhas • **bouteille de gaz** *gasvulling* *Rhas*·vu·ling
gaze *gaas* **n** Rhās
gel (météo) *vorst* forst
gelé (personne) *bevroren* bœ·*frō*·reun • **(route)** *glad* Rhlat
geler *vriezen* *vrī*·zeu
génial *fantastisch* fan·*tas*·tis
génie civil *burgerlijke bouwkunde* *bur*·Rheur·leu·keu *bao*·kun·deu
genièvre *jenever* yeu·*né*·veur/ jeu·*né*·veur **PB/B**
genou *knie* knī
gens *mensen* *mèn*·seun
gigantesque *zeer groot* zér Rhrōt
gilet de sauvetage *reddingsvest* **n** *rè*·dings·vèst
glace *ijs* **n** eys • **hockey sur glace** *ijshockey* **n** *eys*·Ho·kī • **pic à glace** *ijshouweel* **n** *eys*·hao·vél
glacier (salle de dégustation) *ijssalon* **n** *ey*·sa·lon
gorge *keel* kél
gourde (eau) *veldfles* *vèlt*·flès
gouvernement *overheid* *ō*·veur·Heyt
grand *groot* Rhrōt • **le plus grand** *grootst* Rhrōtst
— magasin *warenhuis* **n/** *grootwarenhuis* **n PB/B** *vā*·reun·Heuys/ Rhrōt·*vā*·reun·Heuys
— -mère *grootmoeder* *Rhrōt*·mou·deur
— -père *grootvader* *Rhrōt*·vā·deur
— -place *stadsplein* **n** *stats*·pleyn
grandir *groeien* *Rhrou*·yeu
gras (nourriture) **adj** *vet* fèt
gratuit *gratis* *Rhrā*·tis
grève *staking* *stā*·king
grille-pain *broodrooster* *brōt*·rō·steur
grimper *klimmen* *kli*·meu
grippe *griep* Rhrīp
gris *grijs* Rhreys
gros (objets/personne) *dik* dĭk
grotte *grot* Rhrot
groupe (musique) *band/groep* **PB/B** bènt/Rhroup • **(général)** *groep* Rhroup
— sanguin *bloedgroep* *blout*·Rhroup
guêpe *wesp* vèsp
guerre *oorlog* *ōr*·loRh
guet *uitkijk* *euyt*·keyk
gueule de bois *kater* *kā*·teur
guichet *loket* **n** lō·*kèt*
guide (audio/livre/personne) *gids* Rhits
— de conversation *taalgids* *tāl*·Rhits
— des sorties *uitgaansgids* *euyt*·Rhāns·Rhits
guidon *stuur* **n** stūr
gymnastique *gymnastiek* Rhīm·nas·*tīk*
gynécologue *gynaecoloog* Rhī·né·kō·*lōRh*

H

habile *handig* *Han*·dĭRh
habiter *wonen* *vō*·neu
habitude *gewoonte* Rhœ·*vōn*·teu
habituel *gewoon* Rhœ·*vōn*
haché *gehakt* Rhœ·*Hakt*
hall des départs *vertrekhal* feur·*trèk*·Hal
hamac *hangmat* *Hang*·mat
handicapé *gehandicapt* Rhœ·*Hèn*·dī·kèpt/ Rhœ·*Han*·dī·kapt **PB/B**
harcèlement (sexuel) *ongewenste intimiteiten* **pl** on·Rhœ·*vèns*·teu in·tī·mī·*tey*·teun
hareng *haring* *Hā*·ring
haricot *boon* bōn
haut *hoog* HōRh
hauteur *hoogte* *HōRh*·teu • **en hauteur** *omhoog* om·*HōRh*
herbe *kruid* **n** kreuyt
heure *uur* **n** ūr • **à l'heure** *op tijd* op teyt
— de pointe *spitsuur/piekuur* **n** *spits*·ūr/ *pīk*·ūr
heures d'ouverture *openingsuren* **n pl** *ō*·peu·nings·ū·reun
heureux *gelukkig* Rhœ·*lu*·kĭRh
hier *gisteren* *Rhis*·teu·reun • **avant-hier** *eergisteren* *ér*·Rhis·teu·reun
histoire *geschiedenis* Rhœ·*sRhī*·deu·nis
historique *historisch* His·*tō*·ris
hiver *winter* *vin*·teur
hockey sur glace *ijshockey* **n** *eys*·Ho·kī
Hollande *Holland* *Ho*·lant
homme *man* man
— d'affaires *zakenman* *zā*·keun·man
homosexuel **N** *homoseksueel* Hō·mō·sèk·sū·*él*
honorer *vereren* feur·*é*·reu
hôpital *ziekenhuis* **n** *zī*·keun·Heuys
— mobile *veldhospitaal* **n** *fèlt*·Hos·pī·tāl
horaires (transport) *dienstregeling* *dīnst*·ré·Rhœ·ling

horloge *klok* klok
horrible *verschrikkelijk* feur·*sRhri*·keu·leuk
hors service *buiten dienst* beuy·teun dīnst
hospitalité *gastvrijheid* Rhast·*frey*·Heyt
hôtel *hotel* **n** Hō·*tèl*
— de ville *stadhuis* **n** stat·*Heuys*
— particulier *herenhuis* **n** *Hé*·reun·Heuys
huile *olie* ō·lī
— d'olive *olijfolie* ō·*leyf*·ō·lī
— solaire *zonnebrandolie* *zo*·neu·brant·ō·lī
huître *oester* *ous*·teur

I

ici *hier* Hīr
identification *identificatie* ī·dèn·tī·fī·*kā*·sī
idiot N *idioot* ī·dī·*yōt*
il *het* **n** Heut
— y a (3 jours) *(drie dagen) geleden* (drī *dā*·Rheun) Rhœ·*lé*·deu
il *hij* **m** Hey
île *eiland* **n** *ey*·lant
ils *zij* zey
immatriculation (voiture) *inschrijvingsnummer* **n** *in*·sRhrey·vings·*nu*·meur
immigration *immigratie* ī·mī·*grā*·sī
imperméable **n** *regenjas* *ré*·Rheun·yas
important *belangrijk* bœ·*lang*·reyk
impossible *onmogelijk* on·*mō*·Rheu·leuk
impôt *belasting* bœ·*las*·ting
— sur le revenu *inkomstenbelasting* *in*·kom·steun·bœ·las·ting
incendie *brand* brant
inconfortable *ongemakkelijk* on·Rhœ·*ma*·keu·leuk
indépendant (travail) *zelfstandig* zèlf·*stan*·dīRh
indigestion *indigestie* in·dī·*Rhès*·tī
industrie *industrie* in·dus·*trī*
infection *infectie* in·*fèk*·sī
— urinaire *infectie van de urinewegen* in·*fèk*·sī fan deu ū·*rī*·neu·vé·Rheun
infime *miniem* mī·*nīm*
infirmière *verpleegster* fèr·*léRh*·steur
inflammation *ontsteking* ont·*sté*·king
information *informatie* in·forr·*mā*·sī
• **informations (médias)** *nieuws* nīous
informatique *informatica* in·for·*mā*·tī·ka
ingénieur *ingenieur* in·jé·*nyeur*
ingrédient *ingredient* **n** in·Rhré·*dyènt*
inhabituel *ongewoon* on·Rhœ·*vōn*
injecter *inspuiten* *in*·speuy·teu
injection *inspuiting* *in*·speuy·ting
injuste *oneerlijk* on·*ér*·leuk
innocent *onschuldig* on·*sRhul*·dīRh
inondation *overstroming* ō·veur·*strō*·ming
inquiet *bezorgd* bœ·*zorRht*
insecte *insect* **n** *in*·sèkt
insolation *zonnesteek* *zo*·neu·sték
instructeur *instructeur* in·struk·*teur*
intéressant *interessant* in·té·rè·*sant*
intérieur, à l' *binnen/binnenshuis* *bi*·neun/bi·neuns·*Heuys*
international *internationaal* in·teur·na·chyō·*nāl*
interprète *tolk* tolk
intersection *kruispunt* **n** *kreuys*·punt
inviter *uitnodigen* *euyt*·nō·di·Rheu
itinéraire *(reis)route* *(reys*·)rou·teu
ivre *dronken* *dron*·keun

J

jaloux *jaloers* ya·*lours*
jamais *nooit* nōyt
jambe *been* **n** bén
jardin *tuin* teuyn
— botanique *botanische tuin* bō·*tā*·ni·seu teuyn
— d'enfants *kleuterschool* *kleu*·teur·sRhōl
— public *openbaar park* **n** *ō*·peun·bār park
jardinage *tuinieren* teuy·*nī*·reu
jardinier *tuinier* teuy·*nīr*
jaune *geel* Rhél
je *ik* ik
jeans *spijkerbroek/jeans* **PB/B** *spey*·keur·brouk/jīns
jeu vidéo *computerspel* **n** kom·pyū·teur·*spèl*
jeune *jong* yong
jogging, faire du *joggen* **n** *djo*·gueu
jouer (instrument) *spelen* *spé*·leu
• **(théâtre)** *optreden* *op*·tré·deu
— aux cartes *kaartspelen* *kārt*·spé·leu
jour *dag* daRh
— de Noël *kerstdag* kèrst·*daRh*
— férié *feestdag* *fés*·daRh
journal *krant* krant • **kiosque à journaux** *krantenkiosk* kran·teu·kī·*yosk*
• **marchand de journaux** *krantenzaak* *kran*·teu·zāk
— intime *dagboek* **n** *daRh*·bouk

juge *rechter* rèRh·teur
jumeaux *tweeling* tvé·ling • **lits jumeaux** *lits jumeaux* lī jū·mō
jumelles (vue) *verrekijker* sg fè·reu·key·keur
jupe *rok* rok
jus *sap* n sap
jusqu'à *tot* tot

K

kermesse *kermis* kèr·mis
kiosque à journaux *krantenkiosk* kran·teu·kī·yosk

L

là *daar* dār
lac *meer* n mér
lacets *schoenveters* sRhoun·vé·teurs
laid *lelijk* lé·leuk
laine *wol* vol
lait *melk* mèlk
— **de soja** *sojamelk* sō·ya·mèlk
— **écrémé** *taptemelk* PB/*afgeroomde melk* B tap·teu·mèlk/af·Rhœ·rōm·deu mèlk
laitue *sla* slā
lame de rasoir *scheermesje* n sRhér·mè·cheu
lampe de poche *zaklantaarn* zak·lan·tārn
langue *taal* tāl
lapin *konijn* n kō·neyn
lard *spek* n spèk
large *breed* brét
(se) laver *(zich) wassen* (zīRh) va·seu
laver (quelque chose) *(iets) wassen* (īts) va·seu • **machine à laver** *wasmachine* vas·ma·chī·neu
laverie *wasserij* va·seu·rey
— **automatique** *wasserette* va·seu·rè·teu
laxatif n *laxeermiddel* n lak·sér·mi·deul
lecture *lectuur* lèk·tūr
lentilles (nourriture) *linzen* lin·zeun • (vue) *contactlenzen* kon·takt·lèn·zeun • **produit pour lentilles de contact** *oplossing voor contactlenzen* op·lo·sing fōr kon·takt·lèn·zeun
légal *wettelijk* vé·teu·leuk
léger *licht* līRht
législation *wetgeving* vét·Rhé·ving
légume *groente* Rhroun·teu • **marchand de légumes** *groenteboer* Rhroun·teu·bourr • **légumes secs** *peulvruchten* peul·fruRht·eun
lent *traag* trāRh
lentement *traag* trāRh
lesbienne N *lesbische* les·bi·seu
lettre (courrier) *brief* brīf
leur *hun* Hun
lever de soleil *zonsopgang* zons·op·Rhang
lèvres *lippen* li·peun • **rouge à lèvres** *lippenstift* li·peu·stift
liaison *verhouding* feur·Hao·ding
librairie *boekhandel* bouk·Han·deul
libre (disponible) *vrij* frey
lieu *plaats* plāts
— **de naissance** *geboorteplaats* Rhœ·bōr·teu·plāts
— **de vacances** *vakantieoord* n va·kan·sī·ōrt
ligne directe (téléphone) *rechtstreekse lijn* rèRh·strék·seu leyn
limitation de vitesse *maximumsnelheid* mak·sī·meum·snèl·Heyt
linge *was* vas • **corde à linge** *waslijn* vas·leyn
linguiste *taalkundige* tāl·kun·di·Rheu
lire *lezen* lé·zeu
lit *bed* n bèt • **lits jumeaux** *lits jumeaux* lī jū·mō
— **double** *tweepersoonsbed* n tvé·peur·sōns·bèt
literie *beddegoed* n bè·deu·Rhout
livre (ouvrage) *boek* n bouk • **(poids)** *pond* n pont
— **de prières** *gebedenboek* n Rhœ·bé·deun·bouk
local adj *plaatselijk* plāt·seu·leuk
location *huur* Hūr
— **de voiture** *autoverhuur* ao·tō·feur·Hūrr
logement *woning* vō·ning
loger (hôtel) *logeren* lō·jé·reu
loi *wet* vèt
loin *ver* fèr
long *lang* lang
lotion antimoustiques *insektwerend middel* in·sèkt·vé·reunt mi·deul
louer *huren* Hū·reu
lourd *zwaar* zvārr
luge, faire de la *sleetje rijden* slé·tyeu rey·deu
lumière *licht* n liRht

lune *maan* mān
— **de miel (période)** *wittebroodsweken* *vi*·teu·brōts·vé·keun • **(voyage)** *huwelijksreis* *Hū*·veu·leuks·reys
lutte *gevecht* **n** Rhœ·*fèRht*
lunettes *bril* **sg** bril
— **de piscine** *zwembril* **sg** *zvèm*·bril
— **de ski** *skibril* **sg** *skī*·bril
— **de soleil** *zonnebril* **sg** *zo*·neu·bril
Luxembourg *Luxemburg* *luk*·seum·burRh
luxueux *luxueus* luk·sū·*eus*

M

ma *mijn* meyn
machine à laver *wasmachine* *vas*·ma·chī·neu
mâchoire *kaak* kāk
Mademoiselle ! *Mevrouw!* meu·*vrao*
magasin *winkel* vin·keul
— **d'appareils électriques** *handel in elektrische apparaten* *Han*·deul in é·*lèk*·tri·seu a·pa·*rā*·teun
— **d'articles de sport** *sportwinkel* *sport*·vin·keul
— **de bricolage** *doe-het-zelfzaak* dou·Heut·*zèlf*·zāk
— **de chaussures** *schoenenzaak* *sRhou*·neun·zāk
— **de cycles** *fietsenwinkel* *fit*·seun·vin·keul
— **de jouets** *speelgoedwinkel* *spél*·Rhout·vin·keul
— **de matériel de camping** *kampeerwinkel* kam·*pér*·vin·keul
— **de musique** *muziekwinkel* mū·*zīk*·vin·keul
— **d'articles d'occasion** *tweedehandswinkel* tvé·deu·*Hants*·vin·keul
— **de souvenirs** *souvenirwinkel* sou·veu·*nīr*·vin·keul
— **de vêtements** *kledingszaak* *klé*·ding·zāk
— **de vins et spiritueux** *slijterij/ drankenhandel* **PB/B** sley·teu·*rey*/ *dran*·keun·Han·deul
— **diététique** *dieetwinkel* dī·*yèt*·vin·keul
— **duty-free** *taksvrije winkel* *taks*·vrey·yeu *vin*·keul
— **ouvert exclusivement le soir** *avondwinkel* *ā*·vont·vin·keul
maillot *trui* treuy
— **de bain** *zwempak* **n** *zvèm*·pak

main *hand* Hant • **fait main** *handgemaakt* *Hant*·Rhœ·mākt • **sac à main** *handtas* *Han*·tas
maintenant *nu* nū
maire *burgemeester* bur·Rheu·*mé*·steur
mais *maar* mār
maïs *maïs* māys/ma·*yīs* **PB/B**
maison *huis* **n** Heuys • **à la maison** *thuis* teuys
— **au bord d'un canal** *grachtenhuis* **n** *RhraRh*·teun·Heuys
maître de conférences *lector* *lèk*·tor
mal *slecht* slèRht
— **à la tête** *hoofdpijn* *Hōft*·peyn
— **au ventre** *maagpijn* *māRh*·peyn
— **aux dents** *kiespijn/tandpijn* **PB/B** *kīs*·peyn/*tant*·peyn
— **des transports** *reisziekte* reys·*zīk*·teu
— **du pays** *heimwee* *Heym*·vé
malade *ziek* zīk
maladie *ziekte* *zīk*·teu
— **cardiaque** *hartkwaal* *Hart*·kvāl
— **vénérienne** *seksueel overdraagbare aandoening* sèk·sū·*él* ō·veur·*drāRh*·bā·reu *ān*·dou·ning
malvoyant *visueel gehandicapt* vī·sū·*él* Rhœ·*Hèn*·dī·kèpt/Rhœ·*Han*·dī·kapt **PB/B**
maman *mam* mam
manger *eten* *é*·teu
manière *manier* ma·*nīr*
manifestation *betoging* bœ·*tō*·Rhing
manquer *missen* *mi*·seu
manteau *jas/mantel* yas/*man*·teul • **porte-manteaux** *kleerhanger* *klér*·Hang·eur
marchand de journaux *krantenzaak* *kran*·teu·zāk
marchand de légumes *groenteboer* *Rhroun*·teu·bour
marche (escalier/seuil) *trede* *tré*·deu
marché *markt* markt • **bon marché** *goedkoop* Rhout·*kōp*
— **aux puces** *vlooienmarkt* *vlō*·yeun·markt
— **noir** *zwarte markt* *zvarr*·teu markt
marcher *lopen/gaan* **PB/B** *lō*·peu/Rhān
marée *getij* **n** Rhœ·*tey*
mari *echtgenoot* *èRht*·Rhœ·nōt
mariage *huwelijk* **n** *Hū*·veu·leuk • **cadeau de mariage** *huwelijkscadeau* **n** Hū·veu·leuks·ka·*dō* • **gâteau de mariage** *huwelijkstaart* *Hū*·veu·leuks·tārt

marié(e) adj *gehuwd* Rhœ·*Hūt*
(se) marier *huwen* *Hū*·eu
marmite *kookpot* *kōk*·pot
marquer (sport) *scoren* *skō*·reu
marteau *hamer* *Hā*·meur
match (sport) *spel* n spèl
matelas *matras* ma·*tras*
matin *ochtend/morgen* PB/B *oRh*·teunt/ *mor*·Rheun
mauvais *slecht* slèRht
me *mij* mey
mécanicien *mechanicien* mé·ka·nī·*chyun*
médecine (étude/profession) *medicijnen/geneeskunde* PB/B mé·dī·*sey*·neun/Rhœ·*nés*·kun·déu
médicament *medicijn* n mé·dī·*seyn*
méditation *meditatie* mé·dī·*tā*·sī
méduse *kwal* kval
meilleur *beste* *bès*·teu
mélanger *mengen* *mèng*·eu
melon *meloen* mœ·*loun*
— d'eau *watermeloen* *vā*·teur·mœ·loun
membre *lid* n lit
même *dezelfde* m et f/*hetzelfde* n deu·*zèlf*·deu/Heut·*zèlf*·deu
mémorial *gedenkteken* n Rhœ·*dènk*·té·keun
mendiant(e) *bedelaar/bedelares* m/f *bé*·deu·lār/bé·deu·lā·*rès*
menteur *leugenaar* *leu*·Rheu·nārr
mentir *liegen* *lī*·Rheu
menu *menu* n mœ·*nū*
mer *zee* *zé*
merci *Dank u/je* pol/fam dank ū/yeu
mère *moeder* *mou*·deur • **belle-mère** *schoonmoeder* *sRhōn*·mou·deur • **reine-mère** *koningin-moeder* kō·ning·*Rhin*·*mou*·deur
merveilleux *prachtig* *praRh*·tīRh
mes *mijn* meyn
message *bericht* n bœ·*riRht*
messe (catholique) *mis* mis
métal *metaal* n mé·*tāl*
mètre *meter* *mé*·teur
métro *metro* *mé*·trō
mettre (enfiler) *aandoen* *ān*·doun • **(placer)** *zetten* *zè*·teu
meurtre *moord* mōrt
midi *middag* *mi*·daRh • **après-midi** *middag/namiddag* PB/B *mi*·daRh/ *nā*·mi·daRh
miel *honing* *Hō*·ning
mieux *beter* *bé*·teur
migraine *migraine* mī·*Rhreyn*
militaire N *leger* n *lé*·Rheur • **service militaire** *legerdienst* *lé*·Rheur·dīnst
million *miljoen* n mil·*youn*
mince *dun* dun
minuit *middernacht* mi·deur·*naRht*
minute *minuut* mī·*nūt*
miroir *spiegel* *spī*·Rheul
mise en condition *conditietraining* kon·*dī*·sī·trey·ning
mobilier *meubilair* n meu·bī·*lérr*
mode *mode* *mō*·deu
moine *kloosterling* *klō*·steur·ling
moins *minder* *min*·deur
mois *maand* mānt
moitié *helft* Hèlft
mon *mijn* meyn
monastère *klooster* n *klō*·steur
monnaie (pièces) *kleingeld* n *kleyn*·Rhèlt • **(rendu)** *wisselgeld* n *vi*·seul·Rhèlt
monde *wereld* *vé*·reult
montagne *berg* bèrRh • **chaîne de montagnes** *bergketen* *bèrRh*·ké·teun • **sentier de montagne** *bergpad* n *bèrRh*·pat
monter (moto, cheval) *rijden* *rey*·deu
montre *horloge* n Hor·*lō*·jeu
montrer (du doigt) *wijzen* *vey*·zeu • **(document)** *tonen* *tō*·neu
monument *monument* n mo·nū·*mènt*
morceau *stuk* n stuk
morsure (chien) *beet* bét
mort adj *dood* dōt
mosquée *moskee* mos·*ké*
mot *woord* n vōrt
moteur *motor* *mō*·tor • **bateau à moteur** *motorboot* *mō*·tor·bōt
mouche *vlieg* flīRh
mouchoir *zakdoek* *zak*·douk
mouillé *nat* nat
moule (à gâteau) *bakvorm* *bak*·form • **(crustacé)** *mossel* *mo*·seul
moulin *molen* *mō*·leun
— à vent *windmolen* *vint*·mō·leun
mourir *sterven* *stèr*·veu
mousse (bière) *schuimkraag* *sRheuym*·krāRh
— à raser *scheerschuim* n *sRhér*·sRheuym
mousseux (vin) *mousserende wijn* PB/ *schuimwijn* B mou·*sé*·reun·deu veyn/ *sRheuym*·veyn
moustache *snor* snor

M

moustiquaire *muskietennet* **n** mus·*kī*·teun·nèt
moustique *mug* muRh
mouton *schaap* **n** sRhāp
MST *seksueel overdraagbare aandoening* sèk·sū·*él* ō·veur·*drāRh*·bā·reu *ān*·dou·ning
mur *muur* mūr
muscle *spier* spīr
musée *museum* **n** mū·*zé*·yeum
musicien *muzikant* mū·zī·*kant*
— ambulant *straatmuzikant* *strāt*·mū·zī·kant
musique *muziek* mū·*zīk* • **magasin de musique** *muziekwinkel* mū·*zīk*·vin·keul
muet *doof* dōf

N

nage *zwemsport* *zvèm*·sport
nager *zwemmen* *zvè*·meu
nappe *tafellaken* **n** *tā*·feu·lā·keun
nationalité *nationaliteit* na·chyō·na·lī·*teyt*
nature *natuur* na·*tūr*
naturopathie *natuurgeneeskunde* na·*tūr*·Rhœ·nés·kun·deu
nausée *misselijkheid* *mi*·seu·leuk·Heyt
— de début de grossesse *zwangerschapsmisselijkheid* *zvang*·eur·sRhaps·mi·seu·leuk·Heyt
navire *schip* **n** sRhip
nécessaire *noodzakelijk* nōt·*zā*·keu·leuk
néerlandais **adj** *Nederlands/Hollands* *né*·deur·lants/*Ho*·lants • **(langue)** **N** *Nederlands* **n** *né*·deur·lants
Néerlandais (personne) **N** *Nederlander/ Hollander* *né*·deur·lan·deur/ *Ho*·lan·deur
néerlandophone *Nederlandstalig* *né*·deur·lants·*tā*·līRh
négatif **adj** *negatief* né·Rha·*tīf*
négatifs (photos) **n** *negatieven* né·Rha·*tī*·veun
neige *sneeuw* snéou • **bonhomme de neige** *sneeuwpop* *snéou*·pop • **boule de neige** *sneeuwbal* *snéou*·bal
neiger *sneeuwen* *sné*·oueu
neigeux *sneeuwachtig* *snéou*·aRh·tīRh
ne… pas *niet* nīt
nettoyage *schoonmaak* *sRhōn*·māk
nettoyer *schoonmaken* *sRhōn*·mā·keu
neveu *neef* néf
nez *neus* neus
— qui coule *loopneus* *lōp*·neus
nièce *nicht* nīRht
niveau de l'eau *waterstand* *vā*·teur·stant
Noël *Kerstmis* *kèrst*·mis • **jour de Noël** *kerstdag* kèrst·*daRh* • **veillée de Noël** *kerstavond* kèrst·*ā*·vont
noir *zwart* zvart
— et blanc (pellicule photo) *zwart-wit (film)* zvart·*vit* (film)
noisette *hazelnoot* *Hā*·zeul·nōt
noix *noot* nōt
— de cajou *cashewnoot* *ka*·chou·nōt
— de coco *kokosnoot* *kō*·kos·nōt
nom *naam* nām
— de famille *familienaam* fa·*mī*·lī·nām
non *nee* né
— -fumeurs *niet-roken* *nīt*·rō·keu
— plus *evenmin* é·veu·*min*
nord **N** *noorden* **n** *nōr*·deun
nos *onze* *on*·zeu
notre *onze* *on*·zeu
nouilles *noedels* *nou*·deuls
nourrir *voeden* *fou*·deu
nourriture *voedsel* *fout*·seul • **réserves de nourriture** *voedselvoorraad* **sg** *fout*·seul·fō·rāt
— pour bébé *babyvoeding* *bé*·bī·vou·ding
nous *wij* vey
nouveau *nieuw* nīou • **à nouveau** *opnieuw* op·*nīou*
Nouvel An *nieuwjaarsdag* nīou·yārs·*daRh*
nuage *wolk* volk
nuageux *bewolkt* bœ·*volkt*
nuit *nacht* naRht • **boîte de nuit** *nacht-club* *naRht*·klup
numérique *digitaal* dī·Rhī·*tāl*
numéro *nummer* **n** *nu*·meur
— de chambre *kamernummer* **n** *kā*·meur·nu·meur
— de passeport *paspoortnummer* **n** *pas*·pōrt·*nu*·meur

O

objets trouvés *gevonden voorwerpen* **n pl** Rhœ·*von*·deun *fōr*·vèr·peun
obtenir *bekomen* bœ·*kō*·meu
(d')occasion *tweedehands* tvé·deu·*Hants*
occupé (personne) *bezig* *bé*·zīRh • **(téléphone)** *bezet* bœ·*zèt*

océan *oceaan* ō·sé·*yān*
odeur *geur* Rheur
œil *oog* **n** ōRh
œuf *ei* **n** ey
office de tourisme *VVV/toerismebureau* **n PB/B** vé·vé·*vé*/tou·*ris*·meu·bū·rrō
oignon *ui* euy
oiseau *vogel* *fō*·Rheul
olive *olijf* ō·*leyf* • **huile d'olive** *olijfolie* ō·*leyf*·ō·lī
ombre *schaduw* *sRhā*·dū
ombrelle *parasol* pa·ra·*sol*
oncle *oom* ōm
opéra (bâtiment) *operagebouw* **n** ō·pé·ra·Rhœ·*bao*
opération (médicale) *operatie* ō·pé·*rā*·sī
operateur (téléphone) *telefonist* té·lé·fō·*nist*
opinion *opinie* o·*pī*·nī
opticien *opticien* op·tī·*chyun*
or n *goud* **n** Rhaot
orage *onweer* *on*·vér
orange (couleur) *oranje* ō·*ra*·gneu • **(fruit)** *sinaasappel/appelsien* **PB/B** sī·*nās*·a·peul/a·peul·*sīn*
orchestre *orkest* **n** or·*kèst*
ordonnance (médecine) *recept* **n**/ *voorschrift* **n PB/B** ré·*sèpt*/*fōr*·sRhrift
ordures *vuilnis* **n sg** *feuyl*·nis
oreille *oor* **n** ōr • **bouchons d'oreille** *oorstopper* *ōr*·sto·peur • **boucles d'oreille** *oorringen* *ō*·ring·eun
oreiller *kussen* **n** *ku*·seun • **taie d'oreiller** *kussensloop* *ku*·seun·slōp
oreillons *bof* bof
orgasme *orgasme* **n** or·*Rhas*·meu
original adj *origineel* o·rī·jī·*nél*
orteil *teen* tén
os *bot* **n** bot
ou *of* of
où *waar* vār
oublier *vergeten* feur·*Rhé*·teu
ouest N *westen* **n** *vès*·teun
oui *ja* yā
outre-mer *overzees* ō·veur·*zés*
ouvre-boîte *blikopener* *blik*·ō·peu·neur
ouvrier/ouvrière *(fabrieks)arbeider/ (fabrieks)arbeidster* **m/f** (fa·*brīks*·) ar·bey·deur/(fa·*brīks*·)ar·beyt·steur
— **apprenti** *stielman* *stīl*·man
ouvrir *openen* *ō*·peu·neu
ovaire *eileider* *ey*·ley·deurr
oxygène *zuurstof* *zūr*·stof

P

paiement *betaling* bœ·*tā*·ling
pain *brood* **n** brōt • **petit pain** *broodje* **n** *brō*·tyeu
— **complet** *volkorenbrood* **n** fol·*kō*·reun·brrt
paix *vrede* *vré*·deu
page *pagina* *pā*·Rhī·na
palais *paleis* **n** pa·*leys*
panier *mand* mant
panneau de signalisation *verkeersbord* **n** fèr·*kérs*·bort
pansement *pleister* *pley*·steur
pantalon *pantalon/broek* **PB/B** pan·ta·*lon*/brouk
papa *pa* pā
papeterie *kantoorboekhandel* kan·*tōr*·bouk·Han·deul
papier N *papier* **n** pa·*pīr* • **papiers (administratifs)** *papieren* **n** pa·*pī*·reun
— **toilette** *toiletpapier* **n** toa·*lèt*·pa·pīr
papillon *vlinder* *vlin*·deur
Pâques *Pasen* *pā*·seun
paquet *pak* **n**/*pakket* **n** pak/pa·*kèt*
par (jour) *per (dag)* peur (daRh)
paraplégique adj *aan beide zijden verlamd* ān *bey*·deu *zey*·deun feur·*lamt*
parapluie *paraplu* pa·ra·*plū*
parc national *nationaal park* **n** na·chyō·*nāl* park
parce que *omdat* om·*dat*
pardessus *jas* yas
pardonner *vergeven* feur·*Rhé*·veu
pare-brise *voorruit* *fōr*·reuyt
parents *ouders* *ao*·deurs
paresseux adj *lui* leuy
parfois *soms* soms
parfum N *parfum* **n** par·*feuy*
pari *weddenschap* *vè*·deun·sRhap
parier *wedden* *vè*·deu
parking *parking* *par*·king
parlement *parlement* **n** par·leu·*mènt*
parler *praten* *prā*·teu
partager (avec) *delen* *dé*·leu
parti (politique) *partij* par·*tey*
partir *vertrekken* feur·*trè*·keu
partisan *aanhanger* *ān*·Hang·eur
pas n *stap* stap • **pas encore** *nog niet* noRh nīt
passage piéton *zebrapad* **n** *zé*·bra·pat
passager n *passagier* pa·sa·*Rhīr*
passe, faire une (sport) *passen* *pa*·seu

passé N *verleden* **n** feur·*lé*·deun
passeport *paspoort* **n** *pas*·pōrt
• numéro de passeport *paspoortnummer* **n** *pas*·pōrt·*nu*·meur
passer *voorbijgaan* fōr·*bey*·Rhān
pâté en croute *pastei* pas·*tey*
patiner *schaatsen* *sRhāt*·seu
patins à roulettes *rolschaatsen* **n** *rol*·sRhāt·seun
pâtisserie (commerce) *banketbakker/patisserie* **PB/B** ban·*kèt*·ba·keur/pa·tī·seu·*rī* **• (gâteau)** *gebak* **n** Rhœ·*bak*
pause *pause* *pao*·zeu
pauvre *arm* arm
pauvreté *armoede* *ar*·mou·deu
pavés *kasseien* ka·*sé*·yeun
payer *betalen* bœ·*tā*·leu
pays *land* **n** lant
paysage enneigé *sneeuwlandschap* **n** *snéou*·lant·sRhap
Pays-Bas *Nederland* *né*·deur·lant
peau n *huid* Heuyt
pêche (fruit) *perzik* *pèr*·zik
pêcher (poisson) v *vissen* *vi*·seun
pédale *pedaal* **n** pé·*dāl*
pédalo *waterfiets* *vā*·teur·fīts
peigne *kam* kam
peintre (artiste/artisan) *schilder* *sRhil*·deur
peinture (art) *schilderkunst* *sRhil*·deur·kunst **• (œuvre)** *schilderij* **n** sRhil·deu·*rey*
pellicule diapositives *diafilm* *dī*·ya·film
pendant *tijdens* *tey*·deuns
— la nuit *gedurende de nacht* Rhœ·*dū*·reun·deu deu naRht
penser *denken* *dèn*·keu
perdre *verliezen* feur·*lī*·zeu
perdu *verloren* feur·*lō*·reun
père *vader* *vā*·deur **• beau-père** *schoonvader* *sRhōn*·vā·deur
— de famille *huisvader* *Heuys*·vā·deur
permis de conduire *rijbewijs* **n** *rey*·bœ·veys
permis de travail *werkvergunning* *vèrk*·feur·Rhu·ning
permission *toestemming* *tou*·stè·ming
personne *persoon* peur·*sōn*
personnel n *personeel* **n** pèr·sō·*nél*
peser *wegen* *vé*·Rheu
petit adj *klein* kleyn **• plus petit** *kleiner* *kley*·neur **• le plus petit** *kleinst* kleynst **• un petit peu** *een beetje* **n** eun *bé*·tyeu
— ami *vriend* vrīnt
— -déjeuner *ontbijt* **n** ont·*beyt*
— -enfant *kleinkind* **n** *kleyn*·kint
— gâteau *koekje* **n** *kouk*·yeu
— pain *broodje* **n** *brō*·tyeu
— pois *erwt* èrvt
—e amie *vriendin* vrīn·*din*
—e cuillère *theelepeltje* **n** *té*·lé·peul·tyeu
pétition *petitie* pé·*tī*·sī
peu *weinig* *vey*·nīRh **• un petit peu** *een beetje* **n** eun *bé*·tyeu
peut-être *misschien* mī·*sRhīn*
phares (voiture) *koplampen* *kop*·lam·peun
pharmacie *apotheek* a·pō·*ték*
pharmacien(ne) *apotheker/apothekeres* **m/f** a·pō·*té*·keur/a·pō·té·keu·*rès*
phoque *zeehond* *zé*·Hont
photographe (commerce) *fotozaak* *fō*·tō·zāk **• (profession)** *fotograaf* fō·tō·*Rhrāf*
photographie *fotografie* fō·tō·Rhrā·*fī*
photographier *fotograferen* fō·tō·Rhra·*fé*·reu
photomètre *lichtmeter* *liRht*·mé·teur
pic *houweel* **n** hao·*vél*
— à glace *ijshouweel* **n** *eys*·hao·vél
pièce (composant) *onderdeel* **n** *on*·deur·dél **• (théâtre)** *toneelstuk* **n** tō·*nél*·stuk **• pièces (argent)** *muntstukken* *munt*·stu·keun
pied *voet* fout
pierre *steen* stén
piéton *voetganger* *fout*·Rhang·eur
pignon *gevel* *Rhé*·veul
— en cloche *klokgevel* *klok*·Rhé·veul
— à redans *trapgevel* *trap*·Rhé·veul
pillule (contraceptive) *de pil* deu pil
pince *pincet* **n** pin·*sèt*
piqûre (insecte) *beet* bét
pire *slechter* *slèRh*·teur
piscine *zwembad* **n** *zvèm*·bat **•** lunettes **de piscine** *zwembril* **sg** *zvèm*·bril
pistache *pistachenoot* pīs·*ta*·cheu·nōt
piste (sport) *(ren)baan* *(rèn·)*bān
— cyclable *fietspad* **n** *fīts*·pat
place (ville) *plein* **n** pleyn
— de camping *kampeerplaats* kam·*pér*·plāts
plage *strand* strant

P
DICTIONNAIRE

(se) **plaindre** *klagen* *klā*·Rheu
plainte *klacht* klaRht
plan (bâtiment) *plattegrond* pla·teu·*Rhront*
planche à découper *snijplank* *sney*·plank
planche à voile *plankzeilen* **n**/*windsurfen* **n** *plank*·zey·leun/*vint*·seur·feun
planche de surf *surfplank* *seurf*·plank
plaque d'immatriculation *kentekenplaat/nummerplaat* *kèn*·té·keun·plāt/*nu*·meur·plāt
plaque minéralogique *nummerplaat* *nu*·meur·plāt
plastique *plastic/plastieken* *plès*·tik/plas·*tī*·keun
plat **adj** *vlak* vlak • **(nourriture)** **N** *schotel* *sRhō*·teul
plateau d'échecs *schaakbord* **n** *sRhāk*·bort
plein (complet) *vol* fol
— temps *voltijds* *fol*·teyts
plombier *loodgieter* *lōt*·Rhī·teur
plongée *duik* deuyk
— avec masque et tuba *snorkelen* **n** *snor*·keu·leun
pluie *regen* *ré*·Rheun
plus *meer* mérr
— petit *kleiner* *kley*·neur
— grand *groter* *Rhrō*·teur
— tard *later* *lā*·teur
plusieurs *verscheidene* feur·*sRhey*·deu·neu
pneu *band* bant
poche *zak* zak • **couteau de poche** *zakmes* **n** *zak*·mès
poché *gepocheerd* Rhœ·po·*chért*
poêle *koekenpan/pan* **PB/B** *kou*·keu·pan/pan
poésie *dichtkunst* *diRht*·kunst
poids *gewicht* **n** Rhœ·*viRht* • **pl** *gewichten* Rhœ·*viRh*·teun
point de retrait des bagages *bagage-inleverpunt* **n** ba·*Rhā*·jeu·*in*·lé·veur·punt
poire *peer* pér
pois chiche *kekers/kikkererwten* **PB/B** *ké*·keurs/*ki*·keur·èrv·teun
poisson *vis* fis
poissonnerie *vishandel* *fis*·Han·deul
poissonnier *vishandelaar* *fis*·Han·deu·lār
poitrine (corps) *borst* borst
poivron *paprika/peper* *pa*·prī·ka/*pé*·peur
police *politie* pō·*lī*·sī • **agent de police** *politieagent* pō·*lī*·sī·a·*Rhènt* • **commissariat de police** *politiebureau* **n** pō·*lī*·sī·bū·*rō*
police (assurance) *polis* *pō*·lis
policier *politieagent* pō·*lī*·sī·a·*Rhènt*
politicien *politicus* pō·*lī*·tī·kus
politique *politiek* pō·lī·*tīk*
pollution *vervuiling* feur·*veuy*·ling
pomme *appel* *a*·peul
— de terre *aardappel* *ārt*·a·peul
pompe *pomp* pomp
pompiers *brandweer* *brant*·vérr
pont (structure) *brug* bruRh
populaire *populair* pō·pū·*lér*
porc (viande) *varkensvlees* **n** *var*·keuns·vlés
port (rivière/mer) *haven* *Hā*·veun
porte *deur* deur
— à flots (écluse) *vloeddeur* *flout*·deur
porte-documents *aktetas* *ak*·teu·tas
portefeuille *portefeuille* por·teu·feuy
porte-manteaux *kleerhanger* *klérr*·Hang·eur
porte-monnaie *portemonnee* por·teu·mō·*né*
porter *dragen* *drā*·Rheu
positif **adj** *positief* pō·zī·*tīf*
possible *mogelijk* *mō*·Rheu·leuk
poste de contrôle *controlepost* kon·*trō*·leu·post
poste vacant (emploi) *vacature* va·ka·*tū*·reu
poster **N** *poster/affiche* *pos*·teur/a·*fī*·cheu • **v** *op de post doen* op deu post doun
poteau indicateur *richtingsaanwijzer* *riRh*·tings·ān·*vey*·zeur
poterie *aardewerk* **n**/*keramiek* *ār*·deu·vèrk/ké·ra·*mīk*
poubelle *vuilbak* *feuyl*·bak
poudre *poeder* **n** *pou*·deur
poulet *kip* kĭp
pouls *pols* pols
poumon *long* long
poupée *pop* pop
pour *voor* vōr
— cent *procent* prō·*sènt*
— toujours *voor altijd* vōr al·*teyt*
pourboire *fooi* fōy
pourpre *purper* *pur*·peur
pourquoi *waarom* vā·*rom*
pourri *bedorven* bœ·*dor*·veun

pousser (mouvement) *duwen* dū·eu
• **(plante)** *groeien* *Rhrou*·yeu
pousses de soja *taugé/sojascheuten* **PB/B** tao·*jé*/*sō*·ya·sRheu·teun
poussette *wandelwagentje* *van*·deul·vā·Rheun·tyeu
pouvoir (politique) N *macht* maRht
• **(avoir la permission) v** *mogen* *mō*·Rheu • **(être capable) v** *kunnen* *ku*·neu
poux *luizen* *leuy*·zeun
précieux *waardevol* *vār*·deu·fol
préférer *verkiezen* feur·*kī*·zeu
premier adj *eerste* *érs*·teu
— ministre *minister-president* **N**/*eerste minister* **B** mī·*nis*·teur·pré·zī·*dènt*/*ér*·steu mī·*nis*·teur
premiers secours *eerste hulp* **sg** *érs*·teu Hulp • **trousse de premiers secours** *EHBO-kist* é·Hā·bé·*yō*·kist
première classe *eerste klas* *érs*·teu klas
prendre *nemen* *né*·meu
— des notes *optekenen* *op*·té·keu·neu
— une photo *een foto nemen* eun *fō*·tō *né*·meu
prénom *voornaam* *fōr*·nām
préparer (événement) *voorbereiden* *fōr*·bœ·rey·deu • **(repas)** *klaarmaken* *klār*·mā·keu
près prép *bij* bey
— de *naast* nāst
présent (cadeau) N *geschenk* **n** Rhœ·*sRhènk* • **(temps) N** *heden* **n** *Hé*·deun
préservatif *condoom* **n** kon·*dōm*
président *president* pré·zī·*dènt*
— de séance *voorzitter* *fōr*·zi·teurr
presque *bijna* bey·*nā*
pressé (personne) *gehaast* Rhœ·*Hāst*
pression (pneu) *druk* druk
prêt adj *klaar* klār
prêtre *priester* *prīs*·teur
prière *gebed* **n** Rhœ·*bèt* • **livre de prières** *gebedenboek* **n** Rhœ·*bé*·deun·bouk
prince *prins* prins
— consort *prins-gemaal* prins·Rhœ·*māl*
— régent *prins-regent* prins·ré·*Rhènt*
princesse *prinses* prin·*sès*
principal adj *voornaamste/hoofd-* fōr·*nām*·steu/Hōft·
printemps *lente* *lèn*·teu
prise (électricité) *stekker* *stè*·keur
prison *gevangenis* Rhœ·*vang*·eu·nis
prisonnier *gevangene* Rhœ·*vang*·eu·neu
privé *privé* prī·*vé*
prix *prijs* preys
prochain (suivant) *volgend* *fol*·Rheunt
proche *dichtbij* diRht·*bey* • **le plus proche** *dichtsbijzijnde* *diRhts*·bey·zeyn·deu
produire *produceren* prō·dū·*sé*·reu
professeur *leraar/lerares* **m/f** *lé*·rār/lé·rā·*rès*
profession *vak* **n** fak
profond (eau) *diep* dīp • **peu profond** *ondiep* *on*·dīp
profit *winst* vinst
programme *programma* **n** prō·*Rhra*·ma
projecteur *projector* prō·*yèk*·tor
projet *ontwerp* **n** ont·*vèrp*
prolongation *verlenging* feur·*lèng*·ing
promettre *beloven* bœ·*lō*·veu
propre *schoon/proper* **PB/B** sRhōn/*prō*·peur
propriétaire *eigenaar/eigenares* **m/f** *ey*·Rheu·nār/ey·Rhœ·nā·*rès*
prostituée N *prostituée* pros·tī·tū·*é*
prostitution *prostitutie* pros·tī·*tū*·sī
protégé *beschermd* bœ·*sRhèrmt*
protéger *beschermen* bœ·*sRhèr*·meu
protège-slip *inlegkruisjes* **n pl** *in*·lèRh·kreuy·cheus
protester *protesteren* prō·tès·*té*·reu
provisions (nourriture) *proviand* prō·*vyant*
prune *pruim* preuym
pub (bar) *café* **n**/*kroeg* ka·*fé*/krouRh
publicité *advertentie* at·veur·*tèn*·sī
puce (animal) *vlo* vlō • **(informatique)** *chip* chip • **marché aux puces** *vlooienmarkt* *vlō*·yeun·markt
pur *puur* pūr

Q

quai (gare) *perron* **n** pè·*ron* • **(port)** *kade* *kā*·deu
— de chargement *aanlegplaats* *ān*·lèRh·plāts
qualifications *kwalificaties* kva·lī·fī·*kā*·sīs
qualité *kwaliteit* kva·lī·*teyt*
quand *wanneer* va·*nér*
quarantaine *quarantaine* ka·ran·*té*·neu
quart (portion) *kwart* **n** kvart
— d'heure *kwartier* **n** kvar·*tīr*
quel *welke* *vèl*·keu

quelque *enige* é·ni·Rheu
— chose *iets* īts
quelques *enkele* èn·keu·leu
— -uns *sommigen* so·mi·Rheun
quelqu'un *iemand* ī·mant
question *vraag* frāRh
queue (animal) *staart* stārt
• **(file d'attente)** *rij* rey
qui *wie* vī
quinzaine (durée) *veertien dagen* fér·tīn dā·Rheun
quittance *kwitantie* kvī·tan·sī
quitter (lieu, personne) *verlaten* feur·lā·teu
quoi *wat* vat
quotidiennement adj *dagelijks* dā·Rhœ·leuks

R

rabais *korting* kor·ting
racisme *racisme* n ra·sis·meu
radiateur *verwarmingstoestel* n feur·var·mings·tou·stèl • **(voiture)** *radiator* ra·dī·yā·torr
radio *radio* rā·dī·yō
radis *radijs* ra·deys
raide *strak* strak
raisins *druiven* dreuy·veun
raisin sec *rozijn/sultanarozijn* rō·zeyn/sul·tā·na·rō·zeyn
raison (motif) *reden* ré·deun
raisonnable *verstandig* feur·stan·dīRh
randonnée *trekken* trè·keun • **chaussures de randonnée** *wandelschoenen* van·deul·sRhou·neun
randonner *trekken/wandelen* trè·keu/van·deu·leu
rapide *snel* snèl
rare *zeldzaam* zelt·zām
raser *scheren* sRhé·reu • **mousse à raser** *scheerschuim* n sRhér·sRheuym
rasoir (électrique) *scheerapparaat* n sRhér·a·pa·rāt • **(manuel)** *scheermes* n sRhér·mès • **lame de rasoir** *scheermesje* n sRhér·mè·cheu
rassis *oudbakken* aot·ba·keun
rat *rat* rat
rayon (roue) *spaak* spāk
réaliste *realistisch* ré·ya·lis·tis
récemment *onlangs* on·langs
réchauffé (nourriture) *opgewarmd* op·Rhœ·varmt
récit *verhaal* n feur·Hāl
récolte de fruits *fruitoogst* freuyt·ōRhst
recommander *aanbevelen* ān·bœ·vé·leu
reconnaissant *dankbaar* dank·bār
recyclable *recyclebaar/herbruikbaar* rī·say·keul·bār/Hèr·breuyk·bār
recycler *recyclen/herbruiken* rī·say·kleu/Hèrr·breuy·keu
redevable, être *schuldig zijn* sRhul·dīRh zeyn
réduction *tekort* n tœ·kort
référence *referentie* ré·fé·rèn·sī
réfrigérateur *koelkast* koul·kast
réfugié *vluchteling* fluRh·teu·ling
refuser *weigeren* vey·Rheu·reu
regarder *kijken* key·keu
régime alimentaire *dieet* n dī·yét
régional *regionaal* ré·Rhyō·nāl
règle (loi) *regel* ré·Rheul
— de conduite *gedragslijn* Rhœ·draRhs·leyn
règles (femme) *menstruatie* sg mèn·strū·ā·sī • **règles douloureuses** *menstruatiepijn* mèn·strū·ā·sī·peyn
réglisse *drop* drop
rein *nier* nīr
reine *koningin* kō·ning·Rhin
— -mère *koningin-moeder* kō·ning·Rhin·mou·deur
relation *relatie* reu·lā·sī
relations publiques *pr* pé·érr
relations sexuelles protégées *veilig sexuele betrekkingen* fey·līRh sèk·su·è·leu bœ·trè·king·eun
religieuse N *klosterlinge* klos·teur·ling·eu
religieux adj *godsdienstig* Rhots·dīns·tīRh
religion *godsdienst* Rhots·dīnst
remboursement *terugbetaling* tœ·ruRh·bœ·tā·ling
remercier *bedanken* bœ·dan·keu
remplir *vullen* vu·leu
rencontrer (première fois) *ontmoeten* ont·mou·teu • **(se retrouver)** *samenkomen* sā·meun·kō·meu
rendez-vous *afspraak* af·sprāk
réparer *herstellen* Hèr·stè·leu
repas *maaltijd* māl·teyt
répondre *antwoorden* ant·vōr·deu
réponse *antwoord* n ant·vōrt
(se) reposer *uitrusten* euyt·rus·teu
représentation (spectacle) *voorstelling* fōr·stè·ling
république *republiek* ré·pū·blīk

réseau (téléphone) *netwerk* **n** *nèt*·vèrk
réservation *reservering* ré·sèr·*vé*·ring
réserver *reserveren* ré·sèr·*vé*·reu
réserves de nourriture *voedselvoorraad* **sg** *fout*·seul·fō·rāt
respirer *ademen* *ā*·deu·meu
ressac 'mer) *branding* *bran*·ding
ressentir (émotion) *voelen* *fou*·leu
ressort *veerkracht* *fér*·kraRht
ressources humaines *personeelszaken* pèr·sō·*néls*·zā·keun
restaurant *restaurant* **n** rès·tō·*rant*
rester *verblijven* feur·*bley*·veu
retard *vertraging* feur·*trā*·Rhing
retraite *pension* **n** pèn·*chyon*
retraité adj *gepensioneerd* Rhœ·pèn·chyo·*nért* • **N** *gepensioneerde* Rhœ·pèn·chyō·*nér*·deu
rêve *droom* drōm
réveil (horloge) *wekker* *vè*·keur
(se) réveiller *wakker worden* *va*·keur *vor*·deu
réveiller quelqu'un *wakker maken* *va*·keur *mā*·keu
réveillon du Nouvel An *oudejaarsavond* ao·deu·yārs·*ā*·vont
revenir *terugkomen* tœ·*ruRh*·kō·meu
revue (magazine) *tijdschrift* **n** *teyt*·sRhrift
rhum *rum* reum
rhume *kou* kao
— des foins *hooikoorts* *Hoy*·kōrts
riche *rijk* reyk
ridicule *belachelijk* bœ·*la*·Rheu·leuk
rien *niets* nīts
rire *lachen* *la*·Rheu
risque *risico* **n** *rī*·zī·kō
rivière *rivier* rī·*vīr*
riz *rijst* reyst
robe *jurk/kleed* **n PB/B** yurk/klét
robinet *kraan* **n** krān
rocher *rots* rots
rock (musique) *rockmuziek* *rok*·mū·zīk
roi *koning* *kō*·ning
romantique *romantisch* rō·*man*·tīs
rond adj *rond* ront
— -point *rotonde* rō·*ton*·deu
rose adj (couleur) *roze* *rō*·zeu • **N (fleur)** *roos* *rōs*
roue *wiel* **n** vīl
rouge *rood* rōt • **vin rouge** *rode wijn* *rō*·deu veyn
— à lèvres *lippenstift* *li*·peu·stift
rougeole *mazelen* *mā*·zeu·leun
route *weg* vèRh
— principale *hoofdweg* *Hōft*·vèRh
— à péages *tolweg* *tol*·vèRh
rubéole *rodehond* rō·deu·*Hont*
rue *straat* strāt
ruines *ruïnes* rū·*ī*·neus

S

sa *zijn/haar* **m/f** zeyn/Hārr
sabots *klompen* *klom*·peun
sable *zand* **n** zant
sac *tas* tas
— à dos *rugzak* *ruRh*·zak
— à main *handtas* *Han*·tas
— à vomi *papieren zak* pa·*pī*·reun zak
— banane *heuptasje* **n** *Heup*·ta·cheu
— de couchage *slaapzak* *slāp*·zak
saint *heilige* *Hey*·li·Rheu
— -Sylvestre *oudejaarsavond* ao·deu·yārs·*ā*·vont
saison *seizoen* **n** sey·*zoun*
salaire *loon* **n** lōn
sale *vuil* feuyl
salle d'attente *wachtkamer* *vaRht*·kā·meur
salon de beauté *schoonheidssalon* sRhōn·Heyt·sa·*lon*
(s')amuser *(zich) amuseren/plezier hebben* (zīRh) a·mū·*sé*·reu /plé·*zīr* *Hè*·beu
sang *bloed* **n** blout • **analyse de sang** *bloedtest* *blou*·test
sans *zonder* *zon*·deur
— -domicile fixe *dakloos* *dak*·lōs
sandales *sandalen* san·*dā*·leu
santé *gezondheid* Rhœ·*zont*·Heyt
sardine (poisson) *sardientje* **n** sar·*dīn*·tyeu • **(tente)** *(tent)haring* (tènt·) *Hā*·ring
(s')arrêter *stoppen* *sto*·peu
(s')asseoir *zitten* *zi*·teu
sauce *saus* saos
— au piment *chilisaus* *chī*·lī·saos
— au soja *sojasaus* *sō*·ya·saos
saucisse *saucijs/worst* **PB/B** sao·*seys*/vorst
saumon *zalm* zalm
saumure *ingemaakt zuur* **n** *in*·Rhœ·mākt zūr
saut *sprong* sprong
— de haies *schermen* *sRhèr*·meun
sauveteur *redder* *rè*·deur
savoir v *weten* *vé*·teu
savon *zeep* zép
savoureux *lekker* *lè*·keur

science *wetenschap* *vé*·teun·sRhap
scientifique **n** *wetenschapper* *vé*·teun·sRha·peur
sculpture *beeldhouwwerk* **n** *bélt*·Hao·vèrk
seau *emmer* *è*·meur
sec *droog* drōRh • **fruit sec** *gedroogd fruit* **n** Rhœ·*drōRht* freuyt
séché *gedroogd* Rhœ·*drrōRht*
(se) sécher *afdrogen* *af*·drō·Rheu
sécher (vêtements) *drogen* *drō*·Rheu
seconde **N** *seconde* seu·*kon*·deu
secrétaire *secretaris/secretaresse* **m/f** sé·kré·*tā*·ris/sé·kré·tā·*rè*·seu
sécurité sociale *sociale veiligheid* sō·*chyā*·leu *fey*·liRh·Heyt
(se) disputer *ruzie maken* *rū*·zī *mā*·keu
sel *zout* **n** zaot
(se) laver *(zich) wassen* (zīRh) *va*·seu
self-service *zelfbediening* *zèlf*·bœ·dī·ning
selle *zadel* **n** *zā*·deul
semaine *week* vék
(se) marier *huwen* *Hū*·eu
sensation (physique) *gevoel* **n** Rhœ·*foul*
sensible *gevoelig* Rhœ·*vou*·līRh
sensuel *sensueel* sèn·sū·*él*
sentier *pad* **n**/*voetpad* **n** pat/*fout*·pat
— **de montagne** *bergpad* **n** *bèrRh*·pat
sentiments *gevoelens* **n pl** Rhœ·*fou*·leuns
(s')entraîner *oefenen* *ou*·feu·neu
(se) plaindre *klagen* *klā*·Rheu
(se) reposer *uitrusten* *euyt*·rus·teu
(se) réveiller *wakker worden* *va*·keur *vor*·deu
sérieux *ernstig* *èrn*·stīRh
seringue *spuit* speuyt
séropositif *seropositief* sé·rō·pō·sī·*tīf*
serpent *slang* slang
serrure *slot* slot
serveur *ober/kelner* *ō*·beur/*kèl*·neur
serveuse *serveerster/dienster* sèr·*vér*·steur/*dīn*·steur
service *dienst* dīnst • **(pourboire)** *bedieningsgeld* **n** bœ·*dī*·nings·Rhèlt • **supplément pour le service** *bedieningstoeslag* bœ·*dī*·nings·tou·slaRh
— **militaire** *legerdienst* *lé*·Rheur·dīnst
serviette *servet* **n** sèr·*vèt*
— **de toilette** *handdoek* *Han*·douk
— **hygiénique** *maandverband* **n** *mānt*·feur·bant
ses *zijn/haar* **m/f** zeyn/Hārr
(se) sécher *afdrogen* *af*·drō·Rheu

seul *alleen* a·*lén*
seulement *alleen* a·*lén*
sexisme *seksisme* **n** sèk·*sis*·meu
shooter (football) *schoppen* *sRho*·peu
shopping, faire du *winkelen* **n** *vin*·keu·leu
short *short* short
si *als* als
siège *zitplaats* *zit*·plāts
— **enfant** *kindersytoel* *kin*·deur·stoul
signature *handtekening* *Hant*·té·keu·ning
signe *teken* **n** *té*·keun
signer *tekenen* *té*·keu·neu
similaire *gelijkaardig* Rhœ·leyk·*ār*·dīRh
simple *eenvoudig* én·*vao*·dīRh
ski *skisport* *skī*·sport • **lunettes de ski** *skibril* *skī*·bril
— **nautique** *waterskiën* **n** *vā*·teur·*skī*·yeu
skier *skiën* *skī*·yeu
snowboard *snowboarden* **n** *snō*·bor·deun
socialiste **N** *socialist* sō·chya·*list*
socialisme *socialisme* sō·chya·*lis*·meu
sœur *zus* zus
soie *zijde* *zey*·deu
soigner (quelqu'un) *(iemand) verzorgen* (*ī*·mant) feur·*zor*·Rheu
soir *avond* *ā*·vont
soldat *soldaat* sol·*dāt*
solde (comptes) *saldo* **n** *sal*·dō
soldes *koopjes* **n pl** *kōp*·yeus
soleil *zon* zon • **coucher de soleil** *zonsondergang* zons·*on*·deur·Rhang • **coup de soleil** *zonnebrand* *zo*·neu·brant • **lever de soleil** *zonsopgang* zons·*op*·Rhang • **lunettes de soleil** *zonnebril* **sg** *zo*·neu·bril
solution réhydratante *rehydratie-oplossing* ré·Hī·*dra*·sī·op·lo·sing
sombre *donker* *don*·keur
sommeil *slaap* slāp
sommet (montagne) *piek* pīk
somnifères *slaappillen* *slāp*·pi·leun
son *zijn/haar* **m/f** zeyn/Hārr
sonner (téléphone) *rinkelen* *rin*·keu·leu
sorte **n** *soort* sōrt
sortie *uitgang* *euyt*·Rhang
— **en soirée** *avondje-uit* **n** *ā*·vont·yeu·*euyt*
sortir *uitgaan* *euyt*·Rhān
— **avec quelqu'un** *uitgaan met* *euyt*·Rhān mèt
souhaiter *wensen* *vèn*·seu
sourd *doof* dōf
sourire **v** *glimlachen* *Rhlim*·la·Rheu
souris *muis* meuys

sous *onder* on·deur
— -titres *ondertitels* on·deur·tī·teuls
— -vêtements *ondergoed* **n** on·deur·Rhout
soutien-gorge *b. h.* bé·Hā
souvent *vaak* fāk
spécial *speciaal* spé·chyāl
spécialiste N *specialist* spé·chya·list
sportif/sportive N *sportman/sportvrouw* **m/f** sport·man/sport·vrao
stade *stadion* **n** stā·dī·yon
station de métro *metrostation* **n** mé·trō·sta·chyon
station de taxis *taxihalte* tak·sī·Hal·teu
station-service *benzinestation* **n** bèn·zī·neu·sta·chyon
statue *standbeeld* **n** stant·bélt
steak (bœuf) *biefstuk* bīf·stuk
stérilet *spiraaltje* **n** spī·rāl·tyeu
stupide *dom* dom
style *stijl* steyl
stylo *potlood* **n** pot·lōt
sucre *suiker* seuy·keur
sucré *zoet* zout
sud N *zuiden* **n** zeuy·deun
suivre *volgen* fol·Rheu
superstition *bijgeloof* **n** bey·Rhœ·lōf
sur prép *op* op
sûr *veilig* fey·līRh
surf *surfsport* seurf·sporrt • **planche de surf** *surfplank* seurf·plank
surfer *surfen* seur·feu
surnom *bijnaam* bey·nām
surprise N *verrassing* feu·ra·sing
surveiller *verzorgen* feur·zor·Rheu
sympathique (personne) *aardig* ār·dīRh
synagogue *synagoog* sī·na·RhōRh
synthétique *synthetisch* sin·té·tis
système de classes *klassesysteem* **n** kla·seu·sīs·tém

T

ta *je/jouw* yeu/yao
tabac *tabak* ta·bak • **débit de tabac** *sigarenhandel* sī·Rhā·reun·Han·deul
table *tafel* tā·feul • **tennis de table** *tafeltennis* **n** tā·feul·tè·nis
tâches ménagères *huishoudelijk werk* **n sg** Heuys·Hao·deu·leuk vèrk
taie d'oreiller *kussensloop* ku·seun·slōp
taille (général) *maat* māt
tailleur (couture) *kleermaker* klér·mā·keur
tambour *trommel* tro·meul
tampon *tampon* tam·pon
tante *tante* tan·teu
tapis *kleed* **n**/*tapijt* **n PB/B** klét/ta·peyt • *mat* mat
— à bagages *bagage band* ba·Rhā·jeu·bant
tapisserie *tapisserie* ta·pi·seu·rī
tard *laat* lāt • **plus tard** *later* lā·teur
tarif *tarief* **n** ta·rīf
tarte *taart* tārt
tasse *kop* kop
taux de change *wisselkoers* vi·seul·kourrs
taxe d'aéroport *luchthavenbelasting* luRht·Hā·veu·bœ·las·ting
taxe de vente *verkoopbelasting* feur·kōp·bœ·las·ting
technique *techniek* tèRh·nīk
télécommande *afstandsbediening* af·stants·bœ·dī·ning
téléphone *telefoon* té·lé·fōn
— portable *mobiele telefoon* **PB**/*gsm* **B** mō·bī·leu té·lé·fōn/Rhé·ès·èm
— public *openbare telefoon* ō·peun·bā·rru té·lé·fōn
téléphoner *telefoneren* té·lé·fō·né·reu
télésiège *stoeltjeslift* stoul·tyeus·lift
télévision *televisie* té·lé·vī·sī
témoin *getuige* Rhœ·teuy·Rheu
température (fièvre) *koorts* kōrts • **(météo)** *temperatuur* tèm·pé·ra·tūr
temps (durée) *tijd* teyt • **(météo)** *weer* **n** vér
— partiel *deeltijds* dél·teyts
tennis de table *tafeltennis* **n** tā·feul·tè·nis
tension artérielle *bloeddruk* blou·druk
terrain de camping *campingsterrein/camping* **PB/B** kèm·pings·tè·reyn/kam·ping
terrain de golf *golfterrein* **n** Rholf·tè·reyn
terre *aarde* ār·deu • **pomme de terre** *aardappel* ārt·a·peul • **tremblement de terre** *aardbeving* ārt·bé·ving
terrible *verschrikkelijk* feur·sRhri·keu·leuk
terrorisme *terrorisme* **n** tè·rō·ris·meu
tes *je/jouw* yeu/yao
test de grossesse *zwangerschapstest* zvang·eur·sRhaps·tèst
tête *hoofd* **n** Hōft • **mal à la tête** *hoofdpijn* Hōft·peyn
tétine (enfant) *fopspeen* fop·spén
tétraplégique adj *volledig verlamd* fo·lé·dīRh feur·lamt

têtu *koppig* ko·pĭRh
thé *thee* té
théâtre (art) *theater* **n** té·yā·teur • **(lieu)** *schouwburg* sRhao·burRh
— de marionnettes *marionettentheater* **n** mar·yō·nè·teun·té·yā·teur
thermos d'eau chaude *warmwaterfles* varm·vā·teur·flès
thon *tonijn* tō·neyn
ticket *kaartje* **n**/*ticket* **n** **PB/B** kār·tyeu/ti·kèt
timbre (courrier) *postzegel* post·zé·Rheul
timide *verlegen* feur·lé·Rheun
tire-bouchon *kurkentrekker* kur·keu·trè·keur
tirer (mouvement) *trekken* trè·keu • **(fusil, sport)** *schieten* sRhī·teu
— de la bière *bier tappen* bīr ta·peu
tissu *stof* **n** stof
toast (nourriture) *geroosterd brood* **n** Rhœ·rō·steurt brōt
tofu *tahoe/tofoe* ta·Hou/tō·fou
toilettes *toilet* **n sg** toa·lèt • **papier toilette** *toiletpapier* **n** toa·lèt·pa·pīrr
— publiques *openbare toiletten* ō·peun·bā·reu toa·lè·teun
tomate *tomaat* tō·māt
tombe *graf* **n** Rhraf
ton *je/jouw* yeu/yao
tonalité (téléphone) *toon* tōn
tôt *vroeg* frouRh
toucher *aanraken* ān·rā·keu
toujours *altijd* al·teyt • **pour toujours** *voor altijd* vōr al·teyt
tour (bâtiment) *toren* tō·reun • **(circuit)** *omloop* om·lōp
— en bateau *rondvaart* ront·fārrt
— en voiture *rit* rit
touriste *toerist* tou·rist
tournée (bar) *rondje* **n** ron·tyeu
tourner (quelque chose) *draaien* drā·yeu • **(à droite/à gauche)** *(links/rechts) afslaan* (links/rèRhts) af·slān
tous *alle* a·leu
tousser *hoesten* Hous·teu
tout *alles* a·leus
toux *hoest* Houst
toxique *giftig* Rhif·tĭRh
traducteur *vertaler* feur·tā·leur
traduire *vertalen* feur·tā·leu
trafic routier *verkeer* **n** feur·kér
train *trein* treyn
tram *tram* trèm/tram **PB/B**
tranche *plak/snee* **PB/B** plak/sné
tranchées (guerre) *loopgraven* lōp·Rhrā·veun
travail *baan/werk* **n** **PB/B** bān/vèrrk
— temporaire *tijdelijke baan* **PB/** *interimwerk* **n** **B** tey·deu·leu·keu bān/in·teu·rim·vèrk
travailler *werken* vèr·keu
tremblement de terre *aardbeving* ārt·bé·ving
très *zeer* zérr
tribunal *gerechtbank* Rhœ·rèRht·bank
tricheur *valsspeler* fal·spé·leur
triste *droevig* drou·vĭRh
troisième **adj** *derde* dèr·deu
trop *te* tœ
trottoir *voetpad* **n** fout·pat
trousse de premiers secours *EHBO-kist* é·Hā·bé·yō·kist
trouver *vinden* fin·deu
tu *jij/je* yey/yeu
tuer *doden* dō·deu
TV *tv* té·vé
TVA *btw* bé·té·vé
typique *typisch* tī·pis

U

un(e) *één* én
—e fois *één keer* én kér
Union européenne *Europese Unie* eu·rō·pé·seu ū·nī
univers *heelal* **n** Hé·lal
université *universiteit* ū·nī·vèr·sī·teyt
urgence *noodgeval* **n** nōt·Rhœ·val
urgent *dringend* dring·eunt
usine *fabriek* fa·brīk
utile *nuttig* nu·tĭRh

V

vacances *vakantie* va·kan·sī • **lieu de vacances** *vakantieoord* **n** va·kan·sī·ōrt
vacant (libre) *vrij* frrey • **poste vacant (emploi)** *vacature* va·ka·tū·reu
vaccination *inenting* in·èn·ting
vache *koe* kou
vagin *vagina* vā·Rhī·na
vague **n** *golf* Rholf
valeur (prix) *waarde* vār·deu
valider *valideren* va·lī·dé·reu
valise *koffer* ko·feur
vallée *dal* dal

varicelle *waterpokken* *wā*·teur·po·keun
veau (viande) *kalfsvlees* **n** *kalfs*·vlés
vegétalien **n** *veganist* vé·Rha·*nist*
végétarien **adj** *vegetarisch* vé·Rhé·*tā*·ris • **N** *vegetariër* vé·Rhé·*tā*·rī·yeurr
véhicule utilitaire *transportwagen* trans·*port*·vā·Rheun
veillée de Noël *kerstavond* kèrst·*ā*·vont
vélo *fiets* fīts • **faire du vélo** *fietsen* *fīt*·seu
— de course *racefiets* *rés*·fīts
vélomoteur *motorfiets* *mō*·tor·fīts
vendeur/vendeuse *verkoper/verkoopster* **m/f** feurr·*kō*·peur/feur·*kōp*·steur
vendre *verkopen* feur·*kō*·peu
venir *komen* *kō*·meu
vent *wind* vint • **moulin à vent** *windmolen* *vint*·mō·leun
vente *verkoop* feur·*kōp* • **taxe de vente** *verkoopbelasting* feur·*kōp*·bœ·las·ting
ventilateur *ventilator* vèn·tī·*lā*·tor
vérifier *controleren* kon·trō·*lé*·reu
verre *glas* **n** Rhlas
vers *naar* nār
versement (argent) *storting* *stor*·ting
vert *groen* Rhroun • **citron vert** *limoen* lī·*moun*
vertige *duizelig* *deuy*·zeu·līng • **pris de vertige** *duizelig* *deuy*·zeu·līRh
vessie *blaas* blās
veste (ordinaire) *jas* yas • **(habillé)** *colbert* **n**/*vest* **PB/B** kol·*bèr*/vèst
vestiaire *kleedkamer* *klét*·kā·meur • **(salle de spectacles)** *garderobe/vestiaire* gar·deu·*rō*·beu/vès·*tyèr*
vêtement *kleding* *klé*·ding • **magasin de vêtements** *kledingszaak* *klé*·ding·zāk
viande *vlees* **n** flés
vide **adj** *leeg* léRh
vie *leven* *lé*·veun
vieux *oud* aot
village *dorp* **n** dorp
ville *stad* stat • **centre ville** *stadscentrum* **n** *stat*·sèn·treum • **hôtel de ville** *stadhuis* **n** stat·*Heuys* • **vieille ville** *oude stad* *ao*·deu stat
vignoble *wijngaard* *veyn*·Rhārrt
vin *wijn* veyn
— blanc *witte wijn* *vi*·teu veyn
— mousseux *mousserende wijn* **N**/ *schuimwijn* **B** mou·*sé*·reun·deu veyn/ *sRheuym*·veyn
— rouge *rode wijn* *rō*·deu veyn
vinaigre *azijn* *a*·zeyn
vierge *maagd* māRht
viol *verkrachting* feur·*kraRh*·ting
violer *verkrachten* feur·*kraRh*·teu
violon *viool* vī·*yōl*
virus *virus* **n** *vī*·rus
visa *visum* **n** *vī*·zeum
visage *gezicht* **n** Rhœ·*ziRht*
visite (à quelqu'un) *bezoek* **n** bœ·*zouk* • **(musée)** *rondleiding* *ront*·ley·ding
— guidée *rondleiding* *ront*·ley·ding
vitamines *vitaminen* vī·ta·*mī*·neun
vitesse **n** *snelheid* *snèl*·Heyt • **limitation de vitesse** *beperktesnelheid* bœ·*pèrk*·teu·snèl·Heyt • **vitesses (voiture, vélo)** *versnellingen* feur·*snè*·ling·eun
vivre *leven* *lé*·veu
voiture *wagen/auto* *vā*·Rheun/*ao*·tō
voie ferrée *spoorweg* *spōr*·vèRh
voir *zien* zīn
voix *stem* stèm
volé *gestolen* Rhœ·*stō*·leun
voler (délit) *stelen* *sté*·leu • **(oiseau)** *vliegen* *flī*·Rheu
voleur *dief* dīf
vos **fam pl** *jullie* *yū*·lī • **pol sg et pl** *uw* *ū*
voter *stemmen* *stè*·meu
votre **fam pl** *jullie* *yū*·lī • **pol sg et pl** *uw* *ū*
vouloir *willen* *vi*·leu
vous **fam pl** *jullie* *yū*·lī • **pol sg et pl** *u* ū
voyage *reis* reys • **agence de voyages** *reisbureau* **n** *reys*·bū·rō • **chèque de voyage** *reischeque* *reys*·chèk
— d'affaires *zakenreis* *zā*·keun·reys
voyager *reizen* *rey*·zeu
vue **N** *uitzicht* **n** *euyt*·zīRht

W

wagon-lit *slaapwagen* *slāp*·vā·Rheun
wagon-restaurant *restauratiewagen* rès·tō·*rā*·sī·vā·Rheun
wok *wadjan/wok* *va*·dyan/vok

Z

zodiaque *dierenriem* *dī*·reun·rīm
zoo *dierentuin* *dī*·reun·teuyn

DICTIONNAIRE > néerlandais/français

Le présent dictionnaire précise si les termes sont des noms **N**, adjectifs **adj**, verbes **v**, adverbes **adv**, prépositions **prép**, pronoms **pron**, s'ils sont au singulier **sg** ou au pluriel **pl**, ou s'il s'agit d'une forme familière **fam** ou de politesse **pol**. Le genre du nom néerlandais n'est indiqué que pour les noms neutres, alors suivis de **n**. Lorsqu'un mot présente une forme différente au masculin et au féminin, les deux possibilités sont données, et indiquées par **m/f** (pour de plus amples précisions sur le genre en néerlandais, voir **grammaire**). Nous avons également employé les symboles **PB/B** pour les mots qui diffèrent, respectivement, aux Pays-Bas et en Belgique. Pour le vocabulaire lié aux aliments, voir le **lexique culinaire**.

A

aanbevelen ān·bœ·vé·leu *recommander*
aan boord ān bōrt *à bord*
aangetekende post ān·Rhœ·té·keun·deu post *courrier recommandé*
aankomst sg ān·komst *arrivée • arrivées (gare)*
aansteker ān·sté·keur *briquet*
aantrekkelijk ān·tré·keu·leuk *attrayant*
aardig ār·dīRh *sympathique*
accommodatie a·kō·mō·dā·sī *logement*
accu a·kū *batterie (voiture)*
achter aRh·teurr *derrière*
acteur/actrice m/f ak·teur/ak·trī·seu *acteur/actrice*
adapter a·dap·teur *adaptateur*
adres n a·drès *adresse*
advocaat at·vō·kāt *avocat (profession)*
afgesloten af·Rhœ·slō·teun *bloqué (accès/route) • fermé*
afscheid n af·sRheyt *adieu*
afspraak af·sprāk *rendez-vous*
afstandsbediening af·stants·bœ·dī·ning *télécommande*
agenda a·Rhèn·da *agenda*
aktetas ak·teu·tas *porte-documents*
allen a·leun *tous*
alleen a·lén *seul • seulement*
allergie a·lèr·Rhī *allergie*
alles a·leus *tout*
ambassade am·ba·sā·deu *ambassade*
ambulance am·bū·lans *ambulance*
andere an·deu·reu *autre*
annuleren a·nū·lé·reu *annuler*
ansichtkaart an·ziRht·kārt *carte postale*
antibiotica n an·tī·bī·yo·tī·ka *antibiotiques*
antiek adj an·tīk *antique* **n**
apotheek a·pō·ték *pharmacie*
apotheker/apothekeres m/f a·pō·té·keur/a·pō·té·keu·rès *pharmacien/pharmacienne*
architectuur ar·Rhī·tèk·tūr *architecture*
arm arm *bras*
artiest ar·tīst *artiste*
asbak as·bak *cendrier*
aspirine as·pī·rī·neu *aspirine*
auto ao·tō *voiture*
autoverhuur ao·tō·veur·Hūr *location de voiture*
autoweg ao·tō·vèRh *autoroute*
avond ā·vont *soir*
avondje-uit n ā·vont·tyeu·euyt *soirée (sortie)*
avondmaal n ā·vont·māl *dîner*
avondwinkel ā·vont·vin·keul *magasin ouvert le soir*

B

baan bān *métier* **PB** • *route* **B**
baar geld n bār Rhèlt *argent liquide*
babyvoeding bey·bī·fou·ding *nourriture pour bébé*
bad n bat *bain* **n**
badkamer bat·kā·meur *salle de bains*
bagage ba·Rhā·jeu *bagage*
bagage band ba·Rhā·jeu bant *tapis à bagages*
bagagedepot n ba·Rhā·jeu·dé·pō *consigne*
bagage-inleverpunt n ba·Rhā·jeu·in·lé·veur·punt *retrait des bagages*

bagagekluis ba·*Rhā*·jeu·kleuys *consigne*
bakken *ba*·keu *cuire • frire*
bakkerij ba·keu·*rey* *boulangerie*
bakkerswinkel **PB** *ba*·keurs·vin·keul *boulangerie*
band bant *pneu*
band bènt *groupe (musique)* **PB**
bank bank *banque*
bankbiljet **n** *bank*·bil·yèt *billet (argent)*
banketbakkerij **PB** ban·*kèt*·ba·keu·*rey* *pâtisserie (magasin)*
bankrekening *bank*·ré·keu·ning *compte bancaire*
batterij ba·teu·*rey* *batterie*
bed **n** bèt *lit*
beddegoed **n** *bè*·deu·Rhout *literie*
bedieningstoeslag bœ·*dī*·nings·tou·slaRh *supplément service (restaurant)*
bedlinnen **n** *bèt*·li·neun *draps*
beeldhouwwerk **n** *bélt*·Hao·vèrk *sculpture*
been **n** bén *jambe*
beha bé·*Hā* *soutien-gorge*
beide *bey*·deu *les deux*
belangrijk bœ·*lang*·reyk *important*
benzine bèn·*zī*·neu *essence*
benzinestation **n** bèn·*zī*·neu·sta·chyon *station-service*
berg bèrRh *montagne*
bericht **n** bœ·*rīRht* *message*
bespreking bœ·*spré*·king *entretien*
beste *bès*·teu *cher (amical)*
bestek **n** bœ·*stèk* *couverts*
bestemming bœ·*stè*·ming *destination*
betaling bœ·*tā*·ling *paiement*
beter *bè*·teur *meilleur, mieux*
bevestigen bœ·*fès*·ti·Rheu *confirmer (réservation)*
bevroren bœ·*vrō*·reun *gelé*
bezig *bé*·zīRh *occupé (personne)*
bezorgen bœ·*zor*·Rheun *fournir*
bibliotheek bi·bli·yō·*ték* *bibliothèque*
bier **n** bīr *bière*
bij bey *chez • près de*
binnengaan *bi*·neun·Rhān *entrer*
bioscoop bī·yos·*kōp* *cinéma*
bitter *bi*·teur *amer*
blaar blār *ampoule (cloque)*
blauw blao *bleu (couleur)*
blik **n** blik *boîte de conserve*
blikopener *blik*·ō·peu·neur *ouvre-boîte*
bloed **n** blout *sang*
bloedgroep *blout*·Rhroup *groupe sanguin*
bloemist blou·*mist* *fleuriste*
boek **n** bouk *livre (ouvrage)*
boekhandel *bouk*·Han·deul *librairie*
boodschappen *bōt*·sRha·peun *courses (approvisionnement)*
boot bōt *bateau*
bord **n** bort *assiette*
borst borst *poitrine (corps)*
borstel *bor*·steul *brosse*
branden *bran*·deu *brûler*
brandweer *brant*·vér *pompiers*
brasserie **B** bra·seu·*rī* *café (lieu)*
breekbaar *brék*·bār *fragile*
brief brīf *lettre (courrier)*
brievenbus *brī*·veu·bus *boîte aux lettres*
bril **sg** bril *lunettes*
brochure brō·*chū*·reu *brochure*
broek **B** brouk *pantalon*
broer brour *frère*
brood **n** brōt *pain*
broodrooster *brōt*·rō·steur *grille-pain*
brug bruRh *pont (structure)*
bruin breuyn *brun*
budget **n** bu·*djèt* *budget*
buiten *beuy*·teun *dehors*
buitenlands *beuy*·teun·lants *à l'étranger*
burgerlijke bouwkunde *bur*·Rheu·leu·keu *bao*·kun·deu *génie civil*
bus bus *bus*
bushalte *bus*·Hal·teu *arrêt de bus*
busstation **n** *bus*·sta·chyon *gare routière*

C

café **n** ka·*fé* *pub (bar)*
camera *kā*·mé·ra *caméra • appareil photo*
centrum **n** *sèn*·treum *centre*
chef-kok chèf·*kok* *chef cuisinier*
cheque chèk *chèque*
chocolade chō·kō·*lā*·deu *chocolat*
coachen *kō*·cheu *coacher*
colbert **n** **PB** kol·*bèr* *veste (habillée)*
collega ko·*lé*·Rha *collègue*
comfortabel kom·for·*tā*·beul *confortable*
commissie ko·*mī*·sī *commission*
communicatie ko·mū·nī·*kā*·sī *communication*
condoom **n** kon·*dōm* *préservatif*
conferentie kon·fé·*rèn*·sī *conférence*
constipatie kon·stī·*pā*·sī *constipation*
consulaat **n** kon·su·*lāt* *consulat*
contactlenzen kon·*takt*·lèn·zeun *lentilles de contact*
couchette kou·*chèt* *couchette (train)*

D

daar dār *là*
dag daRh *date • jour*
dagboek n daRh·bouk *journal intime*
dagelijks dā·Rheu·leuks *quotidien*
dageraad dā·Rheu·rāt *aube*
dank u/je dank ū/yeu *merci*
dankbaar dank·bār *reconnaissant*
dans dans *danse*
dansen dan·seu *danser • danse*
dat dat *ça*
deken dé·keun *couverture*
delen dé·leu *partager (avec)*
dessert n dé·sér *dessert*
diafilm dī·ya·film *pellicule diapositive*
diarree dī·ya·ré *diarrhée*
dichtbij dIRht·bey *voisin* **adj** • *près de*
dichtsbijzijnde diRhts·bey·zeyn·deu *le plus proche*
die dī *celui-ci*
dienst dīnst *service*
dienster dīn·steur *serveuse*
dienstregeling dīnst·ré·Rheu·ling *horaires (transport)*
dierentuin dī·reun·teuyn *zoo*
dik dīk *gras (objets/personne)*
diner n dī·né *dîner*
dit dit *celui-ci*
dochter doRh·teur *fille*
doden dō·deu *tuer*
dokter dok·teur *docteur*
donker don·keur *sombre • foncé*
doos dōs *boîte*
dorstig dors·tīRh *assoiffé*
douane dou·ā·neu *douane*
douche dou·cheu *douche*
drank drank *boisson*
drankenhandel B dran·keun·Han·deul *magasin de vins et spiritueux*
drankje n dran·kyeu *boisson alcoolisée*
dringend dring·eunt *urgent*
drinken drin·keu *boire*
drogen drrō·Rheu *sécher*
drogisterij drō·Rhis·teu·rey *droguerie*
dronken dron·keun *saoûl*
droog drōRh *sec*
drugs druRhs *drogues • médicaments*
druk druk *animé (lieu)*
duur dūrr *cher (onéreux)*

E

echtgenoot èRht·Rhœ·nōt *époux*
echtgenote èRht·Rhœ·nō·teu *épouse*
één én *un*
een andere eun an·deu·reu *un autre*
een foto nemen eun fō·tō né·meu *prendre une photo*
éénpersoonskamer én·peur·sōns·kā·meur *chambre simple*
eergisteren ér·Rhis·teu·reun *avant-hier*
eerste érs·teu *premier* **adj**
— **hulp sg** érs·teu Hulp *premiers secours*
eerste klas érs·teu klas *première classe*
EHBO-kist é·Hā·bé·yō·kist *trousse de premiers secours*
eiland n ey·lant *île*
elke èl·keu *chacun • chaque*
en èn *et*
Engels n èng·euls *anglais (langue)*
enkel èn·keul *cheville*
enkel èn·keul *seulement*
enkele èn·keu·leu *quelques-uns*
enkele reis èn·keu·leu reys *billet aller simple*
envelop en·veu·lop *enveloppe*
eten é·teu *manger*
euro/euro's sg/pl eu·rō/eu·rōs *euro/euros*
exprespost èks·près·post *courrier express*

F

familie fa·mī·lī *famille*
familienaam fa·mī·lī·nām *nom de famille*
fantastisch fan·tas·tis *génial*
fax faks *fax (courrier) • fax (appareil)*
feest fést *fête*
ferry fè·rī *ferry*
fiets fīts *bicyclette, vélo*
fitnesscentrum n fit·neus·sèn·treum *centre de gym*
fles flès *bouteille*
flesopener flès·ō·peu·neur *décapsuleur*
fooi fōy *pourboire*
fopspeen fop·spén *tétine (bébé)*
foto fō·tō *photo*
fotograaf fō·tō·Rhrāf *photographe*
fotografie fō·tō·Rhrā·fī *photographie*
fototoestel n fō·tō·tou·stèl *appareil photos*
fruit n freuyt *fruit*
fuif B feuyf *fête*

G

gaan Rhān *aller*
gaan **B** Rhān *marcher*
gaan winkelen Rhān *vin*·keu·leu *faire les courses*
gangpad **n** *Rhang*·pat *couloir (avion)*
garantie Rha·*ran*·sī *garantie*
garderobe gar·deu·*rō*·beu *vestiaire*
gas Rhas *gaz*
gauw Rhao *bientôt*
geboortedatum Rhœ·*bōr*·teu·dā·teum *date de naissance*
gebouw **n** Rhœ·*bao* *bâtiment*
gebroken Rhœ·*brō*·keun *cassé*
geel Rhél *jaune*
gehaast Rhœ·*Hāst* *pressé (urgent)*
gehandicapt Rhœ·*Hèn*·dī·kèpt/ Rhœ·*Han*·dī·kapt **PB/B** *handicapé*
gehuwd Rhœ·*Hūt* *marié*
gekwetst Rhœ·*kvètst* *blessé*
geld **n** Rhèlt *argent*
geldautomaat **B** *Rhèlt*·ao·tō·māt *distributeur automatique de billets*
gelukkig Rhœ·*lu*·kĭRh *heureux*
geneeskunde Rhœ·*nés*·kun·deu *médecine (discipline/profession)*
genoeg Rhœ·*nouRh* *assez*
gepensioneerde Rhœ·pèn·chyō·*nér*·deu *retraité* **adj**
gescheiden Rhœ·*sRhey*·deun *divorcé* **adj**
geschenk **n** Rhœ·*sRhènk* *cadeau*
gesloten Rhœ·*slō*·teun *fermé*
gestolen Rhœ·*stō*·leun *volé*
geur Rheur *odeur*
gevaarlijk Rhœ·*vār*·leuk *dangereux*
gevoel **n** Rhœ·*foul* *sentiment*
gevonden voorwerpen Rhœ·*von*·deun *fōr*·vèr·peun *objets trouvés*
gewone post Rhœ·*vō*·neu post *courrier normal (terre/mer)*
gewoonte Rhœ·*vōn*·teu *habitude*
gezicht **n** Rhœ·*ziRht* *visage*
gids Rhits *guide (personne)* • *guide (livre)*
gisteren *Rhis*·teu·reun *hier*
glas **n** Rhlas *verre (à boire/matériau)*
goed Rhout *bon*
goedkoop Rhout·*kōp* *bon marché*
goud **n** Rhaot *or*
gram Rhram *gramme*
grappig *Rhra*·pĭRh *drôle*
gratis *Rhrā*·tis *gratuit*
griep Rhrīp *grippe*
grijs Rhreys *gris*
groen Rhroun *vert*
groente *Rhroun*·teu *légume*
groep Rhroup *groupe (musique)* **B** • *groupe (général)*
groot Rhrōt *grand*
grootmoeder *Rhrōt*·mou·deur *grand-mère*
grootst Rhrōtst *le plus grand*
grootvader *Rhrōt*·vā·deur *grand-père*
grootwarenhuis **n** **B** Rhrōt·*vā*·reun·Heuys *grand magasin*
groter *Rhrō*·teur *plus grand*
gsm Rhé·ès·*èm* *téléphone portable* **B**

H

haar **n** Hār *cheveux* **pl**
haar **pron f** Hār *sa* • *ses* • *son*
halsketting *Hals*·kè·ting *collier*
hand Hant *main*
handdoek *Han*·douk *serviette de toilette*
handgemaakt *Hant*·Rhœ·mākt *fait main*
handschoenen *hant*·sRhou·neun *gants*
handtas *Han*·tas *sac à main*
handwerk **n** *Hant*·vèrk *artisanat*
hangslot **n** *Hang*·slot *cadenas*
hard Hart *dur (solide)*
hart **n** Hart *cœur*
hartkwaal *Hart*·kvāl *maladie cardiaque*
hebben *Hè*·beu *avoir* **v**
heen- en terugreis *Hén*·èn·tœ·*ruRh*·reys *billet aller-retour*
heet Hét *brûlant*
helft Hèlft *moitié*
helpen *Hèl*·peu *aider*
hemd **n** Hèmt *chemise*
hersenschudding *Hèr*·seun·sRhu·ding *commotion cérébrale*
herstellen Hèr·*stè*·leu *réparer*
hetzelfde **n** Heut·*zèlf*·deu *même*
hier Hīrr *ici*
hij Hey *il*
hitte *Hi*·teu *chaleur*
hoed Hout *chapeau*
hoesten *Hous*·teu *tousser*
hoestmiddel **n** *Houst*·mi·deul *antitussif* **n**
homo *Hō*·mō *gay (homosexuel)*
homoseksueel Hō·mō·sèk·sū·*él* *homosexuel* **n**
hond Hont *chien*

hongerig zijn Hong·eu·rïRh zeyn *avoir très faim*
hoofd n Hōft *tête*
hoofdpijn Hōft·peyn *mal de tête*
hooikoorts Hōy·kōrts *rhume des foins*
horloge Horr·lō·jeu **n** *montre*
houden van Hao·deu fan *apprécier • aimer*
hulp Hulp *aide*
huren Hū·reu *louer*
hut Hut *cabine (bateau)*
huur Hūr *location*
huwelijksreis Hū·veu·leuks·reys *lune de miel (voyage)*
huwen Hū·oueu *marier*

I

identificatie ī·dèn·tı·fī·kā·sī *identification*
identiteitsbewijs n ī·dèn·tī·teyts·bœ·veys *carte d'identité*
iedereen ī·deu·rén *chacun*
ijs n eys *glace*
(room)ijs n (rōm·)eys *crème glacée*
ijskast eys·kast *congélateur*
ik ĭk *je*
inbegrepen in·bœ·Rhré·peun *inclus*
incheckbalie in·chèk·ba·lī *guichet d'enregistrement (aéroport)*
indigestie in·dī·Rhès·tī *indigestion*
inenting in·èn·ting *vaccination*
infectie in·fèk·sī *infection*
informatica in·for·mā·tī·ka *informatique* **N**
informatie in·for·mā·sī *information*
ingang in·Rhang *entrée* **N**
ingenieur in·jé·nyeur *ingénieur*
inlegkruisjes n in·lèRh·kreuy·cheus *protège-slips*
(een cheque) innen (eun chèk) i·neu *encaisser (un chèque)*
inschrijvingsnummer n in·sRhrey·vings·nu·meur *plaque d'immatriculation*
inspuiting in·speuy·ting *injection (piqûre)*
instapkaart in·stap·kārt *carte d'embarquement*

J

ja yā *oui*
jaar n yārr *année*
jas yas *manteau • veste (ordinaire)*
je yeu *tu*
jenever yeu·né·veur/jeu·né·veur **PB/B** *genièvre*
jeugdherberg yeuRht·Hèrr·bèrRh *auberge de jeunesse*
jeuk yeuk *démangeaison*
jij yey *toi*
jongen yong·eun *garçon*
journalist jour·na·list *journaliste*
jouw jao *ta • tes • ton*
juist yeuyst *exactement*
jullie yū·lī *vous* **pol sg et pl/fam pl**
jurk yurk *robe*
juwelen n yū·vé·leun *bijoux*

K

kaart kārt *carte (pays/ville)*
kaartje N kār·tyeu *ticket, billet*
kaartjesautomaat kār·tyeus·ao·tō·māt *billetterie automatique*
kam kam *peigne*
kamer kā·meur *chambre*
kamernummer n kā·meur·nu·meur *numéro de chambre*
kamer te huur kā·meur tœ Hūr *chambre à louer*
kantoorboekhandel kan·tōr·bouk·Han·deul *librairie-papèterie*
kapper ka·peur *coiffeur*
kapsel n kap·seul *coupe de cheveux*
kassa ka·sa *caisse (supermarché)*
kassier/kassierster m/f ka·sīr/ka·sīr·steur *caissier/caissière*
kasteel n kas·tél *château*
katedraal ka·té·drāl *cathédrale*
katoen n ka·toun *coton*
keel kél *gorge*
kelner kèl·neur *serveur*
kerk kèrk *église*
kerkhof n kèrk·Hof *cimetière*
kermis kèr·mis *foire, kermesse*
keuken keu·keun *cuisine*
kiespijn kīs·peyn *mal de dents*
kiestoon kīs·tōn *tonalité (téléphone)*
kiezen kī·zeu *choisir*
kind n kint *enfant*
kinderen n pl kin·deu·reun *enfants*
kinderoppasdienst kin·deur·o·pas·dīnst *service de garde d'enfants*
kinderstoel kin·deur·stoul *siège enfant*
klacht klaRht *plainte*
klant klant *client*

klassiek kla·*sīk* *classique*
kleding *klé*·ding *vêtement*
kledingzaak *klé*·ding·zāk *magasin de vêtements*
kleed **n** klét *robe* **B** • *dos* **PB**
kleedhokje **n** *klét*·Hok·yeu *vestiaire (sport, individuel)*
kleedkamer *klét*·kā·meur *vestiaire*
kleermaker *klér*·mā·keur *tailleur (profession)*
klein kleyn *petit*
kleiner *kley*·neur *plus petit*
kleingeld **n** *kleyn*·Rhèlt *monnaie (pièces)*
kleinkind **n** *kleyn*·kint *petit-enfant*
kleinst kleynst *le plus petit*
kleur kleur *couleur*
kluis kleuys *coffre-fort*
knap knap *habile*
knie knī *genou*
knoop knōp *bouton*
koelkast *koul*·kast *réfrigérateur*
koekenpan *kou*·keu·pan *poêle*
koffer *ko*·feur *valise*
koffie *ko*·fé *café (boisson)*
koffiehuisje *ko*·fī·Heuy·cheu *café (lieu)*
koffieshop *ko*·fī·chop *coffee shop*
kok kok *cuisinier*
koken *kō*·keu *cuisiner*
kom kom *bol*
kookpot *kōk*·pot *casserole*
kop kop *tasse*
kopen *kō*·peu *acheter*
koplampen *kop*·lam·peun *phares (voitures)*
korting *kor*·ting *réduction*
kost kost *coût*
kosten *kos*·teu *coûter*
koud kaot *froid* **adj**
kousen *kao*·seun *bas (vêtements)*
kraan *krān*·*robinet*
krant krant *journal*
krantenzaak *kran*·teu·zāk *kiosque à journaux*
krediet **n** kré·*dīt* *crédit*
kredietkaart kré·*dīt*·kārt *carte de crédit*
kroeg krouRh *pub (bar)*
kruidenierszaak kreuy·deu·*nīrs*·zāk *épicerie*
kunst kunst *art*
kunstgalerij kunst·Rha·leu·*rey* *galerie (art)*
kurketrekker *kur*·keu·trè·keur *tire-bouchons*
kussen **n** *ku*·seun *oreiller*
kussensloop *ku*·seun·slōp *taie d'oreiller*
kwetsuur kvèt·*sūr* *blessure*
kwitantie kvī·*tan*·sī *quittance*

L

laat lāt *tard*
laatste *lāt*·steu *dernier (définitif)*
laken **n** *lā*·keun *draps*
lang lang *long*
later *lā*·teur *plus tard*
lawaaierig la·*vā*·yeu·rīRh *bruyant*
laxeermiddel **n** lak·*sér*·mi·deul *laxatif*
leder **n** *lé*·deur *cuir*
leeg léRh *vide*
lekker *lè*·keur *délicieux* • *appétissant*
lelijk *lé*·leuk *laid*
lens lèns *lentille (nourriture)*
lente *lèn*·teu *printemps*
lepel *lé*·peul *cuillère*
leraar/lerares **m/f** *lé*·rār/lé·rā·*rès* *enseignant(e)*
lesbische *lès*·bi·seu *lesbienne* **n**
licht līRht *léger* • *clair (couleur)*
licht **n** līRht *lumière*
lichtmeter *līRht*·mé·teur *photomètre*
liefde *līf*·deu *amour*
lift lift *ascenseur*
liften *lif*·teu *faire du stop*
links links *à gauche* • *gauche*
linnen **n** *li*·neu *lin*
lits jumeaux lī jū·*mō* *lits jumeaux*
loket **n** lō·*kèt* *guichet*
lopen *lō*·peu *marcher* **PB** • *courir* **B**
luchthaven *luRht*·Hā·veun *aéroport*
luchthavenbelasting *luRht*·Hā·veun·bœ·*las*·ting *taxe d'aéroport*
luchtpost *luRht*·post *courrier par avion*
luchtvaartmaatschappij *luRht*·vārt·māt·sRha·pey *compagnie aérienne*
lucifers *lū*·sī·fèrs *allumettes*
luid leuyt *fort (son)*
luier *leuy*·yeur *couche (bébé)*
luisteren *leuys*·teu·reu *écouter*
lunch lunch *déjeuner*
luxueus luk·sū·*eus* *luxueux*

M

maag māRh *estomac* • *ventre*
maagpijn *māRh*·peyn *mal au ventre* • *mal à l'estomac*
maaltijd *māl*·teyt *repas*

maand mānt *mois*
maandverband n *mānt*·veur·bant *serviette hygiénique*
maat māt *taille*
machinebouwkunde ma·*chī*·neu·bao·kun·deu *génie mécanique*
magnetron *maRh*·né·tron *four micro-ondes*
makelaarskantoor n *mā*·keu·lārrs·kan·tōr *agence immobilière*
man man *homme*
mantel *man*·teul *manteau*
markt markt *marché*
matras ma·*tras* *matelas*
maximumsnelheid *mak*·sī·meum·snèl·Heyt *limitation de vitesses*
me meu *me*
medicijn n mé·dī·*seyn* *médicament*
medicijnen mé·dī·*sey*·neun *médecine (discipline/profession)* **PB** • *médicaments*
meer mér *plus*
meer n mér *lac*
meisje n *mey*·cheu *fille* • *demoiselle*
melk mèlk *lait*
mes n mès *couteau*
meter *mé*·teur *mètre*
metgezel *mèt*·Rhœ·zèl *compagnon*
metrostation n *mé*·trō·sta·chyon *station de métro*
meubilair n meu·bī·*lér* *mobilier* **N**
microgolfoven *mī*·krō·Rholf·ō·veun *four à micro-ondes*
middag *mi*·daRh *après-midi* **PB** • *midi*
middagmaal n *mi*·daRh·māl *déjeuner*
middernacht mi·deur·*naRht* *minuit*
mijn meyn *ma* • *mes* • *mon*
millimeter *mī*·lī·mé·teur *millimètre*
minder *min*·deur *moins*
mineraalwater n mī·né·*rāl*·vā·teur *eau minérale*
minuut mī·*nūt* *minute*
misselijkheid *mi*·seu·leuk·Heyt *nausée*
missen *mi*·seu *manquer*
mobiele telefoon mō·*bī*·leu té·lé·*fōn* *téléphone portable*
mode *mō*·deu *mode*
modern mō·*dèrn* *moderne*
moe mou *fatigué*
moeder *mou*·deur *mère*
mond mont *bouche*
mooi mōy *beau* • *joli*
morgen *mor*·Rheun *matin* **B** • *demain*
motor *mō*·tor *moteur*
muntstukken *munt*·stu·keun *pièces (argent)*
museum n mū·*zé*·yeum *musée*
muziek mū·*zīk* *musique*
muziekwinkel mū·*zīk*·vin·keul *magasin de musique*

N

na nā *après*
naald nālt *aiguille (couture/seringue)*
naam nām *nom*
naar nār *vers*
naast nāst *à côté de*
nacht naRht *nuit*
nachtclub *naRht*·klup *boîte de nuit*
nagelknipper *nā*·Rheul·kni·peur *coupe-ongles*
namiddag *nā*·mi·daRh *après-midi*
nee né *non*
nek nèk *cou*
neus neus *nez*
niet-roken *nīt*·rō·keun *non-fumeurs*
niets nīts *rien*
nieuw nīou *nouveau*
nieuws nīous *nouvelles* • *informations*
noodgeval n *nōt*·Rhœ·val *urgence*
noorden n *nōr*·deun *nord* **N**
notitieboekje n nō·*tī*·sī·bouk·yeu *calepin*
nu nū *maintenant*
nummer n *nu*·meur *numéro*

O

ober *ō*·beur *serveur (restaurant)*
ochtend **PB** *oRh*·teunt *matin*
olie *ō*·lī *huile (cuisine)*
omhoog om·*hōRh* *en hauteur*
ondergoed n *on*·deur·Rhout *sous-vêtement*
ondertitels *on*·deur·tī·teuls *sous-titres*
ongemakkelijk on·Rhœ·*ma*·keu·leuk *inconfortable*
ongeval n *on*·Rhœ·val *accident*
onmogelijk on·*mō*·Rheu·leuk *impossible*
ontbijt n ont·*beyt* *petit-déjeuner*
ontsmettend ont·*smè*·teunt *antiseptique* **adj**
onze *on*·zeu *nos, notre*
oog n ōRh *œil*
oor n ōr *oreille*
oorringen *ō*·ring·eun *boucles d'oreille*
oosten n *ō*·steun *est* **N**

op op *sur*
openbare telefoon ō·peun·bā·reu té·lé·*fōn* *téléphone public*
openbaar toilet **n sg** ō·peun·bār toa·*lèt* *toilettes publiques*
openingsuren **n** ō·peu·nings·ū·reun *horaires d'ouverture*
opgewarmd *op*·Rhœ·varmt *réchauffé (nourriture)*
opnieuw op·*nīou* *de nouveau*
op tijd op teyt *à l'heure*
optreden *op*·tré·deu *jouer (sur scène)*
oranje ō·*ra*·gneu *orange (couleur)*
oud aot *vieux*
ouders *ao*·deurs *parents*
oude stad *ao*·deu stat *vieille ville*
overmorgen ō·veur·mor·Rheun *après-demain*
overvracht ō·veur·vraRht *excédent de bagage*

P

pak/pakket **n** pak/pa·*kèt* *paquet • colis*
paleis **n** pa·*leys* *palais*
pantalon **PB** pan·ta·*lon* *pantalon*
panty *pèn*·tī/*pan*·tī **PB/B sg** *collants (vêtements)*
papier **n** pa·*pīr* *papier*
papieren **n pl** pa·*pī*·reun *paperasserie*
paraplu pa·ra·*plū* *parapluie*
parasol pa·ra·*sol* *ombrelle • parasol*
parfum **n** par·*feuy* *parfum*
parkeren par·*ké*·reu *garer (voiture)*
paskamer *pas*·kā·meur *cabine d'essayage*
paspoort **n** *pas*·pōrt *passeport*
paspoortnummer **n** *pas*·pōrt·*nu*·meur *numéro de passeport*
passagier pa·sa·*Rhīr* *passager*
patisserie **B** pa·tī·seu·*rī* *pâtisserie*
pause *pao*·zeu *pause*
pension **n** pèn·*chyon* *maison d'hôtes • pension*
per (dag) peur (daRh) *par (jour)*
perron **n** pè·*ron* *quai (gare)*
personeel **n** pèr·sō·*nél* *personnel* **n**
picknick *pik*·nik *pique-nique*
pijn peyn *douleur*
pijnlijk *peyn*·leuk *douloureux*
pijnstiller *peyn*·sti·leur *analgésique* **n**
pil pil *pillule*
pin-automaat **N** *pin*·ao·tō·māt *distributeur automatique de billets*
pincet **n** pin·*sèt* *pinces*
plaatselijk *plāt*·seu·leuk *local* **adj**
plak **n** plak *tranche*
plattegrond pla·teu·*Rhront* *plan (bâtiment)*
plein **n** pleyn *place (ville)*
pleister *pley*·steur *pansement*
politie pō·*lī*·sī *police*
politieagent pō·*lī*·sī·a·*Rhènt* *agent de police*
politiebureau **n** pō·*lī*·sī·bū·*rō* *commissariat de police*
portemonnee por·teu·mo·*né* *porte-monnaie*
post post *courrier*
postkaart *post*·kārt *carte postale*
postkantoor **n** *post*·kan·tōr *bureau de poste*
postzegel *post*·zé·Rheul *timbre (affranchissement)*
potlood **n** *pot*·lōt *crayon*
praten *prā*·teu *parler*
prijs preys *prix*
privé prī·*vé* *privé*
proberen prō·*bé*·reu *essayer*
programma **n** prō·*Rhra*·ma *programme*
proper **B** *prō*·peur *propre*
prostituée pros·tī·tū·*é* *prostituée* **N**
purper *pur*·peur *pourpre*

R

raam **n** rām *fenêtre*
radio *rā*·dī·yō *radio*
recept **PB** ré·*sèpt* *ordonnance*
rechten **n pl** *rèRh*·teun *droit (discipline/profession)*
rechts rèRhts *droite • à droite*
rechtstreeks rèRh·*stréks* *tout droit*
rechtstreekse lijn rèRh·*strék*·seu leyn *ligne directe (téléphone)*
reddingsvest **n** *rè*·dings·vèst *gilet de sauvetage*
regen **n** *ré*·Rheun *pluie*
regenjas *ré*·Rheun·yas *imperméable* **N**
reisbureau **n** *reys*·bū·rrō *agence de voyages*
reischeque *reys*·chèk *chèque de voyage*
reisroute *reys*·rrou·teu *itinéraire*
reisziekte reys·*zīk*·teu *mal des transports*
rekening *ré*·keu·ning *facture • note • ticket de caisse*

rekenmachine ré·keun·ma·chī·neu *calculatrice* **N**
remmen rè·meu *freiner*
reservatie ré·sèr·vā·sī *réservation*
reserveren ré·sèr·vé·reu *réserver*
restaurant n rès·tō·rant *restaurant*
restauratiewagen rès·tō·rā·sī·vā·Rheun *wagon restaurant*
retourtje n reu·tour·tyeu *billet aller-retour*
richting rīRh·ting *direction*
rijbewijs n rey·bœ·veys *permis de conduire*
rit rit *tour (en voiture)*
rits rits *fermeture à glissière*
rivier rī·vīr *rivière*
rockmuziek rok·mū·zīk *rock (musique)*
rok rok *jupe*
roken rō·keu *fumer*
rolstoel rol·stoul *fauteuil roulant*
roltrap rol·trap *escalier roulant*
rolwagentje n rol·vā·Rheun·tyeu *chariot*
romantisch rō·man·tīs *romantique* **adj**
rondleiding ront·ley·ding *visite guidée*
rood rōt *rouge*
roos rōs *rose (fleur)*
roze rō·zeu *rose (couleur)*
rug ruRh *dos (corps)*
rugzak ruRh·zak *sac à dos*
ruilen reuy·leu *échanger*
ruïnes rū·ī·neus *ruines*

S

saai sāy *ennuyeux*
samen sā·meun *ensemble* **adj**
schaar sg sRhār *ciseaux*
schade sRhā·deu *dégât*
schaduw sRhā·dū *ombre*
scheerapparaat n sRhér·a·pa·rāt *rasoir électrique*
scheermes n sRhér·mès *rasoir (manuel)*
scheermesje n sRhér·mè·cheu *lame de rasoir*
scheerschuim n sRhér·sRheuym *mousse à raser*
scheren sRhé·reu *raser*
schijf sRheyf *disquette*
schoenen sRhou·neun *chaussures*
schoenenzaak sRhou·neun·zāk *magasin de chaussures*
schoon sRhōn *beau* **B** • *propre* **PB**
schoonheidssalon sRhōn·Heyt·sa·lon *salon de beauté*
schoonmaak sRhōn·māk *nettoyage*
schoonmaken sRhōn·mā·keu *nettoyer*
schoonmoeder sRhōn·mou·deur *belle-mère*
schoonvader sRhōn·vā·deur *beau-père*
schotel sRhō·teul *plat (repas)*
schouwburg sRhao·burRh *théâtre (lieu)* • *salle de spectacles*
schrijven sRhrey·veu *écrire*
seizoen n sey·zoun *saison*
seks sèks *sexe*
serveerster sèr·vér·steur *serveuse*
servet n sèr·vèt *serviette*
short chort *short (vêtement)*
shouder sRhao·deur *épaule (corps)*
sigaar sī·Rhār *cigare*
sigaret sī·Rha·rèt *cigarette*
sim-kaart sim·kārt *carte SIM*
sjaal chāl *châle*
skisport skī·sport *ski (sport)*
slaapkamer slāp·kā·meur *chambre*
slaapwagen slāp·vā·Rheun *wagon-lit*
slaapzak slāp·zak *sac de couchage*
slagerij slā·Rhœ·rey *boucherie*
slapen slā·peu *dormir*
slecht slèRht *mauvais*
slechter slèRh·teur *pire*
sleutel sleu·teul *clé*
slijterij PB sley·teu·rey *magasins de vins et spiritueux*
slot slot *serrure*
sluiten sleuy·teu *fermer (à clé)*
smeermiddel n smér·mi·deul *lubrifiant*
snee B snée *tranche*
sneeuw snéou *neige*
snel snèl *rapide*
snelweg snèl·vèRh *autoroute*
snijden sney·deu *couper*
sokken so·keun *chaussettes*
souvenirwinkel sou·veu·nīr·vin·keul *magasin de souvenirs*
spiegel spī·Rheul *miroir*
sportwinkel sport·vin·keul *magasin d'articles de sport*
stad stat *ville*
stadhuis n stat·Heuys *hôtel de ville*
stadsbus stats·bus *autobus*
stadscentrum n stat·sèn·treum *centre-ville*
stadsplein n stats·pleyn *grand'place*
staking stā·king *grève (travail)*
station n sta·chyon *gare*
stekker stè·keur *prise (électricité)* **N**

stil stil *silencieux*
stoel stoul *chaise*
stoeltjeslift *stoul*·tyeus·lift *télésiège*
stop stop *bouchon (baignoire)*
storting *stor*·ting *dépôt (argent)*
straat strāt *rue*
strand strant *plage*
strijkijzer n *strék*·ey·zeur *fer à repasser*
stroom strōm *courant (électricité)*
student stū·*dènt* *étudiant*
stuk stuk *cassé • défectueux • hors service*
suiker *seuy*·keur *sucre*
suikerziekte *seuy*·keur·zīk·teu *diabète*

T

taal tāl *langue (idiome)*
taalgids *tāl*·Rhits *guide de conversation*
taksvrije winkel *taks*·vrey·yeu *vin*·keul *magasin duty-free*
tandarts *tan*·darts *dentiste*
tandenborstel *tan*·deun·bor·steul *brosse à dents*
tandpasta *tant*·pas·ta *dentifrice*
tandpijn *tant*·peyn *mal aux dents*
tandzijde *tant*·zey·deu *fil dentaire*
tarief n ta·*rīf* *tarif*
tas tas *sac*
taxistandplaats *tak*·sī·stant·plāts *station de taxis*
te tœ *trop*
telefoneren té·lé·fō·*né*·reu *téléphoner*
telefoon té·lé·*fōn* *téléphone*
telefoonboek n té·lé·*fōn*·bouk *annuaire*
telefooncel té·lé·*fōn*·sèl *cabine téléphonique*
telefoongesprek n té·lé·*fōn*·Rhœ·sprèk *conversation téléphonique*
telefoonkaart té·lé·*fōn*·kārt *carte téléphonique*
televisie té·lé·*vī*·sī *télévision*
temperatuur tèm·pé·ra·*tūr* *température (météo)*
tennisbaan *tè*·nis·bān *court de tennis*
tentoonstelling teun·*tōn*·stè·ling *exposition*
terugbetaling tœ·*ruRh*·bœ·tā·ling *monnaie (rendu)*
terugkomen tœ·*ruRh*·kō·meu *revenir*
theater n té·*yā*·teur *théâtre (discipline)*
theelepeltje n *té*·lé·peul·tyeu *petite cuillère*
thuis teuys *à la maison*
ticket n ti·*kèt*/*ti*·keut **PB/B** *billet (entrée)*
tijdschema n *teyt*·sRhé·ma *horaires*
tijdsverschil n *teyts*·feur·sRhil *décalage horaire*
tocht toRht *randonnée • balade*
toegangsprijs *tou*·Rhangs·preys *entrée (prix)*
toer tourr *visite (courte, par exemple au musée)*
toerismebureau n **B** tou·*ris*·meu·bū·rō *office de tourisme*
toerist tou·*rist* *touriste*
toilet n sg toa·*lèt* *toilettes*
toiletpapier n toa·*lèt*·pa·pīr *papier toilette*
tolk tolk *interprète*
tolweg *tol*·vèRh *route à péage*
toneelstuk n tō·*nél*·stuk *pièce de théâtre*
tonen *tō*·neu *jouer (théâtre)*
tot tot *jusqu'à*
touringcar *tou*·ring·kar *autocar*
traag trāRh *lentement*
trap trap *escalier*
trein treyn *train*
treinstation n treyn·sta·*chyon* *gare*
trekken *trè*·keu *randonner • tirer*
trui treuy *maillot*
tuin teuyn *jardin*
tv té·*vé* *TV*
twee tvé *deux*
tweede klas *tvé*·deu klas *deuxième classe*
tweepersoonsbed n *tvé*·peur·sōns·bèt *lit double*
tweepersoonskamer *tvé*·peur·sōns·kā·meur *chambre double*

U

u ū *vous* **pol sg et pl**
uitgaan *euyt*·Rhān *sortir (avec quelqu'un)*
uitgaansgids *euyt*·Rhāns·Rhits *guide des sorties*
uitgang *euyt*·Rhang *sortie* **n**
uitstappen *euyt*·sta-peu *descendre (bus, train, etc.)*
uitzicht n *euyt*·ziRht *vue (paysage)*
universiteit ū·nī·vèr·sī·*teyt* *université*
uur n ūrr *heure*
uw ū *vos • votre* **pol sg et pl**

V

vacature va·ka·*tū*·reu *poste vacant (emploi)*
vader *fā*·deur *père*

vakantie va·*kan*·sī *vacances*
valideren va·lī·*dé*·reu *valider*
van fan *de (origine, possession)*
vanavond van·*ā*·vont *ce soir*
vandaag van·*dāRh* *aujourd'hui*
veerboot *fér*·bōt *ferry*
veertien dagen *fér*·tīn *dā*·Rheun *quinzaine (durée)*
vegetariër vé·Rhé·*tā*·rī·yeur *végétarien* **N**
vegetarisch vé·Rhé·*tā*·ris *végétarien* **adj**
veiligheidsriem *fey*·liRh·Heyts·rīm *ceinture de sécurité*
veilig vrijen **n** *fey*·līRh *vrey*·yeun *relations sexuelles protégées*
ventilator vèn·tī·*lā*·tor *ventilateur*
ver fèrr *loin*
verandering feur·*an*·deu·ring *changement*
verband **n** feur·*bant* *pansement*
verdieping feur·*dī*·ping *étage*
verjaardag feur·*yār*·daRh *anniversaire*
verloofd feur·*lōft* *fiancé(e)* **adj**
verloofde feur·*lōf*·deu *fiancé/fiancée* **N**
verloren feur·*lō*·reun *perdu(e)*
verloving feur·*lō*·ving *fiançailles*
vers fèrs *frais*
verschillend feur·*sRhi*·leunt *différent*
verschrikkelijk feur·*sRhri*·keu·leuk *horrible*
versnellingen feur·*snè*·ling·eun *vitesses (vélo, voiture)*
verstopt feur·*stopt* *bouché (tuyau, nez)*
verstuiking feur·*steuy*·king *entorse*
vertalen feur·*tā*·leu *traduire*
vertraging feur·*trā*·Rhing *retard*
vertrek **n** feur·*trèk* *départ*
vertrekken feur·*trè*·keu *partir*
vervelend **B** feur·*vé*·leunt *ennuyeux*
verwarmd feur·*varmt* *chauffé (lieu)*
verwarming feur·*var*·ming *radiateur*
verzekering feur·*zé*·keu·ring *assurance*
vest **B** vèst *veste (habillée)* • **PB** vest *veste (ordinaire)*
vestiaire vès·*tyér* *vestiaire*
vet fèt *gras (nourriture)* **adj**
videofilm *vī*·dé·yō·film *cassette vidéo*
vinger *fing*·eur *doigt*
vishandel *fis*·Han·deul *poissonnerie*
vissen *fi*·seu *pêcher (poisson)*
visum **n** *vī*·zeum *visa*
vlees **n** flés *viande*
vliegen *flī*·Rheu *voler (oiseau, avion)*
vliegtuig **n** *flīRh*·teuyRh *avion*
vlooienmarkt *vlō*·yeun·markt *marché aux puces*
vlucht fluRht *fuite (évasion)*
voedsel *fout*·seul *nourriture*
voedselvoorraad **sg** *vout*·seul·fō·rāt *réserves de nourriture*
voelen *fou*·leu *ressentir*
voet fout *pied (corps)*
voetbal **n** *fout*·bal *football*
voetpad **n** *fout*·pat *sentier*
vol fol *plein* • *complet*
volgend *fol*·Rheunt *prochain (suivant)*
volzet fol·*zèt* *complet (hôtel, parking)*
voor fōrr *avant*
voornaam *fōr*·nām *prénom*
voorschrift **n** **B** *fōr*·sRhrrift *ordonnance*
vorige *fō*·ri·Rheu *dernier (précédent)*
vork fork *fourchette*
vriend frīnt *ami* • *petit ami*
vriendin frīn·*din* *amie* • *petite amie*
vrij frey *libre (disponible)* • *vacant*
vrijgezel *frey*·Rhœ·zèl *célibataire*
vrijwilligen frey·*vi*·li·Rheu *faire du bénévolat*
vrijwilliger frey·*vi*·li·Rheur *bénévole*
vroeg frouRh *tôt*
vrouw frao *femme*
vrouwelijk *frao*·eu·leuk *féminin*
vuil feuyl *sale*
vuilbak *feuyl*·bak *poubelle*
VVV **N** vé·vé·*vé* *office de tourisme*

W

waar vār *où*
waardevol *vār*·deu·fol *précieux*
waarom vā·*rom* *pourquoi*
wachten *vaRh*·teu *attendre*
wachtkamer *vaRht*·kā·meur *salle d'attente*
wagen *vā*·Rheun *voiture*
wakker maken *va*·keur *mā*·keu *réveiller (quelqu'un)*
wakker worden *va*·keur *vor*·deu *se réveiller*
wandelen *van*·deu·leu *se promener*
wandelwagen *van*·deul·vā·Rheun *poussette*
wanneer va·*nér* *quand*
warenhuis **n** **PB** *vā*·reun·Heuys *grand magasin*
warm varm *chaud*

warmwaterkruik varrm·*vā*·teur·kreuyk *bouillotte*
was vas *linge (vêtements)*
wasmachine *vas*·ma·chī·neu *machine à laver*
(iets) wassen (īts) *va*·seu *laver (quelque chose)*
wasserette va·seu·*rè*·teu *laverie automatique*
water n *vā*·teur *eau*
wattenproppen va·teu·*pro*·peun *boules Quiès*
wedstrijd *vèt*·streyt *compétition (sport)*
week vék *semaine*
weekend n *vé*·kènt *week-end*
weg vèRh *route • itinéraire*
wekker *vè*·keur *réveil (horloge)*
welke *vèl*·keu *quel(le)*
werk vèrk *emploi* **B** • *travail*
westen n *vès*·teun *ouest* **N**
wetenschap *vé*·teun·sRhap *science*
wetenschapper *vé*·teun·sRha·peur *scientifique*
wie vī *qui*
wijn veyn *vin*
wijzen *vey*·zeu *montrer*
winkel *vin*·keul *magasin • boutique*
winkelcentrum n *vin*·keul·sèn·treum *centre commercial*
winkelen *vin*·keu·leu *faire des courses • faire du lèche-vitrines*
(geld) wisselen (Rhèlt) *vi*·seu·leu *changer (de l'argent)*
wisselgeld n *vi*·seul·Rhèlt *monnaie (rendue)*
wisselkantoor n *vi*·seul·kan·tōr *bureau de change*
wisselkoers *vi*·seul·kours *cours du change*
wit vit *blanc*
wittebroodsweken pl *vi*·teu·brōts·vé·keun *lune de miel (période)*
wol vol *laine*
woordenboek n *vōr*·deun·bouk *dictionnaire*
woud n vaot *bois • forêt*

Z

zaak zāk *entreprise*
zakdoek *zak*·douk *mouchoir*
zaken pl *zā*·keun *affaires (business)*
zakenreis *zā*·keun·reys *voyage d'affaires*
zaklantaarn *zak*·lan·tārn *lampe de poche*
zakmes n *zak*·mès *couteau de poche*
zee zé *mer*
zeep zép *savon*
zeldzaam *zèlt*·zām *rare*
zelfbediening *zèlf*·bœ·dī·ning *self-service*
ziek zīk *malade*
ziekenhuis n *zī*·keun·Heuys *hôpital*
zijde *zey*·deu *soie*
zijn pron m zeyn *son, sa, ses*
zijn v zeyn *être* **v**
zilver *zil*·veur *argent (métal)*
zitje n *zi*·tyeu *fauteuil (place)*
zoet zout *sucré*
zomer *zō*·meur *été*
zon zon *soleil*
zonder *zon*·deur *sans*
zonnebrand *zo*·neu·brant *coup de soleil*
zonnebrandolie *zo*·neu·brant·ō·lī *huile solaire*
zonnebril sg *zo*·neu·bril *lunettes de soleil*
zonnecrème *zo*·neu·krém *crème solaire*
zonsondergang zons·*on*·deur·Rhang *coucher de soleil*
zonsopgang zons·*op*·Rhang *lever de soleil*
zoon zōn *fils (parenté)*
zout n zaot *sel*
zuiden n *zeuy*·deun *sud* **N**
zus zus *sœur (parenté)*
zuster *zus*·teur *infirmière*
zwaar zvār *lourd*
zwanger *zvang*·eur *enceinte* **adj**
zwart zvart *noir*
zwart-wit (film) zvart·*vit* (film) *(pellicule) noir et blanc*
zwembad n *zvèm*·bat *piscine*
zwemmen *zvè*·meu *nager*

Z

DICTIONNAIRE

A

B

C

D

E

F

CATALOGUE LONELY PLANET EN FRANÇAIS

Guides de voyage
Afrique de l'Ouest
Afrique du Sud, Lesotho et Swaziland
Algérie
Amsterdam
Andalousie
Argentine
Asie centrale
Australie
Bali et Lombok
Barcelone
Berlin
Bolivie
Brésil
Bretagne Nord
Bretagne Sud
Budapest
Bulgarie
Cambodge
Canaries
Chili et île de Pâques
Chine
Chypre
Corée
Corse
Costa Rica
Côte d'Azur et arrière-pays
Crète
Croatie
Cuba
Écosse
Égypte
Équateur et îles Galápagos
Espagne Nord et Centre
Est américain
Finlande
Florence et la Toscane
Floride
Grèce continentale
Guatemala
Îles grecques et Athènes
Inde du Nord
Inde du Sud
Indonésie
Islande
Israël et les Territoires palestiniens
Italie
Italie du sud
Japon
Jordanie
Kenya
Lacs italiens
Laos
Libye
Londres
Madagascar
Majorque
Malaisie, Singapour et Brunei
Maldives
Malte et Gozo
Maroc
Marrakech, Essaouira et Haut Atlas
Maurice et Rodrigues
Mexique
Mongolie
Moscou
Myanmar (Birmanie)
Namibie
Naples et la côte amalfitaine
Népal
New York
Normandie
Norvège
Norvège, Suède, Danemark, Finlande et îles Féroé
Nouvelle-Calédonie
Ouest américain
Ouest canadien et Ontario
Pays Baltes
Pays basque, France et Espagne
Pérou
Philippines
Portugal
Prague
Provence
Québec
République tchèque et Slovaquie
La Réunion
Rome
Roumanie
Saint-Pétersbourg
Sardaigne
Sénégal
Seychelles
Sicile
Sri Lanka
Suède
Tahiti et la Polynésie française
Tanzanie
Thaïlande
Thaïlande, îles et plages
Transsibérien
Tunisie
Turquie
Turquie, İstanbul, Côte turque et Cappadoce
Ukraine
Venezuela
Venise
Vietnam

En quelques jours
Amsterdam
Bangkok
Barcelone
Berlin
Bordeaux
Boston
Bruxelles, Bruges, Anvers et Gand
Buenos Aires
Copenhague
Cracovie
Dubaï
Dublin
Édimbourg
Florence
Guadeloupe
Hong Kong
İstanbul
Las Vegas
Lille
Lisbonne
Londres
Los Angeles
Lyon
Madrid
Marrakech
Marseille
Martinique
Milan
Montréal et Québec
New York
Paris
Pékin
Prague
Réunion
Rome
Sainte-Lucie
San Francisco
Shanghai
Singapour
Stockholm
Strasbourg
Tokyo
Toulouse
Valence
Venise
Vienne
Washington

Guides de conversation
Allemand
Anglais
Arabe marocain
Arabe égyptien
Croate
Espagnol
Espagnol latino-américain
Grec
Hindi, ourdou et bengali
Italien
Japonais
Mandarin
Polonais
Portugais et brésilien
Russe
Turc
Vietnamien

Petite conversation en
Allemand
Anglais
Espagnol
Italien